KB128428

기초 일본어

基礎 日本語

Workshop 1

기초일본어

최철규

基礎日本語

WORKSHOP

1

박영사

추천의 말

일본어 학습의 중요성은 아무리 강조하여도 지나침이 없다. 이 사실은 어느 시대나 어떤 계층의 사람에게도 타당한 말이다. 특히 모든 영역에 걸쳐 국제화·세계화의 물결이 더욱 거세질 21세기를 대비하여야 하는 현시점에서는 더욱 그러하다. 정치·경제·문화 등의 모든 생활 영역에서 일본과의 관계처럼 우리에겐 밀접한 교류와 접촉이 빈번한 곳은 없다.

일본은 역사적으로 우리와의 암울했던 악연 때문에 흔히들 가장 가까운 곳이지만 가장 먼 나라라고들 한다. 문화·역사 국민 의식간에 공통성을 지니고 경제·학문·인적인 교류면에서 불가결한 관계를 가지면서도 드러내어 놓고 접촉하기엔 서먹서먹했고 응어리진 생각을 풀 수 없었던 때도 있었다.

어떻든 이제는 내일을 위한 우호적인 동반자 관계로서이건 적대적 경쟁 관계로서이건 상대방의 언어와 문화, 의식구조와 가치관을 철저히 터득해 두는 것은 우리 국민의 필수적 과제이다. 국경 없는 무한 경쟁 시대에 이 지구촌에 살아남을 수 있는 경쟁력을 기르는 방법은 접촉이 빈번한 국가의 언어와 문화 등을 통달하는 길이다.

이러한 시점에서 일찍이 일본에 건너가서 다년간 정열적으로 학문 연수를 하고 일본어와 일본 것들의 연구에 전념해 온 최철규 군이 그동안 많은 일본어 학습 서적을 낸 끝에 "日本語 Workshop"을 펴낸 데 대하여 진심으로 경하하면서 다음 몇 가지 이유에서 각종의 국가시험에 대비하는 일본어 수험생을 비롯한 각 계층의 일본어 학습자 및 일본어 교수까지 배우고 가르치는 모범 교재로 추천하는 바이다.

첫째, 저자는 다년간 일본에서 공부하면서 일본어뿐만 아니라 일본의 문화·역사·사회에 대한 이해를 깊이 했다는 점에서 살아 있는 일본어 교재를 펴낼 능력 있는 자라는 점이다. 어떤 나라의 언어 터득은 그 나라의 문화·역사, 그리고 사회에 대한 깊은 이해 없이는 완전할 수 없다. 언어는 문화적·역사적·사회적 산물이기 때문이다.

둘째, 저자는 귀국 후에도 다년간 사법시험을 비롯한 각종 국가 시험자들을 가르친 경험을 토대로 만들어 낸 교재이므로 각종 시험 준비에 필수적인 부분을 강조했다는 사실이다.

셋째, 저자는 평소에 어떤 일에 착수하면 온 정열을 바치는 열정가이고 또한 항상 장래를 대비하는 창조적 역량을 발휘하는 자이므로 본 교재 내용도 독창성을 지니고 있다는 점이다.

넷째, 모든 싸움이 그렇듯이 각종 시험에도 신예의 무기가 필수적이다. 저자 최철규 군은 귀국 후에도 자주 일본을 드나들면서, 그리고 일본에 관한 최신 독서물을 통하여 새로운 문물에 접하고 있으므로 격조 있는 최신교재를 꾸몄다는 점이다.

다섯째. 흔히들 저작물은 저자의 인격 표현이라고 함에 비쳐 볼 때 본 저자는 근면하고 소박하며 솔직한 인품으로 인정되고 있다는 점에서 본 저서도 근면의 산물이라고 평가된다는 사실이다.

이상의 몇 가지 특정한 이유로 저자 최철규 군의 본 저서를 추천하면서 판을 거듭할수록 더욱 알차고 격조 높은 내용으로 발전되길 빌면서……

한양대학교 법과대학 교수
한양대학교 행정 대학원장
법학박사 車鏞碩 (차용석)

머리말

　한 시간이면 갈 수 있는 나라, 일본은 분명 먼 나라이기만 하지는 않습니다. 또한, 21세기 태평양 시대의 도래를 생각해 본다면, 한국과 일본은 극동의 동반자로서 중요한 역할을 하게 될 것임을 쉽게 예측할 수 있습니다. 지금보다 더 많은 한·일간의 교류·무역·거래 등이 우리를 기다리고 있고, 더 나은 미래와 발전을 위해, 피할래야 피할 수 없는 국제화와 세계로의 도약을 위해, 이제 경제 대국 일본과 일본어라고 하는 의사소통의 도구를 갖추지 않으면 안 되는 것입니다. 그만큼 일본어는, 이미 영어와 함께 국제어로서 당당히 자리 잡고 있기 때문입니다.

　'日本語 회화를 유창하게 하고 싶다.', '해외여행을 갔을 때 현지인들과 부담 없이 자유롭게 이야기하고 싶다.', '비즈니스맨으로서 당당하게 日本語로 교섭하고 싶다.', 이것은 일본어에 관심이 있는 모든 사람의 간절한 바람이라고도 할 수 있습니다. 자신의 日本語가 서툴고, 완전한 언어를 말할 수 없고, 유창한 회화를 구사하지 못한다고 해서 그대로 있을 수는 없습니다. 지금 시작할 수밖에 없습니다. 실패를 두려워 말고 일어서는 것, 그것이 능숙한 日本語 구사를 위한 키(key) 라고 할 수 있는 것입니다.

　日本語 Workshop은 지금까지의 구태의연한 일본어 학습체계를 탈피하여 더욱 쉽고 확실하게, 그리고 재미있게 현장감 있는 학습을 유도하기 위해 많은 연구 끝에 만들어진 독창적인 일본어 교재입니다. 될 수 있으면 많은 예문을 다루었고 실생활에서 사용되는 언어를 중심으로 만들어졌습니다.

수년간의 강의에서의 시행착오를 통해 얻은 효과적인 학습체계 정리와 일본 현지에서의 체험담을 바탕으로, 현장에서의 실패나 체험에서 배운 노하우(know-how)나 지혜가 집약되어 완성된 이 책은, 일본어를 정복하고자 하는 여러분들에게 가장 현장감 있는 일본어를 놀랄 정도의 수준까지 끌어올려 줄 것이라고 확신합니다. 이 책은 일상생활에서 사용되는 기초적인 일본어의 문법과 회화를 목표로 만들어진 책입니다. 이 책이 살아있는 일본어를 배우는 시작에 도움이 되었으면 하며 여러분의 노력을 통해, 본 교재와 함께 최고의 결실을 보길 기원합니다.

끝으로 이 책이 나오기까지 많은 도움을 주신 이삼 부장검사님·사법연수원 교수 조한욱 부장검사님·김태업 수석부장판사님·늘 신경 써 주는 최춘교 누님·소중한 벗 김재철 님·박기돈 님·송호영 님·사랑하는 동생 김동민 교수님·김종명 사장님·언제나 곁에서 저를 지켜준 세상에서 가장 소중한 아내 윤수진 님·사랑하는 아들 종현·종인·그리고 박영사 조성호 출판기획 이사님 및 관계자분께 진심으로 감사드립니다.

1998年 12月 최철규 (崔喆奎)

이 책으로 공부하는 모든 분께

• 문형을 반복해서 연습하십시오.

일본어에 관한 한, 새로운 언어를 배울 때마다 문법의 지식은 중요합니다만, 거기에 너무 치우쳐서는 안 됩니다. 언어를 빨리 구사할 수 있게 하는 최선의 방법은, 우선 일상생활에서 자주 사용되어지고 있는 일본어표현을 하나의 문형으로서 이해하고, 외우는 것입니다. 이 교과서에서는, 문형을 반복연습함으로써 문법사항과 단어의 사용법을 스스로 터득할 수 있는 동시에 회화력을 기를 수 있도록 구성되고 배열되어 있습니다.

• 정확한 발음을 들어주십시오.

교과서의 문자는 정확한 발음을 전해줄 수 없습니다. 주위의 일본인이나 인터넷을 이용해서 발음을 듣고 외워 주십시오.

• 외국어만큼은 독학하지 마십시오.

언어의 가장 큰 장벽은 뉘앙스이듯이 혼자서 하는 공부는 무리가 따르게 마련입니다. 가능하면 주위의 학원이나 선생님에게 배우십시오. 그래야 한국식 외국어가 아닌 살아 있는 외국어를 배울 수 있습니다.

• 복습을 게을리하지 마십시오.

한 번의 공부로 전부 이해하고, 기억하는 것은 도저히 무리입니다. 또 한 번에 많은 내용을 암기해도 곧 잊어버리게 됩니다. 그렇기 때문에 그날 배운 것은 반드시 그날 복습하고 2시간에 걸쳐 공부했다면 복습 시간도 2시간이 필요합니다.

• 외웠으면 사용하는 것이 무엇보다도 중요합니다.

언어 공부의 기본은 외우고, 또 그것을 사용하는 것입니다. 우선은, 각과의 단어와 회화를 외우고, 그리고, 외운 단어와 문장을 사용해서 친구나, 일본인에게 말을 걸어 보십시오. 혹시, 일본어가 틀리지나 않을까 하고 창피해한다면 언어는 절대로 잘할 수 없습니다. 그리고 외국어를 틀리는 것은 당연한 것입니다.

• 한마디.

위의 제 조언을 충실하게 이행하고 실행한다면, 일본어의 기초적인 표현과 일상생활에 필요한 어휘를 습득하게 됨은 물론 일본인이 말하는 일본어를 이해하게 됩니다. 모든 언어가 그렇듯이 쉬운 외국어는 하나도 없습니다. 하나의 외국어를 정복한다는 마음가짐으로 끈기 있게 공부를 계속한다면 분명히 좋은 결과가 오리라 믿습니다.

각 과의 구성

각 과는 단어·형용사·형용동사·동사·숙어·예문설명·회화·본문의 형태로 구성되어 있고, 초급의 단계에서도 쉽게 이해할 수 있도록 많은 예문과 자세한 설명이 첨부되어 있습니다. 어려운 용법은 보다 잘 이해할 수 있도록 연습문제를 함께 다루었습니다.

• 단어. (単語)

일본어를 학습하는 데 있어 꼭 필요한 필수단어를 중심으로, 기본회화와 작문에서 가장 많이 사용되어지는 단어를 엄선하여 다양하게 다루었다.

• 동사. (動詞)

일반의 일본어 문법에서의 동사는 오단동사·상일단동사·하일단동사·サ행변격동사·カ행변격동사로 분류되지만, 이 책에서는 오단동사를 動詞Ⅰ 상일단동사와 하일단동사를 動詞Ⅱ サ행변격동사와 カ행변격동사를 動詞Ⅲ으로 부르기로 한다. 처음으로 공부하는 사람들을 위해 단어마다 동사의 종류를 분류해 놓았다.

• 형용사. (形容詞·い形容詞)

일반의 일본어 문법에서는 형용사이지만 이 책에서는 い형용사로 부르기로 한다.

• 형용동사. (形容動詞 · な形容詞)

일반의 일본어 문법에서는 형용동사이지만 이 책에서는 な 형용사로 부르기로 한다.

• 숙어. (熟語)

일상생활에서 많이 사용되고 있는 회화를 중심으로 구성해 놓았다.

• 예문 설명. (例文 · 説明)

각 과별로 체계적으로 정리되어 있으며 어려운 용법과 실수하기 쉬운 언어를 중심으로 설명하여, 초보자가 보아도 이해하기 쉽도록 구성하였다.

• 회화. (会話)

일상생활에서 흔히 사용되고 있는 회화를 중점적으로 다루었고, 일본어를 처음 시작하는 사람도 자유자재로 다양한 일본어 회화를 구사하는 데 도움이 되도록 엄선하여 쉽게 정리하였다. 예문 설명에 맞추어 번호별로 자세하게 다루었다. (예문 1번은 회화 1번)

• 본문. (本文)

공부한 과의 최종정리로, 처음부터 끝까지의 내용을 전부 이해하고 외울 수 있도록 단어를 다양하게 사용하였으며 본문 하나로 한 과를 충분히 소화할 수 있게 구성하였다.

• 단어. (語句 · い形容詞 · な形容詞 · フレーズ)

단어 중에서 까만점(●)이 있는 것은 중요한 것이므로 꼭 외웠으면 한다.

• 띄어쓰기.

　일본어는 띄어쓰기가 없지만, 초보자를 위해 띄어 써 놓았다.

• 기호.

　일본어의 기호는 문장을 끊을 때 「、」, 문장을 끝낼 때 「。」, 두 개의 기호가 있다. 그렇지만 초보자를 위해 여러 가지 기호를 사용했다.

• 일본어는 한국인이 안 되는 발음이 생각보다 많이 있습니다. 그러므로 가장 가깝게 접근하려면 아래의 입 모양을 참고하면서 읽어 주십시오. 그리고 앞으로 공부하게 되면, 책에서 문법을 설명할 때 꼭 필요하므로 あ단·い단·う단·え단·お단의 글자는 어떤 글자를 말하는지 기억했으면 합니다.

あ단	い단	う단	え단	お단

ひらがな(平仮名)

あ단	あ	か	さ	た	な	は	ま	や	ら	わ	ん
	a	ka	sa	ta	na	ha	ma	ya	ra	wa	n
い단	い	き	し	ち	に	ひ	み		り		
	i	ki	si·shi	ti·chi	ni	hi	mi		ri		
う단	う	く	す	つ	ぬ	ふ	む	ゆ	る		
	u	ku	su	tu·tsu	nu	hu·fu	mu	yu	ru		
え단	え	け	せ	て	ね	へ	め		れ		
	e	ke	se	te	ne	he	me		re		
お단	お	こ	そ	と	の	ほ	も	よ	ろ	を	
	o	ko	so	to	no	ho	mo	yo	ro	o·wo	

が	ざ	だ	ば	ぱ
ga	za	da	ba	pa
ぎ	じ	ぢ	び	ぴ
gi	zi·ji	zi·di	bi	pi
ぐ	ず	づ	ぶ	ぷ
gu	zu	zu·du	bu	pu
げ	ぜ	で	べ	ぺ
ge	ze	de	be	pe
ご	ぞ	ど	ぼ	ぽ
go	zo	do	bo	po

きゃ	しゃ	ちゃ	にゃ	ひゃ	みゃ	りゃ
kya	sya·sha	tya·cha	nya	hya	mya	rya
きゅ	しゅ	ちゅ	にゅ	ひゅ	みゅ	りゅ
kyu	syu·shu	tyu·chu	nyu	hyu	myu	ryu
きょ	しょ	ちょ	にょ	ひょ	みょ	りょ
kyo	syo·sho	tyo·cho	nyo	hyo	myo	ryo

ぎゃ	じゃ	ぢゃ	びゃ	ぴゃ
gya	zya·ja	zya·dya	bya	pya
ぎゅ	じゅ	ぢゅ	びゅ	ぴゅ
gyu	zyu·ju	zyu·dyu	byu	pyu
ぎょ	じょ	ぢょ	びょ	ぴょ
gyo	zyo·jo	zyo·dyo	byo	pyo

• 일본어는 한국인이 안 되는 발음이 생각보다 많이 있습니다. 그러므로 가장 가깝게 접근하려면 아래의 입 모양을 참고하면서 읽어 주십시오.

ア 단	イ 단	ウ 단	エ 단	オ 단

カタカナ(片仮名)

ア단	ア	カ	サ	タ	ナ	ハ	マ	ヤ	ラ	ワ	ン
	a	ka	sa	ta	na	ha	ma	ya	ra	wa	n
イ단	イ	キ	シ	チ	ニ	ヒ	ミ		リ		
	i	ki	si·shi	ti·chi	ni	hi	mi		ri		
ウ단	ウ	ク	ス	ツ	ヌ	フ	ム	ユ	ル		
	u	ku	su	tu·tsu	nu	hu·fu	mu	yu	ru		
エ단	エ	ケ	セ	テ	ネ	ヘ	メ		レ		
	e	ke	se	te	ne	he	me		re		
オ단	オ	コ	ソ	ト	ノ	ホ	モ	ヨ	ロ	ヲ	
	o	ko	so	to	no	ho	mo	yo	ro	o·wo	

ガ	ザ	ダ	バ	パ
ga	za	da	ba	pa
ギ	ジ	ヂ	ビ	ピ
gi	zi·ji	zi·di	bi	pi
グ	ズ	ヅ	ブ	プ
gu	zu	zu·du	bu	pu
ゲ	ゼ	デ	ベ	ペ
ge	ze	de	be	pe
ゴ	ゾ	ド	ボ	ポ
go	zo	do	bo	po

キャ	シャ	チャ	ニャ	ヒャ	ミャ	リャ
kya	sya·sha	tya·cha	nya	hya	mya	rya
キュ	シュ	チュ	ニュ	ヒュ	ミュ	リュ
kyu	syu·shu	tyu·chu	nyu	hyu	myu	ryu
キョ	ショ	チョ	ニョ	ヒョ	ミョ	リョ
kyo	syo·sho	tyo·cho	nyo	hyo	myo	ryo

ギャ	ジャ	ヂャ	ビャ	ピャ
gya	zya·ja	zya·dya	bya	pya
ギュ	ジュ	ヂュ	ビュ	ピュ
gyu	zyu	zyu·dyu	byu	pyu
ギョ	ジョ	ヂョ	ビョ	ピョ
gyo	zyo·dyo	zyo·dyo	byo	pyo

ひらがな(한국어 발음)

• 한국어로는 안 되는 발음이 의외로 많으므로 한국어 발음에 너무 의존해서는 안 된다.
  그렇다고 해서 영어 발음만 믿어서도 안 된다.
  다음과 같은 경우는 우리말과 거의 유사하지만 표현하기 어려운 글자들이다.
  か행·さ행·た행·が행·ざ행·だ행·ば행·ぎゃ행·じゃ행·ぢゃ행·びゃ행 등이
  있다.

	あ행	か행	さ행	た행	な행	は행	ま행	や행	ら행	わ행	
あ단	あ	か	さ	た	な	は	ま	や	ら	わ	ん
	아	카·까	사	타·따	나	하	마	야	라	와	응
い단	い	き	し	ち	に	ひ	み		り		
	이	키·끼	시	치,찌	니	히	미		리		
う단	う	く	す	つ	ぬ	ふ	む	ゆ	る		
	우	쿠·꾸	스우	쯔우	누	후	무	유	루		
え단	え	け	せ	て	ね	へ	め		れ		
	에	케·께	세	테·떼	네	헤	메		레		
お단	お	こ	そ	と	の	ほ	も	よ	ろ	を	
	오	코·꼬	소	토·또	노	호	모	요	로	오	

が	ざ	だ	ば	ぱ
가	자	다	바	파
ぎ	じ	ぢ	び	ぴ
기	지	지	비	피
ぐ	ず	づ	ぶ	ぷ
구	즈우	즈우	부	푸
げ	ぜ	で	べ	ぺ
게	제	데	베	페
ご	ぞ	ど	ぼ	ぽ
고	조	도	보	포

きゃ	しゃ	ちゃ	にゃ	ひゃ	みゃ	りゃ
캬·꺄	샤	챠	냐	햐	먀	랴
きゅ	しゅ	ちゅ	にゅ	ひゅ	みゅ	りゅ
큐·뀨	슈	츄	뉴	휴	뮤	류
きょ	しょ	ちょ	にょ	ひょ	みょ	りょ
쿄·꾜	쇼	쵸	뇨	효	묘	료

ぎゃ	じゃ	ぢゃ	びゃ	ぴゃ
갸	쟈	쟈	뱌	퍄
ぎゅ	じゅ	ぢゅ	びゅ	ぴゅ
규	쥬	쥬	뷰	퓨
ぎょ	じょ	ぢょ	びょ	ぴょ
교	죠	죠	뵤	표

문자의 읽기. (가나는 히라가나 가따까나의 준말이다.)

일본어는 3개의 다른 문자 체계를 갖고 있고, 각각 히라가나·가따까나·한자라고 부른다. 히라가나는 조사·동사·형용사 등의 활용 부분의 표기, 접속사 등의 표기에 사용되고, 가따까나는 구미의 언어에서 일본어에 들어온 외래어를 표기하는 데 쓰이고 있다. 또 한자는 말의 본질적인 의미 부분을 나타내는 데 많이 사용된다.

• う (ウ) /u/

う (ウ) /u/ 또는 う단의 가나를 읽을 때의 입모양은 평행되게 (납작하게) 하고, 둥그렇게 하지 않는다.

• ふ (フ) /fu/

ふ (フ) /fu/ 는 자음 표기로 /f/ 를 사용하고 있지만, 실제 읽기로는 영어의 "who" 를 읽는 것과 같이 읽는다.

• じ·ぢ /dji/ 와 ず·づ /dzu/

じ·ぢ는 표기는 다르지만 양쪽 모두 /dji/ 또는 /ji/ 로 읽는다.
마찬가지로 ず·づ 는 /dzu/ 또는 /zu/ 로 읽는다.
즉, じ·ぢ 가 어두에 올 때는 /dji/ 로 읽는다.
㉠: 事故(じこ) /djiko/   사고.

ず·づ가 어두(語頭)에 올 때에는 /dzu/ 로 읽는다.
㉠: ズボン /dzubon/ 바지.

じ·ぢ가 단어의 중간이나, 어미(語尾)에 올 때는 /ji/ 로 읽는다.
㉠: 鼻血(はなぢ) /hanaji/ 코피.

ず·づ가 단어의 중간이나, 어미(語尾)에 올 때는 /zu/ 로 읽는다.

예: 続く(つづく) /tsuzuku/ 계속되다.

또 어두의 じ·ぢ /dji/·ず·づ /dzu/ 라도, 그 앞의 말이 오면 어두(語頭)가 되지 않으므로, /ji/·/zu/ 로 변한다. 예를 들어, じこ (事故)는 단독으로는 /djiko/ 로 읽히지만, このじこ (この事故)와 같이 じこ (事故) 앞에 この /kono/ 가 오면, /konojiko/ 로 변한다.

문자를 읽는 길이.

하나하나의 가나를 읽을 때의 시간적 길이는 거의 일정하다. 예를 들어 めがね / megane / 는 め が ね 의 3개의 가나로 표현되지만, 그 각각의 め が ね 를 읽을 때의 길이는 거의 일정한 길이로 읽는다. 마찬가지로 つくえ /tsukue/ 의 3개의 가나도 대체로 같은 길이로 읽는다.

장모음

• 원칙 1.

おかあさん·おにいさん·ふうふ 와 같이 あ·い·う 가 각각, あ단·い단·う단의 가나 다음에 쓰이는 경우에는 단독으로는 읽지 않는다. 예를 들면, おかあさん 의 かあ 의 부분은 /ka:/ 로 길게 늘여읽는다. おにいさん 의 にい 도 /ni:/ 로 읽는다.

お母さん(おかあさん)　　[oka:san]　　(어머님)
お兄さん(おにいさん)　　[oni:san]　　(형님)
夫婦(ふうふ)　　　　　　[fu:fu]　　　(부부)

/fu/ 는 자음표기로 /f/ 를 사용하고 있지만, 실제읽기로는 영어의 " who " 를 읽는 것과 같이 읽는다.

• 원칙 2.

とけい·おとうさん 과 같이 い·う 가 각각 え단과 お단의 가나 다음에 쓰이는 경우에도 단독으로 읽지 않는다. とけい의 けい 는 /ke:/ 로 읽고, おとうさん 의 とう 는 /to:/ 로 읽는다. 따라서 아래와 같이 읽는다.

時計(とけい)　　　　　　[toke:]　　　(시계)
先生(せんせい)　　　　　[sense:]　　　(선생님)
お父さん(おとうさん)　　[oto:san]　　(아버님)

• 원칙 3.

え단의 가나로 え·お 단의 가나로 お 가 쓰이는 경우도 있다.
예를 들면, おねえさん은 /one:san/ 이라고 읽고, <u>おおきい</u> 는 /o:ki/ 로 읽는다.

お姉さん(おねえさん)	[one:san]	(누님)
大きい(おおきい)	[o:ki:]	(크다)

• 원칙 4.

가따까나는 히라가나의 경우와 달리, 『ー』로 쓰이는 경우가 있다. 따라서 エレベーター
는 /erebe:ta:/ 로 <u>ベ</u>와 <u>タ</u>를 길게 읽는다.

elevator	[erebe:ta:]	(엘리베이터)

• 원칙 5.

원칙1에서 원칙4에 제시된 <u>あ·い·う·え·お·ー</u> 를 읽는데 필요한 시간적 길이는 다른 가
나를 읽을 때의 길이와 거의 같다.
따라서 <u>おかあさん</u> 의 <u>お·か·あ·さ·ん</u> 의 하나하나의 문자는 거의 같은 길이로 읽는다.

읽기

ん은 다음에 오는 음에 의해 영향을 받아 실제로는 4종류의 읽기 방법이 있다.

실제의 발음	뒤에 따라오는 가나 문자. (ん뒤에 오는 글자)							
ñ	あ	い	う	え	お			
	さ	し	す	せ	そ	しゃ	しゅ	しょ
	は	ひ	ふ	へ	ほ	ひゃ	ひゅ	ひょ
	や		ゆ		よ			
	わ							
	어미(語尾)							
	ん은 비음화 된다. (단독으로 사용한다)							

原因 (げんいん)	[geñin]	원인.
未婚者(みこんしゃ)	[mikoñsha]	미혼자.
面接 (めんせつ)	[meñsetsu]	면접.
日本 (にほん)	[nihoñ]	일본.
本屋 (ほんや)	[hoñya]	책방.
電話 (でんわ)	[deñwa]	전화.
保険 (ほけん)	[hokeñ]	보험.
家賃 (やちん)	[yachiñ]	집세.

η	か	き	く	け	こ	きゃ	きゅ	きょ
	が	ぎ	ぐ	げ	ご	ぎゃ	ぎゅ	ぎょ

영어의 `Sing' 에서 보이는 ng의 음과 비슷하다.
(우리나라 말의 ㅇ에 가깝다)

文化 (ぶんか)	[buŋka]	문화.
音楽 (おんがく)	[oŋgaku]	음악.

n	ざ	じ	ず	ぜ	ぞ	じゃ	じゅ	じょ
	た	ち	つ	て	と	ちゃ	ちゅ	ちょ
	だ	ぢ	づ	で	ど	ぢゃ	ぢゅ	ぢょ
	な	に	ぬ	ね	の	にゃ	にゅ	にょ
	ら	り	る	れ	ろ	りゃ	りゅ	りょ

혀끝을 잇몸에 붙여 읽는다. (우리나라 말의 ㄴ에 가깝다)

漢字 (かんじ)	[kanji]	한자.
本当 (ほんとう)	[hontou]	정말.
神田 (かんだ)	[kanda]	간다(지명).
女　 (おんな)	[onna]	여자.
管理 (かんり)	[kanri]	관리.

m	ば	び	ぶ	べ	ぼ	びゃ	びゅ	びょ
	ぱ	ぴ	ぷ	ぺ	ぽ	ぴゃ	ぴゅ	ぴょ
	ま	み	む	め	も	みゃ	みゅ	みょ

위 아랫입술을 닫고 읽는다. (우리나라 말의 ㅁ에 가깝다)

現場 (げんば)	[gemba]	현장.
新聞 (しんぶん)	[shimbun]	신문.
鉛筆 (えんぴつ)	[empitsu]	연필.
憲法 (けんぽう)	[gempoo]	헌법.
三枚 (さんまい)	[sammai]	세장.

•ん음을 읽는데 걸리는 길이는 다른 가나문자의 길이와 거의 같다.

● 작은 っ (촉음)

きって에서 보여지듯이 작은 っ 는 특별하게 읽는다. っ /tsu/ 라고 읽지 않고, 단지 모양만을 취할 뿐이다. 즉, **きって** 의 경우는 **き** 를 읽고, 혀는 **て**의 위치로 하여 모양을 취한다. 이 모양의 길이는 **き·て** 를 읽는 것과 거의 같은 길이이다. 이와 같이 작은 っ를 읽는 경우의 혀(舌)의 위치는 っ에 붙는 (뒤에 따라오는) 문자의 자음의 위치이다. 그러나 っ 다음에 오는 문자가 **さ·し·す·せ·そ** 의 경우는 공기가 나올 뿐, 모양은 의식되지 않는다.

이 작은 っ 는

K음 앞에서는 ㄱ에 가깝다.	か		き		く		け		こ
	一家	(いっか)	일가족.		真っ黒	(まっくろ)	진검정.		
	一回	(いっかい)	한 번. 일회.		湿気	(しっけ)	습기.		
	学期	(がっき)	학기.		学校	(がっこう)	학교.		

S음 앞에서는 ㅅ에 가깝다.	さ		し		す		せ		そ
	一切	(いっさい)	일절.		生粋	(きっすい)	순수하다.		
	雑誌	(ざっし)	잡지.		一石	(いっせき)	일석.		
	一生	(いっしょう)	일생.		発足	(ほっそく)	발족.		

T음 앞에서는 ㄷ에 가깝다.	た		ち		つ		て		と
	一体	(いったい)	도대체.		三つ	(みっつ)	세 개.		
	match	(まっち)	성냥.		切手	(きって)	우표.		
	熱中	(ねっちゅう)	열중.		圧倒	(あっとう)	압도.		

P음 앞에서는 ㅂ에 가깝다.	ぱ		ぴ		ぷ		ぺ		ぽ
	一杯	(いっぱい)	가득. 한잔.		切符	(きっぷ)	티켓. 표.		
	発表	(はっぴょう)	발표.		疾病	(しっぺい)	질병.		
	別嬪	(べっぴん)	미인.		尻尾	(しっぽ)	꼬리.		

의 앞에서만 나타난다.

• 모음 /i/·/u/ 의 무성화.

모음 /i/·/u/ 는 무성음 /k·s·sh·t·ch·ts·p·h·f/ 와 무성자음 사이에 있을 때는 무성화 된다.
따라서 き·し·ち·ひ·ぴ·く·す·つ·ふ·ぷ 다음의(예로 드는) 읽기 앞에 올 때는 /i/·/u/ 는
무성화 된다.

すし /sushi/ す /su/ 의 /u/ 가 무성화 된다.
따라서 실제 す의 읽기는 단지 공기가 나올 뿐이다.

ひこうき /hiko:ki/ ひ /hi/ 의 /i/ 가 무성화 된다.
따라서 ひ의 실제 읽기는 단지 공기가 나올 뿐이다.

또 문장의 제일 끝에 오는 す 도 무성화 된다.
예를 들어 のみます의 す /su/ 는 [s] 로 읽혀진다.
따라서, のみます의 실제 읽기는 [nomimas] 이다.

• は·へ·を 읽기.

は·へ·を가 조사로 쓰인 경우에는 は는 /wa/·へ는 /e/ 로 읽는다.
を는 조사를 표시할 때만 쓰인다. お와 を는 표기는 다르지만, 읽기는 같으며, /o/ 로 읽는다.

• く 읽기.

く자 뒤에 さ·し·す·せ·そ가 올 때는 ㄱ발음에 가깝다.						
沢山	(たくさん)	닥상.	많다.	約数	(やくすう)	약스우.	약수.
奥様	(おくさん)	옥상.	부인.	学生	(がくせい)	각세에.	학생.
読書	(どくしょ)	독쇼.	독서.	白線	(はくせん)	학센.	흰선.
拍手	(はくしゅ)	학슈.	박수.	服装	(ふくそう)	훅소오.	복장.
複数	(ふくすう)	훅스우.	복수.	告訴	(こくそ)	곡소오.	고소.

교실 용어

始めましょう。	시작합시다.
終わりましょう。	끝냅시다.
休みましょう。	휴식합시다.
読んでください。	읽어 주세요.
見てください。	봐 주세요.
言ってください。	말해 주세요.
書いてください。	써 주세요.
開いてください。	펴 주세요. (노트·책을)
閉じてください。	덮어 주세요. (노트·책을)
覚えてください。	기억해 주세요.
答えてください。	대답해 주세요.
聞いてください。	물어주세요(말을). 들어주세요(이야기를).
もう一度言ってください。	다시 한번 말해 주세요.
もっとゆっくり言ってください。	좀 더 천천히 말해 주세요.
分かりますか。	알겠습니까. 이해가 됩니까.
はい、分かりました。	예, 알겠습니다. 예, 이해가 됩니다.
いいえ、分かりません。	아니오, 모르겠습니다. 아니오, 이해가 안 됩니다.

인사와 간단한 회화

• 인사.

お早うございます。	아침인사
今日は。	낮인사
今晩は。	저녁인사
さようなら。	헤어질 때.
お休みなさい。	안녕히 주무세요. (잠잘 때의 인사) 밤늦게 헤어질 때
では、また。	그럼, 다음에.
また、明日。	내일 또 봅시다.
また、会いましょう。	또 만납시다.
じゃね。	그럼, 다음에. (주로 여성들이 사용한다)
どうぞお元気で。	그럼 안녕히 가십시오. (멀리 떠나는 사람에게 하는 인사)
大丈夫です。	괜찮습니다.
すみません。	미안합니다. (남에게 말을 걸때나 사람을 부를 때)
ちょっとすみません。	잠깐 실례합니다.
お願いします。	부탁합니다. (무언가를 부탁할 때)
本当です。	정말입니다.
お大事に。	몸조심하십시오. (환자에게)
駄目です。	안됩니다.
また今度お願いします。	다음에 부탁합니다. (상대방의 권유를 거절할 때)
いらっしゃいませ。	어서 오십시오. (손님이 왔을 때・점원이 손님을 상대로 많이 사용)
いろいろお世話になりました。	여러 가지 신세 많이 졌습니다.
あした お暇ですか。	내일 한가하십니까. 내일 시간 있습니까.
おめでとうございます。	축하합니다.

• 고마움을 느낄 때.

どうも すみません。	대단히 고맙습니다.
どうも。	대단히. (고맙습니다를 간단히 줄여 どうも로 많이 사용한다)
どうも ありがとう。	대단히 고맙습니다. (가볍게 인사할 때)
ありがとう。	고맙습니다. (나이가 같거나 연하(<ruby>年下<rt>としした</rt></ruby>)일 때)
どうも ありがとうございます。	대단히 고맙습니다.
どういたしまして。	천만에요.

• 처음에 만나 인사할 때.

はじめまして。 처음 뵙겠습니다.	상대편	はじめまして。 처음 뵙겠습니다.
わたしはキムです。 저는 김입니다.		わたしはチンです。 저는 진입니다.
どうぞよろしく。 잘 부탁합니다.		どうぞよろしく。 잘 부탁합니다.

• 누구의 소개로 만나 인사할 때.

はじめまして。 처음 뵙겠습니다.	상대편	こちらこそ。 이쪽이야말로. (저야말로)
わたしはキムです。 저는 김입니다.		
どうぞよろしく。 잘 부탁합니다.		どうぞよろしく。 잘 부탁합니다.

• 만나서 인사할 때.

こんなに会えてうれしいです。	이렇게 만나게 되어서 기쁩니다.

• 오래간만에 만나 안부를 물을 때.

A: お元気ですか。 B: はい、おかげさまで元気です。 B: キムさんはどうですか。 　　キムさんはいかがですか。 A: 私も元気です。	A: 건강하십니까. B: 예, 덕분에 건강합니다. B: 김씨는 어떻습니까. 　김씨는 어떻습니까. A: 저도 건강합니다.

• 오래간만에 만났을 때.

しばらくですね。	오래간만입니다. (나이가 같거나 연하(年下)일 때)
おひさしぶりですね。	오래간만입니다. (손윗사람(年上)에게)
ごぶさたいたしました。	그 동안 소식 못 전해서 죄송합니다. (격조했습니다)

• 안부를 물을 때.

A: お変わりありませんか。	A: 별일 없으십니까. (안부인사)
B: 相変わらず元気です。	B: 변함없이 잘 지냅니다. 여전히 건강합니다.

• 상대에게 안부를 전할 때.

金さんによろしくお伝えください。	김씨에게 안부 좀 전해주세요.

• 외출할 때와 귀가할 때.

行って来ます。	다녀오겠습니다. (집에서 나올 때)
行って参ります。	다녀오겠습니다. (집에서 나올 때)
行っていらっしゃい。	다녀오십시오.
只今。	다녀왔습니다. (외출하고 돌아와서)
お帰りなさい。	어서 오십시오. (귀가 했을 때)

• 무엇을 먹을 때.

いただきます。	잘 먹겠습니다. (무엇을 먹기 전에)
ごちそうさまでした。	잘 먹었습니다. (먹고 나서)
おそまつさまでした。	변변치 못했습니다.
なにをたべますか。	무엇을 먹겠습니까.
なんでもいいです。	무엇이든지 좋습니다.

• 선물을 줄때와 받을 때.

つまらないものですが、どうぞ。	변변치 못합니다만, 받아주세요.
おそまつなものですが、どうぞ。	변변치 못합니다만, 받아주세요.
いただきます。	고맙습니다. 잘 받겠습니다.

• 방문할 때.

ごめんください。	계십니까. (남의 집을 방문할 때 문을 두드리며)
どなたさまですか。	누구십니까. (공손한 말)
どなたですか。	누구십니까.
どうぞおはいりください。	자 어서 들어오십시오.
どうぞおあがりください。	자 어서 들어오십시오.
おじゃまします。	실례합니다. (남의 집을 방문해서 들어갈 때)
よくいらっしゃいました。	잘 오셨습니다.
ようこそいらっしゃいました。	잘 오셨습니다.
どうぞこちらへ	자 이쪽으로. (자리를 안내할 때)
おちゃは いかがですか。	차 한잔하시겠습니까.
いただきます。	잘 먹겠습니다.
おいとまします。	가보겠습니다. (사라지다)
しつれいしました。	실례했습니다.
そろそろしつれいします。	이제 그만 가보겠습니다. (그 자리를 떠날 때)
おさきにしつれいします。	먼저 실례하겠습니다.
おやすみなさい。	안녕히 계세요. 안녕히 주무세요.

• 일을 끝마치고.

ごくろうさまでした。	수고하셨습니다. (나이가 같거나 연하(年下)일 때)
おつかれさまでした。	수고하셨습니다. (윗사람(年上)에게)
ありがとうございます。	수고하셨습니다. (배움의 장소에서)

• 잠깐 기다리게 할 때.

ちょっとまってください。	잠깐만 기다려 주세요.
しょうしょうおまちください。	잠깐만 기다려 주세요. (공손한 말)
しばらくおまちください。	잠시만 기다려 주세요. (약 5분 정도)
おまたせいたしました。	많이 기다리게 했습니다.
おまちどおさま。	많이 기다리셨습니다. (사과의 말)

• 새해 인사.

あけましておめでとうございます。	새해 복 많이 받으세요.
しんねんおめでとうございます。	새해 복 많이 받으세요.

• 사과할 때.

大丈夫ですか。	괜찮습니까.
すみません。	미안합니다.
どうもすみません。	대단히 고맙습니다. 대단히 미안합니다. (상대에게 폐를 끼쳤을 때) (ありがとうございます의 의미도 들어 있다)
ごめんなさい。	죄송합니다. (정말로 잘못을 했을 때)
ごめんください。	죄송합니다. (용서를 구할 때)

• 과일. (果物)

いちご	딸기	もも	복숭아
ストロベリー	딸기	みかん	귤
りんご	사과	なし	배
かき	감	すいか	수박
ぶどう	포도	パインナップル	파인애플
メロン	메론	オレンジ	오렌지
バナナ	바나나	トマト	토마토

• 신체. (体)

頭	あたま	머리	膝	ひざ	무릎
額	ひたい	이마	胸	むね	가슴
顔	かお	얼굴	腰	こし	허리
目	め	눈	胃	い	위
鼻	はな	코	肺	はい	폐
耳	みみ	귀	肱	ひじ	팔꿈치
口	くち	입	腹	はら	배(お腹、お中)
首	くび	목	腕	うで	팔
手	て	손	尻	しり	엉덩이
指	ゆび	손가락	腸	ちょう	장
足	あし	발	爪	つめ	손톱·발톱
喉	のど	목구멍 (식도)	背中	せなか	등

目次 차례

第一課

だいいっか

一時です。

いちじ

1 시입니다.

語句 (어구, 말)

단어	한자 읽는 법	의미
今日　　•	きょう	오늘. (こんにち : 오늘날)
昨日　　•	きのう・さくじつ	어제
明日　　•	あした・あす	내일
今	いま	지금
~課	~か	~과
会話	かいわ	회화
数	かず	수, 숫자
教務	きょうむ	교무
銀行	ぎんこう	은행
語句	ごく	어구. 단어. 말
午後	ごご	오후
午前	ごぜん	오전
~様	~さん・さま	~씨. 님. (さま : さん의 높임말)
~時	~じ	~시
~時間目	~じかんめ	~시간째
授業	じゅぎょう	수업
体育	たいいく	체육
第~	だい~	제 (제3과)
説明	せつめい	설명
でも		그러나 (역접)
電話番号	でんわばんごう	전화번호
内線	ないせん	내선 (안쪽선)
何	なん	무엇
日本語科	にほんごか	일본어과

~半	~はん	반 (시간의 반)
~番	~ばん	번. (1번, 2번, 차례)
~分	~ふん・~ぷん	분 (시간의 분)
人	ひと	사람. 남
~人	~じん	~인 (한국인)
昼休み	ひるやすみ	점심시간
門限	もんげん	대문을 닫는 시간
本文	ほんぶん	본문
郵便局	ゆうびんきょく	우체국
例文	れいぶん	예문
何曜日	なんようび	무슨 요일
月曜日 ・	げつようび	월요일
火曜日	かようび	화요일
水曜日	すいようび	수요일
木曜日	もくようび	목요일
金曜日	きんようび	금요일
土曜日 ・	どようび	토요일
日曜日	にちようび	일요일
韓国	かんこく	한국
中国 ・	ちゅうごく	중국
日本	にほん	일본
休息 ・	きゅうそく	휴식
田中	たなか	다나까 (성씨)
~コース	course	코스
フレーズ	phrase	구·절
ポスト	post	우체통
テスト	test	테스트
デパート	department	백화점
キャッシュサービス	cash service	현금서비스

• フレーズ (문구, 관용구, phrase)

단 어	의 미
はい。	예.
ええ。	예. (はい)
いいえ。	아니오. (부정)
あのう。	저. (화제가 떠오르지 않거나, 생각이 나지 않을 때, 시간을 벌고자 던지는 말)
ええと。	저. (화제가 떠오르지 않거나, 생각이 나지 않을 때 시간을 벌고자 할 때 던지는 말)
すみません。	미안합니다. (남에게 말을 걸 때, 가벼운 실수를 사과할 때)
そうです。	그렇습니다. (상대의 의견에 동의할 때)
そうですか。	그렇습니까. (내가 모르는 것을 남이 가르쳐 주었을 때)
どうも。	대단히. 정말로. ('고맙습니다'의 준말)
ありがとうございます。	고맙습니다.
どうも ありがとうございます。	대단히 고맙습니다. (예의 바른 표현)
どういたしまして。	천만에요.
えっ。	놀랐을 때 나오는 말. (감탄사)
あっ。	놀랐을 때 나오는 말. (감탄사)

例文^{れいぶん}・説明^{せつめい} (예문·설명)

1.

数^{かず}。(○〜百^{ひゃく})　숫자. (영에서 100)

▶ 숫자 중 4, 7, 9는 주의해서 읽어주세요.

0	ぜろ・れい	零		15	じゅうご	十五
1	いち	一		16	じゅうろく	十六
2	に	二		17	じゅうなな	十七
3	さん	三		18	じゅうはち	十八
4	し・よん・よ	四		19	じゅうきゅう	十九
5	ご	五		20	にじゅう	二十
6	ろく	六		30	さんじゅう	三十
7	しち・なな	七		40	よんじゅう	四十
8	はち	八		50	ごじゅう	五十
9	く・きゅう	九		60	ろくじゅう	六十
10	じゅう	十		70	ななじゅう	七十
11	じゅういち	十一		80	はちじゅう	八十
12	じゅうに	十二		90	きゅうじゅう	九十
13	じゅうさん	十三		100	ひゃく	一百
14	じゅうよん	十四		200	にひゃく	二百

2.

でんわばんごう
電話番号。 전화번호.

▶ 전화번호는 하나하나 읽고, 10 이상의 숫자로 읽는다.
　一은 の로 읽는다.

いち に さん　の　よん　ご　ろく　なな
1　2　3　-　4　5　6　7

ぜろ に　の　ご　よん に　の　はち きゅうぜろ よん
0　2　-　5　4　2　-　8　9　0　4

ぜろ さん　の　なな きゅうよん　の　に　なな ろく　よん
0　3　-　7　9　4　-　2　7　6　4

ぜろ さん なな いち　の　さん よん なな　の　に　ご　はちきゅう
0　3　7　1　-　3　4　7　-　2　5　8　9

▶ 주의. (특히 4를 읽는데 주의(注意)할 것)

四月 (4월)	四時 (4시)	四円 (4엔)	四歳 (4살)	四年 (4년)
七月 (7월)	七時 (7시)	七円 (7엔)	七歳 (7살)	七年 (7년)
九月 (9월)	九時 (9시)	九円 (9엔)	九歳 (9살)	九年 (9년)

3.

~時・~分。시. 분.

▸ 시간의 반을 나타낼 때는 はん(半)으로 읽는다. 단, 시간의 반이 아니라 그냥 30분은 さんじゅっぷん또는 さんじっぷん으로 읽어도 된다.
(시간의 4시, 분의 3분·4분은 주의해서 읽을 것)

	時 (시간)	分 (분)		時 (시간)	分 (분)
1	いちじ	いっぷん	9	くじ	きゅうふん
2	にじ	にふん	10	じゅうじ	じゅっぷん
3	さんじ	さんぷん	11	じゅういちじ	じゅういっぷん
4	よじ	よんぷん	12	じゅうにじ	じゅうにふん
5	ごじ	ごふん	20		にじゅっぷん
6	ろくじ	ろっぷん	25		にじゅうごふん
7	しちじ	ななふん	30		さんじゅっぷん
8	はちじ	はちふん	?	なんじ	なんぷん

▸ 밑에 열거한 것은 두 가지로 읽을 수 있다.

8 분	はちふん	(はっぷん)
10 분	じゅっぷん	(じっぷん)
20 분	にじゅっぷん	(にじっぷん)
30 분	さんじゅっぷん	(さんじっぷん)

4.

一時<ruby>いちじ<rt></rt></ruby>です。　1시입니다.

▶ です : ~입니다.

　용법 : 명사(名詞) + です。

　です : 체언(명사·い형용사·な형용사)및 체언(体言)에 준하는 것에 접속한다.

1. 二時<ruby>にじ<rt></rt></ruby>です。

　2시입니다.

2. 三時半<ruby>さんじはん<rt></rt></ruby>です。

　3시 반입니다.

3. 午前<ruby>ごぜん<rt></rt></ruby> 四時<ruby>よじ<rt></rt></ruby>です。

　오전 4시입니다.

4. 午後<ruby>ごご<rt></rt></ruby> 五時<ruby>ごじ<rt></rt></ruby>です。

　오후 5시입니다.

5. 六時<ruby>ろくじ<rt></rt></ruby> 五分<ruby>ごふん<rt></rt></ruby>です。

　6시 5분입니다.

6. 七時<ruby>しちじ<rt></rt></ruby> 十分<ruby>じゅっぷん<rt></rt></ruby>です。

　7시 10분입니다.

5.

何時(なんじ)ですか。　몇 시입니까.

▶ ですか : ~입니까.

용법 : 명사(名詞) + ですか。

의미 : か는 의문이나 불확실함을 나타낸다.

1. A: 今(いま) 何時(なんじ)ですか。

   지금 몇 시입니까.

   B: 十二時(じゅうにじ)です。

   12시입니다.

2. A: 今(いま) 十時(じゅうじ)ですか。

   지금 10시입니까.

   B: はい、10時(じ)です。

   예, 10시입니다.

3. A: 九時(くじ)ですか。

   9시입니까.

   B: いいえ、九時(くじ) 十分(じゅっぷん)です。

   아니오, 9시 10분입니다.

4. A: 今(いま) 何時(なんじ)ですか。

   지금 몇 시입니까.

   B: 四時(よじ) 五分(ごふん) 前(まえ)です。

   지금 4시 5분 전입니다.

6.

今日<ruby>今日<rt>きょう</rt></ruby>は <ruby>月曜日<rt>げつようび</rt></ruby>です.　오늘은 월요일입니다.

▶ 명사 + は(~은 · ~는) 명사 + です(~입니다).

は　: ~은. ~는.

의미 : 하나의 주제 또는 화제를 제시한다.

<ruby>曜日<rt>ようび</rt></ruby>요일	日曜日 일요일	月曜日 월요일	火曜日 화요일	水曜日 수요일
	木曜日 목요일	金曜日 금요일	土曜日 토요일	何曜日 (무슨요일)

1. あしたは 火曜日です。

   내일은 화요일입니다.

2. A: 今日は 何曜日ですか。

   오늘은 무슨 요일입니까.

   B: 月曜日です。

   월요일입니다.

3. A: 今日は 水曜日ですか。

   오늘은 수요일입니까.

   B: いいえ、木曜日です。

   아니오, 목요일입니다.

4. A: 土曜日の 次は 何曜日ですか。

   토요일 다음은 무슨 요일입니까.

   B: 日曜日です。

   일요일입니다.

7.

銀行は 九時からです。　은행은 9시부터입니다.

▸ は〜からです : 〜은·〜는 〜부터 입니다.
▸ は 　: 〜은. 〜는.
　의미 : 하나의 주제 또는 화제를 제시한다.
▸ から : 〜부터.
　의미 : 장소·시간·시점 등의 기점(출발점)을 나타낸다.

1. 授業は 九時十分からです。
   수업은 9시 10분부터입니다.

2. 昼休みは 十二時からです。
   점심시간은 12시부터입니다.

3. A: 郵便局は 何時からですか。
   　우체국은 몇 시부터입니까.
   B: 九時からです。
   　9시부터입니다.

4. A: 銀行は 九時からですか。
   　은행은 9시부터입니까.
   B: はい、九時からです。
   　예, 9시부터입니다.
   B: いいえ、十時からです。
   　아니오, 9시부터입니다.

8.

デパートは 八時までです。   백화점은 8시까지입니다.

▸ は 〜までです : 〜은·〜는 〜까지입니다.
▸ は   : 〜은. 〜는.
  의미 : 하나의 주제 또는 화제를 제시한다.
▸ まで : 〜까지.
  의미 : 시간·거리의 도착점을 나타낸다.

1. 昼休みは 一時までです。
   점심시간은 1시까지입니다.

2. A: デパートは 何時までですか。
      백화점은 몇 시까지입니까.
   B: 六時までです。
      6시까지입니다.

3. A: 銀行は 五時までですか。
      은행은 5시까지입니까.
   B: はい、五時までです。
      예, 5시까지입니다.
   B: いいえ、三時までです。
      아니오, 3시까지입니다.

9.

日本（にほん）の 銀行（ぎんこう）は 九時（くじ）からです。　일본의 은행은 9시부터입니다.

▸ の　：〜의.
　용법 : 명사＋명사는 조사 の를 사용한다.
　의미 : 기본적으로 명사의 문을 연결하는 역할을 한다.
▸ は　：〜은. 〜는.
　의미 : 하나의 주제 또는 화제를 제시한다.
▸ から：〜부터.
　의미 : 장소·시간·시점 등의 기점(출발점)을 나타낸다.
　　　（からです: 〜부터입니다)

1.　一時間目（いちじかんめ）の 授業（じゅぎょう）は 九時十分（くじじゅっぷん）からです。

　　1시간째(첫 번째) 수업은 9시 10분부터입니다.

2.　英語（えいご）の 授業（じゅぎょう）は 十一時（じゅういちじ）からです。

　　영어 수업은 11시부터입니다.

3.　月曜日（げつようび）の 授業（じゅぎょう）は 三時（さんじ）までです。

　　월요일 수업은 3시까지입니다.

4.　学校（がっこう）の 電話番号（でんわばんごう）は 八八八（はちはちはち）― 三〇三〇（さんぜろさんぜろ）です。

　　학교 전화번호는 888-3030입니다.

5.　A: 木曜日（もくようび）の 授業（じゅぎょう）は 何時（なんじ）までですか。

　　　목요일 수업은 몇 시까지입니까.

　　B: 四時（よじ）までです。

　　　4시까지입니다.

6. A: 山田さんの 電話番号は 何番ですか。

   야마다씨의 전화번호는 몇 번입니까.

   B: 五六七 — 八〇八三です。

   567-8083입니다.

7. A: 歴史の 授業は 何曜日ですか。

   역사 수업은 무슨 요일입니까.

   B: 木曜日です。

   목요일입니다.

10.

銀行は 九時から 三時までです。 은행은 9시부터 3시까지입니다.

▸ は   : ～은, ～는.
  의미 : 하나의 주제 또는 화제를 제시한다.
▸ から : ～부터
  의미 : 장소·시간·시점 등의 기점(출발점)을 나타낸다.
▸ まで : ～까지.
  의미 : 시간·거리의 도착점을 나타낸다.
        (～から ～まで: ～부터 ～까지)

一時から 四時まで。	1시부터 4시까지.
月曜日から 金曜日まで。	월요일부터 금요일까지.
キムさんから チェさんまで。	김 씨부터 최 씨까지.

1. 日本語の 授業は 十一時 十分から 十二時 四十分までです。

   일본어 수업은 11시 10분부터 12시 40분까지입니다.

2. デパートは 十時から 六時までです。

   백화점은 10시부터 6시까지입니다.

3. A: 休息は 何時から 何時までですか。

   휴식은 몇 시부터 몇 시까지입니까.

   B: 十二時から 一時までです。

   12시부터 1시까지입니다.

11.

日本語科の 授業は 三時までです。でも、水曜日の 授業は四時までです。
일본어과의 수업은 3시까지입니다. 그러나 수요일 수업은 4시까지입니다.

▶ でも : 그러나. (역접)
　의미 : 앞문장의 내용은 인정하지만, 거기에 상반되는 내용이나 자신의 판단을 말한다.

　1.　銀行は九時から三時までです。でも、キャッシュサービスは六時までです。

　　　은행은 9시부터 3시까지입니다. 그러나 현금서비스는 6시까지입니다.

　2.　この 人は いいです。でも、あの 人は 悪いです。

　　　이 사람은 좋습니다. 그러나, 저 사람은 나쁩니다.

12.

九時 十分からですね。　　9시 10분부터지요.

▶ ね　: 요. (확인이나 의문의 문장에 사용한다)
　의미 : 알고는 있지만 다시 한 번 상대에게 확인을 요할 때.(상향의 인터네이션을 취한다)

　1.　A: 門限は 八時です。

　　　대문 닫는 시간은 8시입니다.

　　　B: 八時ですね。

　　　8시이지요.

　　　A: はい、そうです。

　　　예, 그렇습니다.

会話 (회화)

1.

キム: すみません。今 何時ですか。

미안합니다. 지금 몇 시입니까.

チン: 四時 十分です。

4시 10분입니다.

キム: どうも ありがとうございました。

대단히 고맙습니다.

チン: いいえ、どういたしまして。

아니오, 천만에요.

2.

学生: すみません。テストは 何曜日ですか。

미안합니다. 테스트는 무슨 요일입니까.

先生: 月曜日です。

월요일입니다.

学生: どうも ありがとうございました。

대단히 고맙습니다.

先生: いいえ、どういたしまして。

아니오, 천만에요.

3.

学生: すみません。授業は 何時からですか。

미안합니다. 수업은 몇 시부터입니까.

先生: 九時 十分からです。

9시 10분부터입니다.

学生: 何時までですか。

몇 시까지입니까.

先生: 二時 五十分までです。

2시 50분까지입니다.

学生: どうも ありがとうございました。

대단히 고맙습니다.

先生: いいえ、どういたしまして。

아니오, 천만에요.

4.

学生: すみません。体育の 授業は 何曜日ですか。

미안합니다. 체육수업은 무슨 요일입니까.

先生: ええと……、木曜日です。

저…, 목요일입니다.

学生: 何時から 何時までですか。

몇 시부터 몇 시까지입니까.

先生: 十一時 十分から 十二時 三十分までです。

11시 10분부터 12시 30분까지입니다.

学生: どうも ありがとうございました。

대단히 고맙습니다.

5.

キム: あのう、すみません。

　　　저, 미안합니다.

田中: はい。

　　　예.

キム: 日本の 銀行は 何時から 何時までですか。

　　　일본의 은행은 몇 시부터 몇 시까지입니까.

田中: 九時から 三時までです。でも、土曜日は 十二時までです。

　　　9시부터 3시까지입니다. 그러나, 토요일은 12시까지입니다.

キム: じゃ、金曜日は 三時までですね。

　　　그렇다면, 금요일은 3시까지겠군요.

田中: はい、そうです。

　　　예, 그렇습니다.

キム: どうも ありがとうございました。

　　　대단히 고맙습니다.

6.

キム: 今日の 授業は 二時 五十分までですね。

　　　오늘 수업은 2시 50분까지지요.

チン: いいえ。今日の 授業は 三時 五十分までです。

　　　아니오. 오늘 수업은 3시 50분까지입니다.

キム: えっ、今日は 何曜日ですか。

　　　예(깜짝 놀랐을 때)? 오늘은 무슨 요일입니까.

チン: 木曜日です。

　　　목요일입니다.

7.

キム: すみません、田中さんの 電話番号は 何番ですか。

　　　미안합니다. 다나까씨의 전화번호는 몇 번입니까.

チン: 八三六 ― 〇四七九です。

　　　836-0479입니다.

キム: ええと、八三六の……。

　　　저, 836에….

チン: はい。

　　　예.

キム: 〇四七九ですね。

　　　0479이지요.

チン: はい、そうです。

　　　예, 그렇습니다.

キム: ありがとうございました。

　　　고맙습니다.

チン: どういたしまして。

　　　천만에요.

本 文(본문)
ほん ぶん

1. 教務で。(교무실에서)
きょうむ

キム　　　: あのう、すみません。

저, 말 좀 물어보겠습니다. (남에게 말을 걸 때)

教務の人: はい。
きょうむ ひと

예.

キム　　　: 授業は 何時からですか。
じゅぎょう なんじ

수업은 몇 시부터입니까.

教務の人: 日本語科の 授業ですか。
きょうむ ひと にほんごか じゅぎょう

일본어과의 수업입니까.

キム　　　: はい。

예.

教務の人: 日本語科の 授業は 九時 十分からです。
きょうむ ひと にほんごか じゅぎょう くじ じゅっぷん

일본어과의 수업은 9시 10분부터입니다.

キム　　　: 何時までですか。
なんじ

몇 시까지입니까.

教務の人: 二時 五十分までです。でも、木曜日は 三時 五十分までです。
きょうむ ひと にじ ごじっぷん もくようび さんじ ごじっぷん

2시 50분까지입니다. 그러나, 목요일은 3시 50분까지입니다

キム　　　: そうですか。どうも ありがとうございました。

그렇습니까. 정말로 고맙습니다.

教務の人: どういたしまして。
きょうむ ひと

천만에요.

2.

キム : すみません、英語の 授業は 何曜日ですか。

미안합니다만, 영어 수업은 무슨 요일입니까.

教務の人: ディークラスの 英語の 授業ですか。

D 클래스의 영어 수업입니까.

キム : そうです。

그렇습니다.

教務の人: 木曜日です。

목요일입니다.

キム : えっ、今日は 木曜日ですね。

예(놀랐을 때), 오늘은 목요일이지요.

教務の人: はい。

예.

キム : 英語は 何時からですか。

영어는 몇 시부터입니까.

教務の人: 十一時 十分からです。

11시 10분부터입니다.

十一時 十分から 十二時半までです。

11시 10분부터 12시 반까지입니다.

キム : あのう、今 何時ですか。

저, 지금 몇 시입니까.

教務の人: 十一時 五分です。

11시 5분입니다.

キム : えっ。どうも ありがとうございました。
예(놀랐을 때). 대단히 고맙습니다.

第二課

だい に か

これは教科書です。

きょう か しょ

이것은 교과서입니다.

語句 (어구, 말)

단 어	한자 읽는 법	의 미
これ		이것.
それ		그것.
あれ		저것.
どれ		어느 것.
この		이.
その		그.
あの		저.
どの		어.
幾ら	いくら	얼마. 가격.
い形容詞	いけいようし	い형용사.
な形容詞	なけいようし	な형용사.
椅子 •	いす	의자.
机	つくえ	책상.
紙	かみ	종이.
色紙	いろがみ	색종이.
色	いろ	색.
円	えん	엔. (일본의 화폐단위)
鉛筆	えんぴつ	연필.
お客様	おきゃくさま	손님.
客	きゃく	손님.
かばん		가방.
建物 •	たてもの	건물.

時計	とけい	시계.
誰	だれ	누구.
体育館	たいいくかん	체육관.
図書館	としょかん	도서관.
店員	てんいん	점원.
本	ほん	책.
町	まち	도시·마을.
(お)店	(お)みせ	가게.
家賃 ・	やちん	집세.
寮	りょう	기숙사.
私	わたし	저. (나의 겸손한말)
あなた		당신. 남편을 부를 때.
ごみ箱	ごみばこ	쓰레기통.
仕事	しごと	직업·일.
お仕事	おしごと	직업·일. (높임말)
公園	こうえん	공원.
教室	きょうしつ	교실.
教科書	きょうかしょ	교과서.
財布 ・	さいふ	지갑.
学生	がくせい	학생.
先生	せんせい	선생님.
辞書	じしょ	사전.
中島	なかじま	나까지마. (성씨)
山本	やまもと	야마모또. (성씨)
新宿	しんじゅく	신쥬꾸. (지명)
Lサイズ	エルサイズ	L사이즈.
Mサイズ	エムサイズ	M사이즈.
クラス	class	반.
消しゴム	けしゴム	지우개.

シャープペン	sharp pencil	샤프펜슬
アパート	apartment	아파트
セーター	sweater	스웨터
テープレコーダー	tape recode	카세트
ノート	note	노트
ペン	pen	펜
ボールペン	ball pen	볼펜

• い形容詞 (い형용사)

단어	의미		단어	의미
高い	비싸다	↔	安い	싸다
高い	높다	↔	低い	낮다
近い	가깝다	↔	遠い	멀다
速い	빠르다	↔	遅い	늦다
早い	이르다	↔	遅い	늦다
多い	많다	↔	少ない	적다
甘い	달다	↔	辛い	맵다. 짜다
長い	길다	↔	短い	짧다
重い	무겁다	↔	軽い	가볍다
いい	좋다	↔	悪い	나쁘다
熱い	뜨겁다	↔	冷たい	차갑다
厚い	두껍다	↔	薄い	얇다
濃い	진하다	↔	薄い	연하다
広い	넓다	↔	狭い	좁다
古い	낡다	↔	新しい	새롭다

明るい _{あか}	밝다	↔	暗い _{くら}	어둡다
悲しい _{かな}	슬프다	↔	嬉しい _{うれ}	기쁘다
大きい _{おお}	크다	↔	小さい _{ちい}	작다
易しい _{やさ}	쉽다	↔	難しい _{むずか}	어렵다
美味しい _{お い}	맛있다	↔	不味い _{ま ず}	맛없다

단 어	한자 읽는 법	의 미	단 어	한자 읽는 법	의 미
白い	しろい	하얗다	黒い	くろい	검다
赤い	あかい	빨갛다	青い	あおい	파랗다
黄色い	きいろい	노랗다	丸い	まるい	둥글다
楽しい	たのしい	즐겁다	眠い	ねむい	졸리다
寂しい	さびしい	적적하다	忙しい	いそがしい	바쁘다
危ない	あぶない	위험하다	面白い	おもしろい	재미있다
若い	わかい	젊다	賢い	かしこい	현명하다

• 名詞 (명사)

단 어	한자 읽는 법	의미	단 어	한자 읽는 법	의 미
茶色	ちゃいろ	갈색	紫	むらさき	보라. 자주.
青	あお	파랑	黒	くろ	검정
赤	あか	빨강	ピンク		핑크색

• い形容詞 (い형용사)

단 어	한자 읽는 법	의 미
つまらない		시시하다. 하찮다. 재미없다.
みすぼらしい　•		초라하다.
うらやましい　•		부럽다.
素晴らしい	すばらしい	훌륭하다. 굉장하다. 멋지다.
欲しい	ほしい	원하다. 갖고 싶다.
優しい	やさしい	착하다. 곱다. 상냥하다. 온순하다.

暖かい	あたたかい	따뜻하다.	春_{はる}は暖かい。
暑い	あつい	덥다.	夏_{なつ}は暑い。
涼しい	すずしい	시원하다.	秋_{あき}は涼しい。
寒い	さむい	춥다.	冬_{ふゆ}は寒い。

春夏秋冬 (しゅんかしゅうとう) 춘하추동.(봄(春)·여름(夏)·가을(秋)·겨울(秋))

- な形容詞 (な형용사)

단 어	의 미	단 어	의 미
きれい ・	여자가 예쁘다.	ハンサム	남자가 핸섬하다.
有名	유명하다.	親切	친절하다.
元気	건강하다.	静か	조용하다.
好き ◆	좋아하다.	賑やか ・	시끄럽다. 번화하다.
嫌い ◆	싫어하다.	上手 ◆	잘한다.
暇	한가하다.	下手 ◆	서투르다.
簡単	간단하다.	不便	불편하다.
朗らか ・	명랑하다.	便利	편리하다.
立派 ・	훌륭하다.	大切	소중·중요하다.
明朗	명랑하다.	退屈 ・	지루·따분하다.

• フレーズ (문구, 관용구, phrase)

단 어	의 미
ああ。	아 예. (상대가 말한 것을 이해했을 때)
ありがとうございます。	고맙습니다.
いらっしゃいませ。	어서 오십시오.
ください。	주세요. (희망이나 명령문에 사용)
じゃ。	그러면. 그렇다면. 그럼.
では。	그러면. 그렇다면. 그럼.
ちがいます。	틀립니다. 아닙니다. 다릅니다.
分_わかりません。	모르겠습니다. 이해가 안 됩니다. 원래부터 존재하는 내용의 실태, 그 내용·성질·가치·의미·원인·이유·결과라고 한 사실을 이해하는 것.
知_しりません。	모르겠습니다. (개인의 경험에 비추어) 존재하는 사물을 두뇌(頭脳_{ずのう})에서 파악하는 작용이나 행위.

例文・説明 (예문·설명)

1.

数.(百 ～ 一億)　숫자. (100에서 1억)

▸ 一万(일 만)은 반드시 いちまん으로 읽는다.

100	ひゃく	一百	6,000	ろくせん	六千
200	にひゃく	二百	7,000	ななせん	七千
300	さんびゃく	三百	8,000	はっせん	八千
400	よんひゃく	四百	9,000	きゅうせん	九千
500	ごひゃく	五百	10,000	いちまん	一万
600	ろっぴゃく	六百	100,000	じゅうまん	十万
700	ななひゃく	七百	1,000,000	ひゃくまん	百万
800	はっぴゃく	八百	10,000,000	せんまん	千万
900	きゅうひゃく	九百	100,000,000	いちおく	一億
1,000	せん/いっせん	千			
2,000	にせん	二千	0.5	れいてんご	
3,000	さんぜん	三千	0.76	れいてんななろく	
4,000	よんせん	四千	½	にぶんのいち	二分の一
5,000	ごせん	五千	¾	よんぶんのさん	四分の三

예. (例)

125	ひゃく　にじゅう　ご
849	はっぴゃく　よんじゅう　きゅう
3,526	さんぜん　ごひゃく　ろくじゅう　に
18,793	いちまん　はっせん　ななひゃく　きゅうじゅう　さん
100円	ひゃく　えん
980円	きゅうひゃく　はちじゅう　えん
1,000円	せん　えん
15,000円	いちまん　ごせん　えん
708,004円	ななじゅうまん　はっせん　よえん

2.

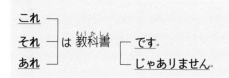

<table>
<tr><td>これ
それ
あれ</td><td>は 教科書(きょうかしょ)</td><td>です。
じゃありません。</td></tr>
</table>

이것은 교과서입니다.
그것은 교과서입니다.
저것은 교과서입니다.
교과서가 아닙니다.

▶ じゃありません : ~이 아닙니다. (명사의 부정형)
명사(です)의 부정은 じゃありません · ではありません · じゃないです · ではないです。가 된다.
これ : 이것.　　それ : 그것.　　あれ : 저것.　　どれ : 어느 것.
의미 : 반드시 물건을 가리키며 사물에 한정해서 사용한다.

• これ (이것)
말하고 있는 사람이 자신과 가까운 곳에 있는 물건을 가리킬 때는 (これ 이것) 이라고 한다.

A와 B 두 사람이 이야기하고 있는 경우, A에게서도 B에게서도 가까운 곳에 있는 물건을 가리킬 때는 A도 B도 (これ 이것) 을 사용한다.

• それ (그것)
A와 B 두 사람이 이야기하고 있는 경우, A는 자기 자신의 가까운 곳에 있는 물건을 가리킬 때는 (これ 이것) 이라고 한다. 그리고 B 의 가까운 곳에 있는 물건을 가리킬 때는 (それ 그 것) 이라고 한다.

A와 반대로 B는 자기 자신의 가까운 곳에 있는 물건을 가리킬 때는 (これ 이것) 이라고 한다. 그리고 A의 가까운 곳에 있는 물건을 가리킬 때는 (それ 그것) 이라고 한다.

• あれ (저것)
A와 B 두 사람이 이야기하고 있는 경우, A의 방향도 B의 방향도 아닌 제3의 방향에 있는 물건을 가리킬 때는 A도 B도 (あれ 저것) 이라고 한다.

• どれ (어느 것)
A와 B 두 사람이 이야기하고 있는 경우, 무엇을 가리키는지 알수 없을 때 (물건이 3개 이상 있을 때) (どれ 어느 것) 이라고 한다.

1.　A: これは 何(なん)ですか。

　　　이것은 무엇입니까.

　　B: これは 本(ほん)です。

　　　이것은 책입니다.

　　B: それは 本(ほん)です。

　　　그것은 책입니다.

2. A: これは いくらですか。

    이것은 얼마입니까.

    B: 五千円です。

    5,000엔입니다.

3. A: これは 本ですか。

    이것은 책입니까.

    B: はい、本です。

    예, 책입니다.

4. A: これは 本ですか。

    이것은 책입니까.

    B: いいえ、本じゃ ありません。

    아니오, 책이 아닙니다.

5. これは シャープペンです。ボールペンじゃ ありません。

    이것은 샤프펜입니다. 볼펜이 아닙니다.

6. A: これは 本ですか。

    이것은 책입니까.

    B: はい、それは 本です。

    예, 그것은 책입니다.

7. A: それは 本ですか。

    그것은 책입니까.

    B: いいえ、これは 本じゃ ありません。

    아니오, 이것은 책이 아닙니다.

8. A: あれは 何_{なん}ですか。

　　저것은 무엇입니까.

　B: あれは 本_{ほん}です。

　　저것은 책입니다.

9. A: それは 本_{ほん}ですか。

　　그것은 책입니까.

　B: どれですか。

　　어느 것입니까.

　A: それです。

　　그것입니다.

　B: ああ、これは 本_{ほん}じゃ ありません。ノートです。

　　아, 이것은 책이 아닙니다. 노트입니다.

3.

これも 教科書 ┌ です。 └ じゃありません。	이것도 교과서입니다. 이것도 교과서가 아닙니다.

▶ も   : ~도.
　의미 : 포함성을 나타내며, 같은 종류라는 것을 나타내며, 하나의 사실을 열거하고 다른 것도 같다는
　　　　것을 나타내며, 같은 종류의 사물이 공존하는 관계를 나타낸다.

▶ は   : ~은. ~는.
　의미 : 앞의 문장과 동일성이 없다든지 공통점이 없을 때 사용할 수 있다.

私は 田中です。 私も 田中です。 私は 山田です。 私も 山田です。 私は 山田です。 私は 山田です。	私は 韓国人です。 私は 日本人です。 私は 韓国人です。 私は 日本人です。 私は 韓国人です。 私は 日本人です。

1.　A: これは 何ですか。

　　　이것은 무엇입니까.

　　B: シャープペンです。

　　　샤프펜입니다.

　　A: これも シャープペンですか。

　　　이것도 샤프펜입니까.

　　B: いいえ、それは ボールペンです。

　　　아니오, 그것은 볼펜입니다.

2.　これは 千円です。

　　이것은 천 엔입니다.

　　それも 千円です。

　　그것도 천 엔입니다.

3. A: これは ペンですか。

　　　이것은 펜입니까.

　　B: いいえ、それは ペンじゃ ありません。

　　　아니오, 그것은 펜이 아닙니다.

　　A: では、これは 何^{なん}ですか。

　　　그러면 이것은 무엇입니까.

　　B: それは シャープペンです。

　　　그것은 샤프펜입니다.

　　A: これも シャープペンですか。

　　　이것도 샤프펜입니까.

　　B: はい、それも シャープペンです。

　　　예, 그것도 샤프펜입니다.

▸ (　　)안에 알맞은 조사를 넣으시오.

田中: この 花^{はな}は 桜^{さくら}ですか。

　　　이 꽃은 벚꽃입니까.

山田: はい、その 花^{はな}(①) 桜^{さくら}です。

　　　예, 그 꽃은 벚꽃입니다.

田中: この 花^{はな}(②)あの 花^{はな}(③) 桜^{さくら}ですか。

　　　이 꽃도 저 꽃도 벚꽃입니까.

山田: いいえ、この 花^{はな}(④) 桜^{さくら}ですが、あの 花^{はな}(⑤) 桃^{もも}です。

　　　아니오, 이 꽃은 벚꽃입니다만, 저 꽃은 복숭아꽃입니다.

• 答^{こた}え(답): ① は　② も　③ も　④ は　⑤ は

4.

| これ<u>を</u>く<u>ださい</u>。 이것을 주세요. |

▸ を ください : ～을 · ～를 ～주세요.

　を　　 : ～을. ～를.

　용법　 : 名詞(명사) + を ください。

　의미　 : 동사를 나타내는 동작 · 작용에 필연적으로 관계되는 대상을 지정하는 데에 사용되는 목적을
　　　　　 나타내는 조사이다. 주로 타동사에 사용된다.

▸ 下さい : 주세요.

　의미　 : 상대에게 본인의 희망이나 바람을 나타내는 명령형이다.

1.　ペンをください。
　　펜을 주세요.

2.　本をください。
　　책을 주세요.

3.　消しゴムをください。
　　지우개를 주세요.

4.　鉛筆をください。
　　연필을 주세요.

5.　ノートをください。
　　노트를 주세요.

5.

これは 先生 の 教科書です。	이것은 선생님의 교과서입니다.
これは 先生 の です。	이것은 선생님 것입니다.

▸ の : ~의.
 용법 : 명사＋명사 ＝ の。
 의미 : 기본적으로 명사의 문을 연결하는 역할을 한다.
▸ の : ~것. (소유물을 가리킨다)
 의미 : 어떤 대상이나 사물을 가리키거나 먼저 제시한 명사를 대신해서 사용한다.

この本はあなたのですか。	이 책은 당신 것입니까.
この本は 私のです。	이 책은 내 것입니다.
小さいのを 見せてください。	작은 것을 보여주세요.

1. それは 田中さん の 本です。
 그것은 다나까씨의 책입니다.

명사＋명사의 문장	소유물을 가리켰을 때
これは 先生の 教科書です。 이것은 선생님의 교과서입니다.	これは 先生の です。 이것은 선생님 것입니다.
それは 田中さんの 本です。 그것은 다나까씨의 책입니다.	それは 田中さんのです。 그것은 다나까씨 것입니다.
あれは 崔さんの セーターです。 저것은 최씨의 스웨터입니다.	あれは 崔さんの です。 저것은 최씨 것입니다.

2. A: これは 誰 の 教科書ですか。
  이것은 누구의 교과서입니까.
  B: 先生 の 教科書です。
   선생님의 교과서입니다.

3. A: これは 誰^{だれ} の ですか。

   이것은 누구 것입니까.

   B: 先生^{せんせい} の です。

   선생님 것입니다.

4. A: 今^{いま} 何時^{なんじ}ですか。

   지금 몇 시입니까.

   B: 四時^{よじ} 五分前^{ごふんまえ}です。

   4시 5분 전입니다.

6.

このー
そのー ┐ 本は 千円です。
あのー┘

ほん せんえん

이 책은 천엔입니다.
그 책은 천엔입니다.
저 책은 천엔입니다.

▶ この : 이. その : 그. あの : 저. どの : 어느.

의미 : 연체사로서 공간적·심리적으로 자신의 영역에 속해 있는 사물이나 사람을 가리킨다.

용법 : この·その·あの·どの 뒤에는 반드시 명사가 접속된다.

これは 千円です。　　　(本)→ 이것은 천엔입니다.	この 本は 千円です。 이 책은 천엔입니다.
これは 田中さんのです。(本)→ 이것은 다나까씨 것입니다.	この 本は 田中さんのです。 이 책은 다나까씨 것입니다.

1. その ノートは 百円です。

   ひゃくえん

   그 노트는 백 엔입니다.

2. A: その 本は いくらですか。

   ほん

   그 책은 얼마입니까.

   B: どの 本ですか。

   ほん

   어느 책입니까.

   A: その 本です。

   ほん

   그 책입니다.

   B: ああ、この 本は 五千円です。

   ほん　　　ご せんえん

   아, 이 책은 오천 엔입니다.

7. い形容詞 or 形容詞(형용사)

これは赤 ┌ いです。　　　　이것은 빨갛습니다.
　　　　├ くありません。　이것은 빨갛지 않습니다.
　　　　└ くないです。　　이것은 빨갛지 않습니다.

▶ です : ～입니다. くありません: ～이 아닙니다.

용법 : 형용사 + です。

　　　부정형은 기본형에서 い를 빼고 くありません · くないです。

의미 : 모든 형용사의 기본형의 끝 글자는 い로 끝난다.

> 형용사를 구분하는 방법은 기본형의 끝 글자 い자 앞의 글자는 반드시 あ단 う단
> お단이 된다.
> (단 しい로 끝나는 것과 大きい · いい · 可愛いは 제외) 형용사의 기본형이 しい로
> 끝나는 것은 100% 형용사이다.

新しい。	悲しい。	嬉しい。	易しい。	難しい。	美味しい。
새롭다.	슬프다.	기쁘다.	쉽다.	어렵다.	맛있다.

• 주의(注意) : きれい (예쁘다. 깨끗하다) · きらい (싫다)는 な형용사이다.

1. A: それは 新しいですか。

　　그것은 새것입니까.

　B: はい、新しいです。

　　예, 새것입니다.

2. A: それは 新しいですか。

　　그것은 새것입니까.

　B: いいえ、新しくありません。

　　아니오, 새것이 아닙니다.

3. この本は古いです。

   이 책은 오래되었습니다.

4. A: それは大きいですか。

   그것은 큽니까.

   B: いいえ、大きくないです。

   아니오, 크지 않습니다.

5. この時計は高く ありません。

   이 시계는 비싸지 않습니다.

   この時計は高く ないです。

   이 시계는 비싸지 않습니다.

6. この テープ レコーダーは いいです。でも、その テープ レコーダーは よく
   ありません。

   이 카세트는 좋습니다. 그러나, 그 카세트는 좋지 않습니다.

• いい・よい : 좋다의 의미로는 둘 다 사용하지만, 형용사의 변형에서, いい는 변형할
            수 없기 때문에 よい로 변형한다.
            (×) いくありません。　(○) よくありません
            (×) いくないです。　　(○) よくないです。

▸ 다음의 い形容詞(い형용사)를 부정형으로 고치세요.

기 본 형	부 정 형	기 본 형	부 정 형
高い		安い	
高い		低い	
長い		短い	
近い		遠い	
速い		遅い	
早い		遅い	
多い		少ない	
いい		よい	

8.

これは 赤い 鉛筆です。　　　이것은 빨간 연필입니다.

▸ い형용사가 명사를 수식하면 기본형이 온다.

용법 : い형용사＋명사 ＝ い。

의미 : い형용사 뒤에 명사가 접속될 때는 반드시 기본형이 연결된다.

　　　그래서 <u>い</u>형용사라고 부른다.

この 鉛筆は 赤いです。	これは 赤い 鉛筆です。
이 연필은 빨갛습니다.	이것은 빨간 연필입니다.

1. これは 白い セーターです。

　이것은 하얀 스웨터입니다.

2. それは 高い 時計です。

　그것은 비싼 시계입니다.

3. あれは 安い 時計じゃ ありません。

　저것은 싼 시계가 아닙니다.

▸ 다음의 い형용사 · 명사를 올바르게 연결하세요.

형용사	명사	연 결 형	형용사	명사	연 결 형
高い	山		低い	椅子	
長い	紙		短い	ペン	
高い	時計		安い	りんご	
近い	家		遠い	公園	
広い	川		狭い	部屋	

9. な形容詞 또는 形容動詞(형용동사)

田中さんは 親切 ┬ です.
 ├ じゃありません. / じゃないです.
 └ ではありません. / ではないです.

다나까씨는 친절합니다.
다나까씨는 친절하지 않습니다. / 않습니다.

▶ です : ~입니다. じゃありません : ~이 아닙니다.
 용법 : な형용사의 부정은(단어)＋じゃありません · じゃないです · ではありません · ではないです.
▶ な형용사의 부정형은 명사와 똑같다.

 な형용사의 특징은 漢字(한자)가 한 글자인 경우 漢字뒤에 か · やか · らか같이 끝나는 것은 전부
 な형용사이다.

か로 끝나는 것	やか로 끝나는 것	らか로 끝나는 것
静か (조용하다)	賑やか (활기차다)	朗らか (명랑하다)
豊か (풍부하다)	鮮やか (선명하다)	柔らか (부드럽다)
暖か (따뜻하다)	軽やか (경쾌한 것)	清らか (맑다. 깨끗하다)
確か (확실하다)	穏やか (온화하다)	明らか (분명하다)

1. A: この 町は 賑やかですか.

   이 도시는 번화가입니까.

   B: はい、賑やかです.

   예, 번화가입니다.

   B: いいえ、賑やかじゃ ありません.

   아니오, 번화가가 아닙니다.

2. この 部屋は うるさいです.

   이 방은 시끄럽습니다. (うるさい: 사물 · 사람 소리가 시끄럽다. 소음)

3. この人は元気です。

   이 사람은 건강합니다.

4. A: この山は きれいですか。

   이 산은 아름답습니까.

   B: いいえ、きれいじゃないです。

   아니오, 아름답지 않습니다.

5. 私の アパートは きれいじゃありません。

   우리(나의) 아파트는 깨끗하지 않습니다.

   私の アパートは きれいではありません。

   우리(나의) 아파트는 깨끗하지 않습니다.

6. 私はキムチが大好きです。

   나는 김치를 굉장히 좋아합니다.

7. 私はお刺身が大嫌いです。

   나는 생선회를 굉장히 싫어합니다.

▸ 다음의 な형용사를 부정형으로 고치세요.

きれい		ハンサム	
有名		親切	
元気		静か	
好き		賑やか	
嫌い		上手	
暇		下手	
簡単		不便	
朗らか		便利	
立派		大切	
明朗		退屈	

10.

| 田中さんは 親切な 人です。　　다나까씨는 친절한 사람입니다. |

▶ な　　: ～한. (な형용사가 명사를 수식하면 な가 온다)
　용법 : な형용사＋명사 ＝ な。
　의미 : な형용사 뒤에 명사가 접속될 때는 반드시 な가 온다. 그래서 <u>な형용사</u>라고 부른다.
　　　　親切<u>な</u>人: 친절한 사람.　　有名<u>な</u>人: 유명한 사람.

　　　　・な형용사 중에 예외적인 것은 同じ가 있다. (同じ名前: 같은 이름)

1. 漢江は きれいな 川です。
   한강은 깨끗한 강입니다.

2. 山田さんは 有名な 人です。
   야마다씨는 유명한 사람입니다.

3. 明洞は 賑やかな 町です。
   명동(ミョンドン)은 번화가입니다.

4. 富士山は きれいな 山です。
   후지산은 아름다운 산입니다.

▶ 다음의 な형용사・명사를 올바르게 연결하세요.

きれい	人		ハンサム	人	
有名	山		親切	人	
元気	人		静か	部屋	

11.

あの 丸い 建物は 立教大学です。　　　저 둥근 건물은 릿꾜 대학입니다.

あの きれいな 人は 中村さんです。　　　저 아름다운 사람은 나까무라씨입니다.

▶ 용법 : い형용사＋명사 ＝ い。

　의미 : い형용사 뒤에 명사가 접속될 때는 반드시 기본형이 연결된다. 그래서 <u>い형용사</u>라고 부른다.

　　　大きい 家 : 큰집.　　　　　赤い 花 : 빨간 꽃.

▶ な : ～한.

　용법 : な형용사＋명사 ＝ な。

　의미 : な형용사 뒤에 명사가 접속될 때는 반드시 な가 온다. 그래서 <u>な형용사</u>라고 부른다.

　　　朗らかな 人 : 명랑한 사람.　　便利な 都会 : 편리한 도시.

• い형용사이지만 な형용사를 취하는 것도 있다.			
大きな 家。	(큰집)	小さな 人。	(작은 사람)
可笑しな 人。	(이상한 사람)	暖かな 天気。	(따뜻한 날씨)
細かな 金額。	(아주 작은 금액)	柔らかな 肉。	(부드러운 고기)
ひ弱な 花。	(약한(허약한)꽃)		

• い형용사로도 사용된다.			
大きい 家。	(큰집)	小さい 人。	(작은 사람)
可笑しい 人。	(이상한 사람)	暖かい 天気。	(따뜻한 날씨)
細かい 金額。	(아주 작은 금액)	柔らかい 肉。	(부드러운 고기)
ひ弱い 花。	(약한(허약한)꽃)		

1. 私の 家は 白い 建物です。

　우리 집은 하얀 건물입니다.

2.　私の 学校は 高い ビルです。

우리 학교는 높은 빌딩입니다.

3.　A: その かばんは いくらですか。

　　그 가방은 얼마입니까

　　B: どの かばんですか。

　　어느 가방입니까.

　　A: その 赤い かばんです。

　　그 빨간 가방입니다.

　　B: ああ、これは 一万円です。

　　아, 이것은 만 엔입니다.

4.　あの 賑やかな 教室は 三〇一号室です。

저 시끄러운 교실은 301호실입니다.

5.　A: あの 人は 誰ですか。

　　저 사람은 누구입니까.

　　B: あの きれいな 人ですか。

　　저 아름다운 사람입니까.

　　A: はい、そうです。

　　예, 그렇습니다.

　　B: キムさんです。

　　김씨입니다.

12.

安_{やす}いですね。　　**싸군요.**

▸ ね : 상대편의 의견에 동의할 때.

1.　A: 安_{やす}いですね。

　　싸군요.

　　B: そうですね。

　　그렇군요.

• 形容詞_{けいようし}の活用_{かつよう}。 (형용사의 활용) (6과 197~198page 참고할 것)

活用形 (활용형)	イ形容詞 (い형용사)	ナ形容詞 (な형용사)
語根 (어근)	よ 어간(활용어의 변하지 않는 부분)이라고도 함.	きれい (예쁘다) 어간(활용어의 변하지 않는 부분) 이라고도 함.
連体形 (연체형)	よい (좋다) い형용사＋명사는 기본형이 온다.	きれいな (예쁜) な형용사＋명사는 な가 온다.
現在形 (현재형)	よい (좋다) 기본형.	きれいだ (예쁘다) 기본형.

1.

客　：あのう、すみません。
きゃく
　　　저, 미안합니다.

店員：はい。
てんいん
　　　예.

客　：それは いくらですか。
きゃく
　　　그것은 얼마입니까.

店員：どれですか。
てんいん
　　　어느 것입니까.

客　：それです。
きゃく
　　　그것입니다.

店員：ああ、これですか。これは 四千円です。
てんいん　　　　　　　　　　　　　よんせんえん
　　　예, 이것입니까. 이것은 4,000엔입니다.

客　：じゃ、あれは いくらですか。
きゃく
　　　그렇다면, 저것은 얼마입니까.

店員：あれも 四千円です。
てんいん　　　よんせんえん
　　　저것도 4,000엔입니다.

客　：じゃ、あれを ください。
きゃく
　　　그렇다면, 저것을 주세요.

2.

山本: これは 田中さんの ボールペンですか。

이것은 다나까씨의 볼펜입니까.

田中: いいえ、それは 私の ボールペンじゃ ありません。

아니오, 그것은 내 볼펜이 아닙니다.

山本: じゃ、誰のですか。

그렇다면, 누구 것입니까.

田中: わかりません。

모르겠습니다.

山本: すみません。この ボールペンは だれのですか。

미안합니다. 이 볼펜은 누구 것입니까.

中島: あっ、それは 私のです。私の ボールペンです。

아, 그것은 내 것입니다. 내 볼펜입니다.

山本: はい。どうぞ。

예, 자 어서.

中島: どうも すみません。

대단히 고맙습니다.

3.

山本: 中島さんの アパートは 静かですか。

나까지마씨 아파트는 조용합니까.

中島: いいえ、静かじゃ ありません。

아니오, 조용하지 않습니다.

山本: きれいな アパートですか。

깨끗한 아파트입니까.

中島: いいえ、きれいじゃ ありません。

아니오, 깨끗하지 않습니다.

山本: じゃ、家賃は 安いですか。

그렇다면, 집세는 쌉니까.

中島: いいえ、安く ありません。高いです。

아니오, 싸지 않습니다. 비쌉니다.

4.

ア: あの 大きい 建物は 何ですか。

저 큰 건물은 무엇입니까.

イ: ああ、あれは 学校です。

예, 저것은 학교입니다.

ア: あの 丸い 建物も 学校ですか。

저 둥근 건물도 학교입니까.

イ: いいえ、違います。あれは 書店です。

아니오, 아닙니다. 저것은 서점입니다.

ア: ああ、そうですか。

아, 그렇습니까.

5.

パク: いい ボールペンですね。

좋은 볼펜이네요.

カン: ああ、これは ボールペンじゃ ありません。シャープペンです。

예, 이것은 볼펜 아닙니다. 샤프펜입니다.

パク: ああ、そうですか。高いですか。

아, 그렇습니까. 비쌉니까.

カン: いいえ、高く ありません。

　　　아니오, 비싸지 않습니다.

パク: いくらですか。

　　　얼마입니까.

カン: 百円です。

　　　100엔입니다.

パク: 安いですね。

　　　싸군요.

6.

イム: きれいですね。

　　　깨끗하네요.

ハク: はい、きれいな 公園ですね。

　　　예, 깨끗한 공원이네요.

イム: あの 建物は 何ですか。

　　　저 건물은 무엇입니까.

ハク: どれですか。

　　　어느 것입니까.

イム: あれです。

　　　저것입니다.

ハク: ああ、あれは 植物園です。

　　　예, 저것은 식물원입니다.

イム: ああ、そうですか。きれいな 建物ですね。

　　　예, 그렇습니까. 아름다운 건물이네요.

本文(본문)

1.

客 : すみません。

　　　미안합니다. (말을 걸때)

店員: はい、いらっしゃいませ。

　　　예, 어서 오십시오.

客 : その セーターは いくらですか。

　　　그 스웨터는 얼마입니까.

店員: これですか。

　　　이것입니까.

客 : いいえ、それです。その 青い セーターです。

　　　아니오, 그것입니다. 그 파란 스웨터입니다.

店員: あ、これは 五千円です。どうぞ。

　　　예, 이것은 5,000엔입니다. 보세요.

客 : これは 大きいですね。

　　　이것은 좀 크군요.

店員: それは エルサイズです。

　　　그것은 L 사이즈입니다.

客 : あの 黄色い セーターも エルサイズですか。

　　　저 노란 스웨터도 L 사이즈입니까.

店員: いいえ、あれは エルサイズじゃ ありません。エムサイズです。

　　　아니오, 저것은 L 사이즈가 아닙니다. M 사이즈입니다.

客 : きれいな 色ですね。いくらですか。

예쁜 색이군요. 얼마입니까.

店員: 一万円円です。

만엔입니다.

客 : 一万円円ですか。この 黒いセーターは いくらですか。

만 엔입니까. 이 까만 스웨터는 얼마입니까.

店員: 六千円です。

6,000엔입니다

客 : じゃ、これをください。

그러면, 이것을 주세요.

店員: はい、どうも ありがとうございます。

예, 대단히 고맙습니다.

2.

店員: すみません。

미안합니다.

客 : ……。

店員: すみません。お客様。

미안합니다. (저), 손님.

客 : はい。

예.

店員: この 黒い 財布は お客様のですか。

이 까만 지갑은 손님 것입니까.

客 : あ、そうです。それは 私の 財布です。どうも すみません。

예, 그렇습니다. 그것은 내 지갑입니다. 대단히 고맙습니다.

第三課
だいさんか

ここに本があります。
ほん

여기에 책이 있습니다.

語句 (어구, 말)

단 어	한자 읽는 법	의 미
ここ		여기
そこ		거기
あそこ		저기
どこ		어디
あなた		당신
犬	いぬ	개
猫	ねこ	고양이
牛	うし	소
馬	うま	말
上	うえ	위
下	した	아래
中	なか	안. 속. 가운데
前	まえ	앞
後ろ	うしろ	뒤
左	ひだり	왼쪽
右	みぎ	오른쪽
横	よこ	옆. 곁. (가로. 측면)
隣	となり	이웃. (隣の家 : 옆집)
側·傍	そば	곁.
この辺	このへん	이 근처.
駅	えき	역.
自転車	じてんしゃ	자전거.
家	うち·いえ	집.
男	おとこ	남자.
女	おんな	여자.
沢山	たくさん	많다. (사람·사물이)

大勢 •	おおぜい・たいせい	많다. (사람이). 대세
奥さん	おくさん	남의 부인의 높임말.
家内 •	かない	자기 아내.
妻	つま	자기 아내.
お手洗い	おてあらい	화장실. (トイレ)
学校	がっこう	학교.
喫茶店	きっさてん	찻집. (커피, 음료, 가벼운 식사 등을 먹을 수 있는 곳)
掲示板 •	けいじばん	게시판.
記念館	きねんかん	기념관.
研究室	けんきゅうしつ	연구실.
資料室	しりょうしつ	자료실.
医務室	いむしつ	의무실.
子	こ	아이.
男の子	おとこのこ	남자아이.
女の子	おんなのこ	여자아이.
購買	こうばい	구매. (물건을)
子供	こども	자식. 아이.
食堂	しょくどう	식당.
新聞	しんぶん	신문.
留学生	りゅうがくせい	유학생.
女子学生	じょしがくせい	여자 학생.
男子学生	だんしがくせい	남자 학생.
電話	でんわ	전화.
傘	かさ	우산.
友達 •	ともだち	친구.
何	なに・なん	무엇.
箱	はこ	상자. 궤짝, 함.
本箱	ほんばこ	책장.
大教室	おおきょうしつ	큰 교실.
教科書	きょうかしょ	교과서.

病院	びょういん	병원.
部屋	へや	방.
掃除	• そうじ	청소.
掃除機	そうじき	청소기.
窓	まど	창문.
ドア	door	문.
東京	とうきょう	도꾜. (일본의 수도)
京都	きょうと	교또. (일본의 지명)
鈴木	すずき	스즈끼. (성씨)
木村	きむら	기무라. (성씨)
原	はら	하라. (성씨)
キャンパス	campus	캠퍼스.
エレベーター	• elevator	엘리베이터.
エスカレーター	• escalator	에스컬레이터.
テープ	• tape	테이프.
テーブル	• table	테이블.
テレビ	television	티비, 텔레비전.
ステレオ	stereo	스테레오.
ビル・ビルディング	• building	빌딩.
ベッド	• bed	침대.
ホテル	hotel	호텔.
ロッカー	locker	서류장. 사물함.
ラジオ	radio	라디오.
レストラン	restaurant	레스토랑.

• 何 (なん・なに)

なん : 내가 모르는 것을 남에게 물을 때는 なん으로 읽는다.

なに : 뒷문장에 조사가 올 경우에는 なに로 읽는다.

• 動詞 (동사)

ます形	기본형·사전형	동사구분	의 미
あります	ある	動Ⅰ	있습니다. (사물이)
います	いる	動Ⅱ	있습니다. (동물이)

• い形容詞 (い형용사)

단 어	의 미
高い	가격이 비싸다.
安い	가격이 싸다.
面白い	재미있다. (만화. 영화)
つまらない	재미없다. 시시하다. (下らない)
嬉しい	기쁘다. (마음이)
楽しい	즐겁다. (여행·파티·소풍)
好い·いい 善い·いい 良い·いい	좋다의 의미로는 둘 다 사용하지만, 형용사의 변형에서는 よい만 사용할 수 있다

• フレーズ (문구, 관용구, phrase)

단 어	의 미
いいですね。	좋습니다. (부럽습니다)

例文・説明 (예문·설명)

1.

ここに 本が	┌ あります。 └ ありません。	여기에 책이 있습니다. 여기에 책이 없습니다.
あそこに 田中さんが	┌ います。 └ いません。	저기에 다나까씨가 있습니다. 저기에 다나까씨가 없습니다.

▶ ここ(여기)·そこ(거기)·あそこ(저기)·どこ(어디) : 장소를 나타낸다.

▶ に   : ～에.
   의미   : 사람이나 물건이 존재하는 장소를 나타낸다.

▶ が   : ～가. ～이.
   의미   : 체언 또는 체언성의 말에 접속한다, 명사에 접속하여 주어임을 나타낸다.
   ます   : ～입니다. (동사는 ます로 끝난다)
   ません   : ～이 아닙니다. (ません은 동사의 부정)
   あります : 사물이 있다.
   います   : 동물이 있다.

> **・ ここ (여기)   こちら (높임말)   こっち (낮춤말)**

말하고 있는 사람 자신이 지금 있는 장소를 가리킬 때는(ここ 여기)라고 한다.

A와 B 두 사람이 똑같은 장소에 있을 경우, 자신이 있는 장소를 말할 때는 A도 B도(ここ 여기)를 사용한다.

> **・ そこ (거기)   そちら (높임말)   そっち (낮춤말)**

A와 B 두 사람이 틀린 장소에 있는 경우, A는 자신이 있는 장소를 가리킬 때(ここ 여기)라고 한다. 그리고 B가 있는 장소를 가리킬 때는(そこ 거기)라고 한다. B는 자신이 있는 장소를 가리킬 때(ここ 여기)라고 말하고, A가 있는 장소를 가리킬 때는(そこ 거기)라고 한다.

A와 B 두 사람이 같은 장소에 있는 경우, A와 B가 있는 장소로부터 조금 떨어져 있는 장소를 가리킬 때는, A도 B도(そこ 거기)라고 한다.

- あそこ (저기)　あちら (높임말)　あっち (낮춤말)

A와 B두 사람이 똑같은 장소에 있고, A의 방향도 B의 방향도 아닌 제3의 방향에 있는 장소를 가리킬 때는 A도 B도(あそこ 저기)라고 한다.

- どこ (어디)　どちら (높임말)　どっち (낮춤말)

장소를 물어볼 때 사용한다.

1. ここに テープレコーダーが あります。
   여기에 카세트가 있습니다.

2. そこに 教科書が あります。
   거기에 교과서가 있습니다.

3. あそこに テレビが あります。
   저기에 텔레비전이 있습니다.

4. テレビは どこに ありますか。
   텔레비전은 어디에 있습니까.

5. A: ここに 電話が ありますか。
   　　여기에 전화가 있습니까.
   B: はい、あります。
   　　예, 있습니다.

6. A: ここに ラジオが ありますか。
   　　여기에 라디오가 있습니까.
   B: いいえ、ありません。
   　　아니오, 없습니다.

7. A: あそこに 何が ありますか。
    저기에 무엇이 있습니까.
    B: 研究室が あります。
    연구실이 있습니다.

8. あそこに 友だちが います。
    저기에 친구가 있습니다.

9. 研究室に 先生が います。
    연구실에 선생님이 있습니다.

10. A: ここに キムさんが いますか。
    여기에 김씨가 있습니까.
    B: はい、います。
    예, 있습니다.

11. A: キムさんは どこに いますか。
    김씨는 어디에 있습니까.
    B: 家に います。
    집에 있습니다.

12. 大教室に テレビが あります。
    큰 교실에 텔레비전이 있습니다.

13. A: 教室に ゴミ箱が ありますか。
    교실에 휴지통이 있습니까.
    B: はい、あります。
    예, 있습니다.

14. A: 寮に 男の人が いますか。

　　　기숙사에 남자가 있습니까.

　　B: いいえ、いません。

　　　아니오, 없습니다.

15. A: あなたの 家に ベッドが ありますか。

　　　당신 집에 침대가 있습니까.

　　B: いいえ、ありません。

　　　아니오, 없습니다.

2.

机の 上に 本が あります。
책상 위에 책이 있습니다.
エレベーターの 前に 田中さんが います。
엘리베이터 앞에 다나까씨가 있습니다.

▸ の : ～의. (명사＋명사인 경우의 조사는 の를 사용한다)
▸ に : ～에.
  의미 : 사람이나 물건이 존재하는 장소를 나타내며 움직이지 않는 장소에서 사용한다.
▸ が : ～이. ～가
  의미 : 체언 또는 체언성의 말에 접속한다, 명사에 접속하여 주어임을 나타낸다.

1. 教務の 上に 医務室が あります。
   교무실 위에 의무실이 있습니다.

2. 教科書の 下に 新聞が あります。
   교과서 밑에 신문이 있습니다.

3. 学校の 前に ホテルが あります。
   학교 앞에 호텔이 있습니다.

4. 田中さんの 後ろに 田中さんの 奥さんが います。
   다나까씨 뒤에 다나까씨 부인이 있습니다.

5. ロッカーの 中に 掃除機が あります。
   사물함 안에 청소기가 있습니다.

6. 山本さんの隣に鈴木さんがいます。

   야마모또씨 옆에 스즈끼씨가 있습니다.

7. 机の側に田中さんがいます。

   책상 곁에 다나까씨가 있습니다.

8. チンさんの横にゴミ箱があります。

   진씨 옆에 휴지통이 있습니다.

9. 中島さんの右に山本さんがいます。

   나까지마씨 오른쪽에 야마모또씨가 있습니다.

10. 山本さんの左に中島さんがいます。

    야마모또씨 왼쪽에 나까지마씨가 있습니다.

11. 山本さんは道の真ん中にいます。

    야마모또씨는 길 중앙에 있습니다.

3.

図書館に 本が **たくさん** あります。	도서관에 책이 많이 있습니다.
食堂に 学生が **おおぜい** います。	식당에 학생이 많이 있습니다.

▶ たくさん・おおぜい : 많다.
　たくさん (沢山) : 많다. (사람·사물에 모두 사용한다)
　おおぜい (大勢) : 많다. (사람이 많을 경우에만 사용한다)
　たいせい (大勢) : 대세. (대세가 기울다)

1.　駅の 前に 自転車が 沢山 あります。
　　역 앞에 자전거가 많이 있습니다.

2.　新宿に 高い ビルが たくさん あります。
　　신쥬꾸에 높은 빌딩이 많이 있습니다.

3.　大学に 留学生が 大勢 います。
　　대학에 유학생이 많이 있습니다.

4.　この 学校に 女子学生が おおぜい います。
　　이 학교에 여학생이 많이 있습니다.

4.

本<ruby>ほん</ruby>と ノート が あります。	책과 노트가 있습니다.
本<ruby>ほん</ruby>や ノート が あります。	책이랑 노트가 있습니다.

▶ と   : ～과. ～와. ～하고.
　의미 : 명사와 명사를 연결하고, 관련된 명사를 모두 예로 든다.
　　　　や와 틀려 다른 물건까지 암시하는 일은 없다.
　　　　机の上に本とノートがあります。
　　　　책상 위에 책과 노트가 있습니다.

▶ や   : ～이랑. ～와.
　　　　많은 것 중에서 몇 개의 사물을 열거해서 예로 든다.
　의미 : と와 틀려 다른 물건까지 암시한다. 이런 경우에는 など(등·따위)를 많이 동반한다.
　　　　部屋にベッドや机や椅子などがあります。
　　　　방에 침대랑 책상이랑 의자 등이 있습니다.

ここに本<ruby>ほん</ruby>があります。 여기에 책이 있습니다.	한 개밖에 없을 때.
そこに本<ruby>ほん</ruby>と新聞<ruby>しんぶん</ruby>があります。 거기에 책과 신문이 있습니다.	두 개가 있을 때.
あそこに本と新聞とノートがあります。 저기에 책과 신문과 노트가 있습니다.	세 개가 있을 때.
ここに本<ruby>ほん</ruby>や新聞<ruby>しんぶん</ruby>やノートがあります。 여기에 책과 신문과 노트가 있습니다.	세 개 이상 있을 때.
ここに本や新聞<ruby>しんぶん</ruby>やノートなどがあります。 여기에 책이랑 신문이랑 노트 등이 있습니다.	많이 있는 것 중에서 몇 개를 예로들 때.

1. 机の上に時計とペンがあります。

   책상 위에 시계와 펜이 있습니다.

2. 机の上に時計やペンがあります。

   책상 위에 시계랑 펜이 있습니다.

3. あそこに木村先生と原先生がいます。

   저기에 기무라선생님과 하라선생님이 있습니다.

4. ここに田中さんと山本さんがいます。

   여기에 다나까씨와 야마모또씨가 있습니다.

5. 教室に田中さんや山本さんや木村さんがいます。

   교실에 다나까씨랑 야마모또씨랑 기무라씨가 있습니다.

5.

何も ありません。	아무것도 없습니다.
誰も いません。	아무도 없습니다.

▸ なにもや だれも 뒤에 오는 문장은 반드시 부정문이 접속된다.

なにも　　：아무것도　　　（사물）
だれも　　：아무도.　　　　（사람）
います　　：있습니다.　　　（사람이）
あります：있습니다.　　　　（사물이）
ます　　　：～입니다.　　　（동사의 긍정）
ません　　：～이 아닙니다. （동사의 부정）

1.　A: 机の 上に 何が ありますか。

　　책상 위에 무엇이 있습니까.

　　B: 何も ありません。

　　아무것도 없습니다.

2.　A: 部屋に 誰が いますか。

　　방에 누가 있습니까.

　　B: 誰も いません。

　　아무도 없습니다.

6.

Ａ : 机の 下に 何か ありますか。	책상 밑에 무엇인가 있습니까.
Ｂ : はい、あります。	예, 있습니다.
Ｂ : いいえ、何も ありません。	아니오, 아무것도 없습니다.
Ａ : 隣の 教室に 誰か いますか。	옆 교실에 누군가 있습니까.
Ｂ : はい、います。	예, 있습니다.
Ｂ : いいえ、だれも いません。	아니오, 아무도 없습니다.

▶ なにか : 무엇인지.

　의미　 : 그것이 뭔지 잘 모르거나, 또는 특별히 이것이라고 결정되어 있지 않은 사물을 가리킨다.

▶ だれか : 누군가.

　의미　 : 그 사람이 누구인지 잘 모르거나, 또는 특별히 이 사람이라고 결정돼 있지 않은 사람을 가리킨다.

　　　　 • 거의 확실하거나 추측이 가능할 때는 が를 사용하고 불확실할 때는 か를 사용한다.

	•불확실할 때	•추측이 가능할 때
사물	なにか (무언가)	なにが (무엇이)
사람	だれか (누군가)	だれが (누가)
장소	どこか (어딘가)	どこが (어디가)
어느 것	どれか (어느 것인가)	どれが (어느 것이)
두 개 중에서 하나를 선택할 때.	どちらか・どっちか (어느 것인가)	どちらが・どっちが (어느 것이)

1.　A: テーブルの 上に 何か ありますか。

　　　테이블 위에 무엇인가 있습니까.

　　B: はい、あります。

　　　예, 있습니다.

2.　A: 箱の 中に 何か ありますか。

　　　상자 안에 무엇인가 있습니까.

　　B: いいえ、何も ありません。

　　　아니오, 아무것도 없습니다.

3.　A: あの 部屋(へや)に だれか いますか。

　　　저 방에 누군가 있습니까.

　　B: はい、います。

　　　예, 있습니다.

4.　A: 教室(きょうしつ)に 誰(だれ)か いますか。

　　　교실에 누군가 있습니까.

　　B: いいえ、だれも いません。

　　　아니오, 아무도 없습니다.

7.

私の 本は かばんの 中に あります。

내 책은 가방 안에 있습니다.

田中さんは エレベーターの 前に います。

다나까씨는 엘리베이터 앞에 있습니다.

▶ は : ～은. ～는.
　의미 : 하나의 주제 또는 화제를 제시하며 근거가 확실한 경우에 사용한다. 근거가 불확실하다면 が를
　　　　사용하는 것이 좋다.
▶ に : ～에.
　의미 : 사람이나 물건이 존재하는 장소를 나타내며 움직이지 않는 장소에서 사용한다.

1. 私の 本は キムさんの 後ろに あります。

   내 책은 김 씨 뒤에 있습니다.

2. キムさんは 机の 前に います。

   김 씨는 책상 앞에 있습니다.

3. 私の 本は 机の 上に あります。

   내 책은 책상 위에 있습니다.

   友だちの 本は 机の 下に あります。

   친구의 책은 책상 밑에 있습니다.

   中村さんの 本は 机の 隣に あります。

   나까무라씨의 책은 책상 옆에 있습니다.

4. ア：あなたの 傘は どこに ありますか。

   　　당신의 우산은 어디에 있습니까.

   イ：ロッカーの 中に あります。

   　　사물함 안에 있습니다.

5. ア: ソウル大学は どこに ありますか。

　　　서울대학교는 어디에 있습니까.

　　イ: 駅の 前に あります。

　　　역 앞에 있습니다.

6. 先生は 研究室に います。

　　선생님은 연구실에 있습니다.

　　学生は 教室に います。

　　학생은 교실에 있습니다.

7. ア: 原先生は どこに いますか。

　　　하라 선생님은 어디에 있습니까.

　　イ: 資料室に います。

　　　자료실에 있습니다.

8.

> 私の 本は かばんの 中です。
>
> 내 책은 가방 안에 있습니다.
>
> 田中さんは エレベーターの 前です。
>
> 다나까씨는 엘리베이터 앞에 있습니다.

▶ は　：〜은. 〜는.
　의미 : 하나의 주제 또는 화제를 제시하며 근거가 확실한 경우에 사용한다. 근거가 불확실하다면 가를
　　　　사용하는 것이 좋다.
▶ です : 〜에 있습니다. (사물) (〜にあります)
▶ です : 〜에 있습니다. (동물) (〜にいます)
　　　　・です・にあります・にいます는 모두 같은 뜻으로 사용된다.

机は 教室に あります。　→	机は 教室です。
책상은 교실에 있습니다.	책상은 교실에 있습니다.
先生は 教室に います。　→	先生は 教室です。
선생님은 교실에 있습니다.	선생님은 교실에 있습니다.

1.　私の アパートは 新宿です。

　　나의 아파트는 신쥬꾸에 있습니다.

2.　A: 電話は どこですか。

　　　전화는 어디에 있습니까.

　　B: 電話は 食堂の 前です。

　　　전화는 식당 앞에 있습니다.

3.　田中さんは 公園です。

　　다나까씨는 공원에 있습니다.

4. A: 先生は どこですか。

    선생님은 어디에 있습니까.

    B: 教室です。

    교실에 있습니다.

5. A: 先生は どこにいますか。

    선생님은 어디에 있습니까.

    B: 教室にいます。

    교실에 있습니다.

9.

A : これは 田中{た なか}さんの 傘{かさ}ですか。　　　이것은 다나까씨의 우산입니까.

B : いいえ、それは 私の 傘{かさ}ですよ。　　아니오. 그것은 제 우산입니다.

▶ よ　：〜입니다. 〜요.
　의미 : 단정하여 주장하는 기분을 나타낸다.

1.　ア: 田中{た なか}さんは どこですか。

　　　다나까씨는 어디에 있습니까.

　　イ: あそこですよ。

　　　저기입니다.

　　ア: どこですか。

　　　어디입니까.

　　イ: あの ドアの 前{まえ}ですよ。

　　　저 문 앞에 있습니다.

1.

ミン: あそこに 黒い 傘が ありますね。

　　저기에 까만 우산이 있네요.

ソン: はい。

　　예.

ミン: あの 傘は 誰のですか。

　　저 우산은 누구 것입니까.

ソン: あれは 原先生のです。

　　저것은 하라 선생님 것입니다.

ミン: あなたのは どこに ありますか。

　　당신 것은 어디에 있습니까.

ソン: 私のは ここに あります。

　　내 것은 여기에 있습니다.

2.

山本: あそこに 男の人が いますね。

　　저기에 남자가 있네요.

田中: どこですか。

　　어디입니까.

山本: エレベーターの 前に います。

　　엘리베이터 앞에 있습니다.

田中: ああ。

아 예.

山本: あの人_{ひと}は 誰_{だれ}ですか。

저 사람은 누구입니까.

田中: 山田_{やまだ}さんです。

야마다씨입니다.

山本: 女_{おんな}の人_{ひと}も いますね。

여자도 있네요.

田中: はい。山田_{やまだ}さんの 奥_{おく}さんです。

예. 야마다씨의 부인입니다.

3.

山本_{やまもと}: 中島_{なかじま}さんの 家_{うち}の 側_{そば}に デパートが ありますか。

나까지마씨 집 근처에 백화점이 있습니까.

中島_{なかじま}: いいえ、ありません。でも、小_{ちい}さいお店_{みせ}が たくさん あります。

아니오, 없습니다. 그러나, 작은 가게가 많이 있습니다.

山本_{やまもと}: そうですか。いいですね。

그렇습니까. 좋겠군요. (부럽네요)

中島_{なかじま}: あなたの 家_{うち}の そばに お店_{みせ}が ありますか。

딩신 집 근처에 가게가 있습니까.

山本_{やまもと}: いいえ、何_{なに}も ありません。

아니오, 아무것도 없습니다.

4.

アリ: 今日は 体育の 授業が ありますね。

　　　오늘은 체육수업이 있지요.

ユリ: はい、体育館の 中に 学生が 大勢 います。

　　　예, 체육관 안에 학생이 많이 있습니다.

アリ: 原先生や 木村先生も いますか。

　　　하라 선생님 이외에 기무라 선생님도 있습니까.

ユリ: はい、います。

　　　예, 있습니다.

アリ: じゃ、教室に 誰も いませんね。

　　　그렇다면, 교실에 아무도 없겠네요.

ユリ: はい、誰も いません。

　　　예, 아무도 없습니다.

5.

ア: 研究室に 誰か いますか。

　　연구실에 누군가 있습니까.

イ: はい、原先生が います。

　　예, 하라 선생님이 있습니다.

ア: 木村先生も いますか。

　　기무라 선생님도 있습니까.

イ: いいえ、木村先生は いません。

　　아니오, 기무라 선생님은 없습니다.

6.

ア: すみません。郵便局(ゆうびんきょく)は どこに ありますか。

미안합니다만. 우체국은 어디에 있습니까.

イ: 郵便局(ゆうびんきょく)ですか。駅(えき)の 前(まえ)に あります。大(おお)きい 銀行(ぎんこう)の 隣(となり)です。

우체국입니까. 역 앞에 있습니다. 큰 은행 옆입니다.

ア: どうも ありがとうございました。

대단히 고맙습니다.

7.

ア: すみません。この 辺(へん)に 電話(でんわ)が ありますか。

미안합니다만. 이 근처에 전화가 있습니까.

イ: 電話(でんわ)ですか。電話(でんわ)は 銀行(ぎんこう)の 横(よこ)に あります。

전화 말입니까. 전화는 은행 옆에 있습니다.

ア: 銀行(ぎんこう)は どこですか。

은행은 어디에 있습니까.

イ: あそこに 白(しろ)い 建物(たてもの)が ありますね。銀行(ぎんこう)は あの 建物(たてもの)の 後(うし)ろです。

저기에 하얀 건물이 있지요. 은행은 저 건물 뒤에 있습니다.

ア: ありがとうございました。

고맙습니다.

イ: どういたしまして。

천만에요.

8.

ソラ: それは 何(なん)ですか。

그것은 무엇입니까.

ミミ：雑誌です。

잡지입니다.

ソラ：面白いですか。

재미있습니까.

ミミ：はい、面白いですよ。どうぞ。

예, 재미있습니다. 보세요.

1.

田中: チンさんの 学校は どこに ありますか。
たなか   がっこう

진씨가 다니는 학교는 어디에 있습니까.

チン: 池袋に あります。
いけぶくろ

이께부꾸로에 있습니다.

田中: 駅の 前ですか。
えき まえ

역 앞에 있습니까.

チン: いいえ、前じゃ ありません。
まえ

아니오, 앞은 아닙니다.

田中: 学校の そばに 何か ありますか。
がっこう   なに

학교 근처에 무엇인가 있습니까.

チン: はい、あります。西武デパートや レストランがありますよ。
せいぶ

예, 있습니다. 세이부백화점이랑 레스토랑이 있습니다.

田中: キャンパスの 中に 建物が たくさん ありますか。
なか たてもの

캠퍼스 안에 건물이 많이 있습니까.

チン: はい、体育館や 図書館が あります。
たいいくかん としょかん

예, 체육관 외에 도서관이 있습니다.

田中: 寮も ありますか。
りょう

기숙사도 있습니까.

チン: はい、あります。

예, 있습니다.

田中: 留学生が 大勢 いますか。

유학생이 많이 있습니까.

チン: はい、中国の学生や アメリカの 学生が 大勢います。

예, 중국학생이랑 미국학생이 많이 있습니다.

2.

田中: あそこに 女の人が いますね。

저기에 여자가 있네요.

山本: どこですか。

어디에 있습니까.

田中: エレベーターの 前です。

엘리베이터 앞에 있습니다.

山本: エレベーターの 前ですか。誰も いませんよ。

엘리베이터 앞에 있습니까. 아무도 없어요.

田中: すみません。エレベーターじゃ ありません。

미안합니다. 엘리베이터 앞이 아닙니다.

エスカレーターの 前です。

에스컬레이터 앞에 있습니다.

山本: ああ、あの 女の人ですか。

예, 저 여자 말입니까.

田中: はい。あの人は 誰ですか。

예. 저 사람은 누구입니까.

山本: あの人は 幸子さんです。

저 여자는 사찌꼬씨입니다.

第四課
だい よん か

早く起きます。
はや お
일찍 일어납니다.

語句 (어구, 말)

단 어		한자 읽는 법	의 미
あまり		あんまり	부정일 때는 그다지. 긍정일 때는 너무.
いつも			언제나. 늘.
(お) うどん			우동.
ときどき			가끔. 때때로.
~頃		~ごろ	~경.(5시경에)
直		すぐ	곧바로.
その後		そのあと	그 후.
大抵		たいてい	대개. 대강. 대충. 대부분.
よく			잘. 자주.
映画	•	えいが	영화.
お茶		おちゃ	녹차.
音楽	•	おんがく	음악.
会社		かいしゃ	회사.
買い物		かいもの	쇼핑.
切符	•	きっぷ	티켓. 표.
切手	•	きって	우표.
小切手	•	こぎって	수표.
靴		くつ	구두.
靴下	•	くつした	양말.
紅茶		こうちゃ	홍차.
御飯		ごはん	밥.
(お) 酒		(お) さけ	일본 술. 정종.

宿題	しゅくだい	숙제.
辞書形	じしょけい	기본형. 사전형.
全然	ぜんぜん	전혀.
(お) そば		메밀국수.
作り方	つくりかた	만드는 방법.
定食	ていしょく	정식.
手紙	てがみ	편지.
(お) 天気	(お) てんき	날씨.
動詞	どうし	동사.
(お) 昼御飯	(お) ひるごはん	점심.
冬休み	ふゆやすみ	겨울방학.
夏休み	なつやすみ	여름방학.
休み	やすみ	휴식.
毎朝	まいあさ	매일 아침.
毎日	まいにち	매일.
毎晩	まいばん	매일 밤.
水	みず	물.
生水	なまみず	생수.
(お) 湯	(お) ゆ	뜨거운 물.
お冷や	おひや	찬물.
夜	よる	밤.
池袋	いけぶくろ	이께부꾸로. (지명)
伊勢丹	いせたん	이세땀. (백화점 이름)
小田急	おだきゅう	오다뀨. (백화점 이름)
京王	けいおう	게오우. (백화점 이름)
喫茶店	きっさてん	찻집. (커피, 음료, 가벼운 식사 등을 먹을 수 있는 곳)
エルエル (LL)	language laboratory	어학연습실.
ランゲージラボラトリー	language laboratory	어학연습실.

コーヒー	•	coffee	커피.
ワイン		wine	와인. 포도주.
ウイスキー	•	whisky	위스키.
ビール	•	beer	맥주.
ビル	•	building	빌딩.
コーラ	•	cola	콜라.
ミルク		milk	우유.
牛乳		ぎゅうにゅう	우유.
シャツ		shirt	셔츠.
スーパー	•	supermarket	슈퍼마켓.
スーパーマーケット	•	supermarket	슈퍼마켓.
サンドイッチ		sandwich	샌드위치.
カレーライス		curried rice	카레라이스.
スパゲッティ		spaghetti	스파게티.
ハンバーガー		hamburger	햄버거.
ケーキ		cake	케이크.
パン		pão (포루투갈어)	빵.
ラーメン			라면.
プリント		print	프린트.
レコード		record	레코드.

• 動詞。(동사)

기본형·사전형	ます形	동사 구분	의 미
行く	いきます	動 I	가다.
書く	かきます	動 I	쓰다.
聞く	ききます	動 I	듣다. 묻다.
買う	かいます	動 I	사다.

読む	よみます	動Ⅰ	읽다.
飲む	のみます	動Ⅰ	마시다 (모든 음료수)
始まる	はじまります	動Ⅰ	시작하다.
終わる	おわります	動Ⅰ	끝내다.
帰る	かえります	動Ⅰ	돌아가다. 돌아오다.
起きる	おきます	動Ⅱ	일어나다.
食べる	たべます	動Ⅱ	먹다. (모든 음식)
寝る	ねます	動Ⅱ	자다.
見る	みます	動Ⅱ	보다.
する	します	動Ⅲ	하다.
洗濯をする	せんたくをします	動Ⅲ	빨래하다.
掃除をする	そうじをします	動Ⅲ	청소하다.
散歩をする	さんぽをします	動Ⅲ	산책하다.
勉強をする	べんきょうをします	動Ⅲ	공부하다.
来る	きます	動Ⅲ	오다.
持って来る	もってきます	動Ⅲ	가지고 오다.

• 주의. (注意)

行く: 가다. (출발지점을 기준으로 사용한다)

来る: 오다. (도착지점을 기준으로 사용한다)

帰る: 돌아가다. 돌아오다. (本人과 연고가 있는 집·고향·국적 이외에는 사용하지 않는다)

● い形容詞。(い형용사)

단 어	한자 읽는 법	의 미
遅い	おそい	늦다.
早い	はやい	이르다.
速い	はやい	빠르다.
美味しい	おいしい	맛있다.
不味い	まずい	맛없다. 좋지 않다.

● な形容詞。(な형용사)

단 어	한자 읽는 법	의 미
好き	すき	좋아하다.
嫌い	きらい	싫어하다.

● フレーズ (문구, 관용구, phrase)

단 어	의 미
いい天気ですね。	좋은 날씨군요.
山本さんは?	야마모또씨는?
おはようございます。	안녕하세요. (아침인사)
どうですか。	어떻습니까. (상대편의 의견을 물을 때)
いかがですか。	어떻습니까. (どうですか의 예의 바른말)
どうでしたか。	어땠습니까. (상대편이 경험한 것을 물어볼 때)
いかがでしたか。	어땠습니까. (どうですか의 예의 바른말)

■ 大抵: 대부분. 거의 다. 대충. 대강. (おおかた・ほとんど・一通り)

● 부정을 동반하여 보통·이만저만함. 심하다. 대단하다.
　苦労はたいていではない。
　고생은 이만저만이 아니다.

● 아마. (추측의 문장을 동반한다. 多分)
　たいてい間に合うだろう。
　아마 시간에 맞겠지. (지각하지 않겠지)

例文・説明 (예문·설명)

1. 動詞。 동사.

起き	ます。	일어납니다.
	ません。	일어나지 않습니다.

▸ ます　　: ~입니다.　　　(동사의 긍정)
▸ ません : ~이 아닙니다.　(동사의 부정)
▸ です　　: 체언(명사·い형용사·な형용사)에 준하는 것에 접속할 수 있다.
▸ ます　　: 동사에만 접속할 수 있다.

  1.　A: 行きますか。

　　　　　갑니까.

　　　B: はい、行きます。

　　　　　いいえ、行きません。
　　　　　예, 갑니다.
　　　　　아니오, 가지 않습니다.

  2.　A: 食べますか

　　　　　먹습니까.

　　　B: はい、食べます。

　　　　　いいえ、食べません。
　　　　　예, 먹습니다.
　　　　　아니오, 먹지 않습니다.

2.

七時_{しちじ}に 起_おきます。	7시에 일어납니다.
学校_{がっこう}へ 行_いきます。	학교에 갑니다.
図書館_{としょかん}で 勉強_{べんきょう}します。	도서관에서 공부합니다.
テレビを 見_みます。	텔레비전을 봅니다.

▸ に : ～에.
　의미 : 정해진 정확한 시간을 나타낼 때 조사 に를 붙여 사용한다.
▸ へ : ～에. ～으로. (방향에만 사용한다)
　의미 : 동작이 진행하는 방향을 나타낸다. 단, 방향에서의 に와 へ는 구분 없이 사용된다.
▸ で : ～에서.
　의미 : 목적·동작·작용이 행하여지는 장소 또는 그 동작이 행하여지는 무대로서의 장소.
▸ を : ～을. 를.
　의미 : 동사를 나타내는 동작·작용에 필연적으로 관계되는 대상을 지정하는 데에 사용되는 목적을
　　　　나타내는 조사이다. 그 동작·작용은 통상 타동성(他動性_{たどうせい})인 것이다.
▸ に : 정해진 정확한 시간을 나타낸다.

1. 十一時_{じゅういちじ}に 寝_ねます。

   11시에 잡니다.

2. 月曜日_{げつようび}に 始_{はじ}まります。

   월요일에 시작됩니다.

3. 授業_{じゅぎょう}は 午後三時_{ごごさんじ}に 終_おわります。

   수업은 오후 3시에 끝납니다.

4. 日本へ 来ます。

　　일본에 옵니다.

5. 家へ 帰ります。

　　집에 돌아갑니다.

6. 日曜日に テパートへ 行きます。

　　일요일에 백화점에 갑니다.

▶ で : 목적·동작·작용이 행하여지는 장소 또는 그 동작이 행하여지는 무대로서의 장소.

7. 家で 勉強します。

　　집에서 공부합니다.

8. 食堂で 食べます。

　　식당에서 먹습니다.

9. 私は 図書館で 勉強します。

　　나는 도서관에서 공부합니다.

▶ を : 동사를 나타내는 동작·작용에 필연적으로 관계되는 대상을 지정하는 데에 사용되는 목적을 나타내는 조사이다. 그 동작·작용은 통상 타동성(他動性)인 것이다.

10. ラジオを 聞きます。

　　라디오를 듣습니다.

11. 新聞を 読みます。

　　신문을 읽습니다.

12. 時計を買います。

시계를 삽니다.

13. ご飯を食べます。

밥을 먹습니다.

14. コーヒーを飲みます。

커피를 마십니다.

15. 手紙を書きます。

편지를 씁니다.

16. 図書館で宿題をします。

도서관에서 숙제를 합니다.

17. 土曜日に洗濯をします。

토요일에 빨래를 합니다.

▸ 다음과 같은 경우 조사 를를 사용해도 사용하지 않아도 된다.

명사＋동사		동사	
洗濯をします。	빨래를 합니다.	せんたくします。	빨래합니다.
掃除をします。	청소를 합니다.	そうじします。	칭소합니디.
散歩をします。	산보를 합니다.	さんぽします。	산보합니다.
勉強をします。	공부를 합니다.	べんきょうします。	공부합니다.

3.

私は <u>大抵</u> 六時に 起きます。   나는 대개 6시에 일어납니다.

▶ 大抵 : 대부분. 거의 다. 대충. 대강.

いつも	大抵	時々	毎日	毎朝	毎晩
언제나	대개	때때로.	매일	매일 아침	매일 밤
いつも	よく	度々 しばしば	時どき	たまに	全然
언제나	자주	자주	때때로.	가끔	전혀

1. 私は 毎朝 喫茶店で コーヒーを 飲みます。

    나는 매일 아침 찻집에서 커피를 마십니다.

2. 私は いつも 十一時に 寝ます。

    나는 언제나 11시에 잡니다.

3. 私は 大抵 六時に 起きます。でも、ときどき 六時半に 起きます。

    나는 대개 6시에 일어납니다. 그러나, 가끔은 6시 반에 일어납니다.

4. A: 夜、何を しますか。

    밤에, 무엇을 합니까.

    B: たいてい テレビを 見ます。

    대개 텔레비전을 봅니다.

4.

<ruby>金曜日<rt>きんようび</rt></ruby>に <ruby>勉強<rt>べんきょう</rt></ruby>します。	금요일에 공부합니다.
<ruby>土曜日<rt>どようび</rt></ruby>にも <ruby>勉強<rt>べんきょう</rt></ruby>します。	토요일에도 공부합니다.
<ruby>日曜日<rt>にちようび</rt></ruby>には <ruby>勉強<rt>べんきょう</rt></ruby>しません。	일요일에는 공부하지 않습니다.

▸ に : ~에.
　의미 : 정해진 정확한 시간을 나타낼 때 사용한다. (に : ~에. にも : ~에도. には : ~에는)
▸ も : ~도.
　의미 : 포함성을 나타내며, 같은 종류라는 것을 나타내며, 하나의 사실을 열거하고 다른 것도 같다는
　　　　것을 나타내며, 같은 종류의 사물이 공존하는 관계를 나타낸다.
▸ は : ~은, ~는.
　의미 : 앞 문장과 동일성이 없다든지 공통점이 없을 때 사용할 수 있다.

* へ : ~에. (방향에서만 사용한다)
　　　(동작이 진행하는 방향을 나타낸다. 단, 방향에서의 に와 へ는 구분 없이 사용된다)

<ruby>学校<rt>がっこう</rt></ruby>へ <ruby>行<rt>い</rt></ruby>きます。	학교에 갑니다.
<ruby>銀行<rt>ぎんこう</rt></ruby>へも <ruby>行<rt>ゆ</rt></ruby>きます。	은행에도 갑니다.
<ruby>病院<rt>びょういん</rt></ruby>へは <ruby>行<rt>い</rt></ruby>きません。	병원에는 가지 않습니다.

* で : ~에서. (목적·동작·작용이 행하여지는 장소 또는 그 동작이 행하여지는 무대로서의 장소)

<ruby>学校<rt>がっこう</rt></ruby>で <ruby>勉強<rt>べんきょう</rt></ruby>します。	학교에서 공부합니다.
<ruby>図書館<rt>としょかん</rt></ruby>でも <ruby>勉強<rt>べんきょう</rt></ruby>します。	도서관에서도 공부합니다.
<ruby>家<rt>うち</rt></ruby>では <ruby>勉強<rt>べんきょう</rt></ruby>しません。	집에서는 공부하지 않습니다.

* が : ~이, ~가. (체언 또는 체언성의 말에 접속한다, 명사에 접속하여 주어임을 나타낸다)

<ruby>田中<rt>たなか</rt></ruby>さんが います。	다나까씨가 있습니다.
<ruby>山本<rt>やまもと</rt></ruby>さんも います。	야마모또씨도 있습니다.
<ruby>鈴木<rt>すずき</rt></ruby>さんは いません。	스즈끼씨는 없습니다.

* を : ~을, ~를. (동사를 나타내는 동작·작용에 필연적으로 관계되는 대상을 지정하는데에 사용되
　　　는 목적을 나타내는 조사이다. 그 동작·작용은 통상 타동성(<ruby>他動性<rt>たどうせい</rt></ruby>)인 것이다.

コーヒーを <ruby>飲<rt>の</rt></ruby>みます。	커피를 마십니다.
<ruby>紅茶<rt>こうちゃ</rt></ruby>も <ruby>飲<rt>の</rt></ruby>みます。	홍차도 마십니다.
コーラは <ruby>飲<rt>の</rt></ruby>みません。	콜라는 마시지 않습니다.

1. A: 土曜日に 何を しますか。
    토요일에 무엇을 합니까.
   B: たいてい 勉強します。
    대개 공부합니다.
   A: 日曜日にも 勉強しますか。
    일요일에도 공부합니까.
   B: はい、日曜日にも 勉強します。
    いいえ、日曜日には 勉強しません。
    예, 일요일에도 공부합니다.
    아니오, 일요일에는 공부하지 않습니다.

2. A: 今日、どこへ 行きますか。
    오늘, 어디에 갑니까.
   B: 銀行へ 行きます。
    은행에 갑니다.
   A: テパートへも 行きますか。
    백화점에도 갑니까.
   B: はい、テパートへも 行きます。
    いいえ、テパートへは 行きません。
    예, 백화점에도 갑니다.
    아니오, 백화점에는 가지 않습니다.

3. A: いつも 食堂で 食べますか。
    언제나 식당에서 먹습니까.
   B: はい、いつも 食堂で 食べます。
    예, 언제나 식당에서 먹습니다.

A: レストランでも 食べますか。

레스토랑에서도 먹습니까.

B: はい、レストランでも 食べます。

いいえ、レストランでは 食べません。

예, 레스토랑에서도 먹습니다.
아니오, 레스토랑에서는 먹지 않습니다.

4. A: 本が ありますね。ノートも ありますか。

책이 있군요. 노트도 있습니까.

B: はい、ノートも あります。

いいえ、ノートは ありません。

예, 노트도 있습니다.
아니오, 노트는 없습니다.

5. A: 今日、教科書を 買います。

오늘, 교과서를 삽니다.

B: ノートも 買いますか。

노트도 삽니까.

A: はい、ノートも 買います。

いいえ、ノートは 買いません。

예, 노트도 삽니다.
아니오, 노트는 사지 않습니다.

5.

よく 勉強します。	자주 공부합니다.
よく 行きます。	자주 갑니다.
あまり 勉強しません。	그다지 공부하지 않습니다.
あまり 行きません。	그다지 가지 않습니다.
全然 勉強しません。	전혀 공부하지 않습니다.
全然 行きません。	전혀 가지 않습니다.

▸ よく　　: 자주·잘. 횟수가 많은 것. (たびたび·しばしば)
▸ あまり : 긍정문일 때는 너무, 부정문일 때는 그다지. (あんまり)
▸ 全然　　: 전혀. (전혀 ~하지 않습니다)

1. 私は よく 喫茶店へ 行きます。
   나는 자주 찻집에 갑니다.

2. 山本さんは あまり 食べません。
   야마모또씨는 그다지 먹지 않습니다.

3. それはあまり(あんまり)です。
   그것은 너무합니다. (심합니다)

4. A: よく、映画を 見ますか。
      자주, 영화를 봅니까.
   B: はい、よく 見ます。
      예, 자주 봅니다.
   B: いいえ、あまり 見ません。
      아니오, 그다지 보지 않습니다.

5. 中島さんは 全然 お酒を 飲みません。
   나까지마씨는 전혀 술을 마시지 않습니다.

6.

私は コーヒーが 好きです。　나는 커피를 좋아합니다.

▶ が : ~을. ~를. (な형용사 중에서 해석이 을·를이 되는 것은 조사 が를 사용한다)
　다음과 같은 단어 앞에서도 조사는 が를 사용한다.

嫌い (싫다).	上手 (잘한다).	下手 (서투르다).	欲しい (원한다)

1.　鈴木さんは 映画が 好きです。
　　스즈끼씨는 영화를 좋아합니다.

2.　山本さんは コーヒーが 好きじゃありません。
　　야마모또씨는 커피를 좋아하지 않습니다.

3.　A: ビールが 好きですか。
　　　맥주를 좋아합니까.
　　B: いいえ、あまり 好きじゃ ありません。
　　　아니오, 그다지 좋아하지 않습니다.

4.　山本さんは 歌が 上手です。
　　야마모또씨는 노래를 잘합니다.

5.　私は 日本語が 分かります。
　　나는 일본어를 압니다. (자동사 앞에서도 が를 사용한다)

6.　私は 車が 欲しいです。
　　나는 차를 갖고 싶습니다. (원합니다)

7.

動詞の 辞書形の 作り方。　　동사 사전형(기본형)만드는 법.

▶ 일본어의 동사는 네 가지로 분류된다. (이 책에서는 동사 I · 동사 II · 동사 III으로 한다)

　1. 五段動詞 or 動詞 I　　　　　　　2. 上一段·下一段動詞 or 動詞 II

　3. サ行変格動詞 or 動詞 III　　　　4. カ行変格動詞 or 動詞 III

▶ 動詞 I。(오단동사)

동사 I 의 사전형(기본형)의 모든 끝 글자는 う段으로 끝난다. 단 ふ、ゆ、ぷ로 끝나는 기본형은 없다.
ます形은 사전형(기본형)에서 い段＋ます로 바꾼다.
사전형(기본형)은 ます形에서 ます를 빼고 い段을 う段으로 바꾼다.
(· 예외동사는 8과 단어 동사 참조)

기본형·사전형		ます형		기본형은 い단을 う단으로
買 う (사다)		か	います	あ <u>い</u> <u>う</u> え お
会 う (만나다)		あ	います	あ <u>い</u> <u>う</u> え お
聞 く (듣다·묻다)		き	きます	か <u>き</u> <u>く</u> け こ
行 く (가다)		い	きます	か <u>き</u> <u>く</u> け こ
急 ぐ (급하다)		いそ	ぎます	が <u>ぎ</u> <u>ぐ</u> げ ご
話 す (이야기하다)		はな	します	さ <u>し</u> <u>す</u> せ そ
待 つ (기다리다)		ま	ちます	た <u>ち</u> <u>つ</u> て と
死 ぬ (죽다)		し	にます	な <u>に</u> <u>ぬ</u> ね の
呼 ぶ (부르다)		よ	びます	ば <u>び</u> <u>ぶ</u> べ ぼ
読 む (읽다)		よ	みます	ま <u>み</u> <u>む</u> め も
飲 む (마시다)		の	みます	ま <u>み</u> <u>む</u> め も
有 る (있다)		あ	ります	ら <u>り</u> <u>る</u> れ ろ
帰 る (돌아가다)		かえ	ります	ら <u>り</u> <u>る</u> れ ろ
終わ る (끝나다)		おわ	ります	ら <u>り</u> <u>る</u> れ ろ
始ま る (시작되다)		はじま	ります	ら <u>り</u> <u>る</u> れ ろ

▶ 動詞II。(上一段動詞・下一段動詞)

사전형(기본형)은 끝 글자가 る로 끝난다.

동사II의 사전형(기본형)은 ます形에서 ます만 빼고 る로 바꾼다.

동사II의 ます形은 사전형(기본형)에서 る만 빼고 ます로 바꾼다.

동사의 구분은 사전형에서 る자 앞의 글자가 い단이면 상일단동사이고 え단이면 하일단동사이다.

動詞II (上一段動詞 상일단동사)
동사의 구분은 사전형의 끝 글자 る자 앞의 글자가 い단이면 상일단동사이다.

기본형·사전형	ます形	동사 구분	의 미
見 る	み ます	上一段	보다
起き る	おき ます	上一段	일어나다
居 る	い ます	上一段	있다.(사람이)
降り る	おり ます	上一段	내리다.(차에서)
浴び る	あび ます	上一段	샤워하다

動詞II (下一段動詞 하일단동사)
동사의 구분은 사전형의 끝글자 る자 앞의 글자가 え단이면 하일단동사이다.

기본형·사전형	ます形	동사 구분	의 미
寝 る	ね ます	下一段	자다
食べ る	たべ ます	下一段	먹다
閉め る	しめ ます	下一段	닫다.(문을)
開け る	あけ ます	下一段	열다.(문을)
見え る	みえ ます	下一段	보이다

▶ 動詞III。(동사III은 する・くる밖에 없으므로 무조건 외워야 한다)

기본형·사전형	ます形
する (하다)	します (합니다)
くる (오다)	きます (옵니다)

▶ 동사Ⅰ·동사Ⅱ 구분하는 방법.

　예를 들어 예외동사인 경우 글자가 3자인 경우는 한자와 ひらがな를 보면은 알 수 있지만, 2글자는 알 수 없으므로 꼭 기억을 해야 된다. 아래에 예로 든 것은 모두 동사Ⅰ이다.

(실제로 예로든 단어처럼 한자(漢字) 옆에 두 글자가 있으면 동사Ⅱ가 된다)

예로든 것 (존재하지 않음)	실제 동사 (올바른 동사)	의 미
帰^かえる	帰^{かえ}る	돌아가다.
入^はいる	入^{はい}る	들어가다.
走^はしる	走^{はし}る	달리다.
耽^ふける	耽^{ふけ}る	열중하다. 골몰하다
握^にぎる	握^{にぎ}る	잡다. 쥐다.
捻^ひねる	捻^{ひね}る	비틀다. 곰곰이 생각하다. 의심스럽게 생각하다.
捩^ねじる　·	捩^{ねじ}る·捩^ねじる	비틀다. 돌리다.(둘다 사용함)
滑^すべる	滑^{すべ}る	미끄러지다.
焦^あせる	焦^{あせ}る	답답해하다. 초조해 하다.
限^かぎる	限^{かぎ}る	공간·기간·수량을 한정하다.

▶ 動詞^{どうし}의 活用^{かつよう}. (1권이 끝난 다음에 다시 한번 참조하세요)

　• 동사Ⅰ。(오단동사)

	か	ない	부정형·ない형	가지 않는다.
	き	ます	ます형	갑니다.
	く		기본형	가다.
行	け		명령형	가라.
	け	ば	가정형	간다면.
		る	가능형	갈 수 있다.
	こ	う	의지형·의향형	가자.

• 동사II。(상일단동사·하일단동사)

			부정형·ない형	먹지 않는다.
食べ		ない	부정형·ない형	먹지 않는다.
		ます	ます형	먹습니다.
		る	기본형	먹다.
		ろ	명령형	먹어라.
		よ	명령형	먹어라.
		れば	가정형	먹는다면.
		られる	가능형	먹을 수 있다.
		よう	의지형·의향형	먹자.

• 動詞III。する (サ行変格動詞)

		부정형·ない형	하지 않는다.
し	ない	부정형·ない형	하지 않는다.
	ます	ます형	합니다.
	ろ	명령형	해라.
	よう	의지형·의향형	하자.
す	る	기본형	하다.
	れば	가정형	한다면.
	できる	가능형	할 수 있다.
せ	よ	명령형	해라.

• 動詞III。くる (カ行変格動詞)

き	ます	ます형	옵니다.
く	る	기본형	오다.
	れば	가정형	온다면.
こ	ない	부정형	오지 않는다.
	い	명령형	와라.
	よ	명령형	와라.
	よう	의지형·의향형	오자.
	られる	가능형	올 수 있다.

会話 (회화)

1.

鈴木: おはようございます。

안녕하세요. (아침 인사)

中島: おはようございます。いい お天気ですね。

안녕하세요. 좋은 날씨군요.

鈴木: そうですね。

그렇군요.

中島: 鈴木さんは いつも 何時に 起きますか。

스즈끼씨는 늘(언제나) 몇 시에 일어납니까.

鈴木: 六時に 起きます。

6시에 일어납니다.

中島: 早いですね。何を しますか。

일찍 일어나는군요. 무엇을 합니까.

鈴木: 掃除を します。

청소를 합니다.

中島: そのあと 何を しますか。

그리고 나서 무엇을 합니까.

鈴木: 会社へ 行きます。

회사에 갑니다.

2.

コウ: キムさんは どこで お昼ご飯を 食べますか。

　　김씨는 어디에서 점심을 먹습니까.

キム: 食堂で 食べます。

　　식당에서 먹습니다.

コウ: 何を 食べますか。

　　무엇을 먹습니까.

キム: カレーライスを 食べます。

　　카레라이스를 먹습니다.

コウ: おいしいですか。

　　맛있습니까.

キム: はい、おいしいです。

　　예, 맛있습니다.

コウ: じゃ、私も 食堂へ 行きます。

　　그렇다면, 나도 식당에 가겠습니다.

3.

原: 崔さんは 毎朝 何時に 学校へ 来ますか。

　　최씨는 매일 아침 몇 시에 학교에 옵니까.

崔: 九時に 来ます。

　　9시에 옵니다.

原: 何時ごろ 家へ 帰りますか。

　　몇 시경에 집으로 돌아갑니까.

崔: たいてい 六時ごろ 帰ります。

　　대개는 6시경에 돌아갑니다.

原: いつも 六時<ruby>ろくじ</ruby>ごろですか。

　　언제나 6시경입니까.

崔: いいえ、ときどき 八時<ruby>はちじ</ruby>ごろ 帰<ruby>かえ</ruby>ります。

　　아니오, 가끔 8경에 돌아갑니다.

原: 夜<ruby>よる</ruby>、何<ruby>なに</ruby>を しますか。

　　밤에, 무엇을 합니까.

崔: たいてい テレビを見<ruby>み</ruby>ます。そのあと すぐ 寝<ruby>ね</ruby>ます。

　　대개는 텔레비전을 봅니다. 그리고 나서 곧바로 잡니다.

4.

中村<ruby>なかむら</ruby>: 崔<ruby>さい</ruby>さんは 土曜日<ruby>どようび</ruby>に 何<ruby>なに</ruby>を しますか。

　　　최씨는 토요일에 무엇을 합니까.

崔<ruby>さい</ruby> : たいてい 家<ruby>うち</ruby>で 勉強<ruby>べんきょう</ruby>します。

　　　대개는 집에서 공부합니다.

中村: 日曜日<ruby>にちようび</ruby>にも 勉強<ruby>べんきょう</ruby>しますか。

　　　일요일에도 공부합니까.

崔 : いいえ、日曜日<ruby>にちようび</ruby>には 勉強<ruby>べんきょう</ruby>しません。たいてい デパートへ 行<ruby>い</ruby>きます。

　　　아니오, 일요일에는 공부하지 않습니다. 대개는 백화점에 갑니다.

中村: 小田急<ruby>おだきゅう</ruby>デパートですか。

　　　오다뀨 백화점입니까.

崔 : はい、京王<ruby>けいおう</ruby>デパートへも ときどき 行<ruby>い</ruby>きます。

　　　예, 게오우 백화점에도 가끔 갑니다.

5.

山本: ユンさんは どこで 勉強しますか。

윤씨는 어디에서 공부합니까.

ユン: 図書館で 勉強します。

도서관에서 공부합니다.

山本: よく 図書館へ 行きますか。

자주 도서관에 갑니까.

ユン: はい、行きます。山本さんは?

예, 갑니다. 야마모또씨는?

山本: 私は あまり 行きません。家で 勉強します。

나는 그다지 가지 않습니다. 집에서 공부합니다.

6.

中島: 田中さんは ビールが 好きですか。

다나까씨는 맥주를 좋아합니까.

田中: はい、好きです。

예. 좋아합니다.

中島: ワインも 好きですか。

와인도 좋아합니까.

田中: いいえ、ワインは あまり 好きじゃ ありません。

아니오, 와인은 그다지 좋아하지 않습니다.

中島: ウイスキーは?

위스키는?

田中: 全然 飲みません。

전혀 못 마십니다.

本文 ($\overset{ほん}{本}\overset{ぶん}{文}$) (본문)

1.

山本: $\overset{やまもと}{}$学校は どうですか。大変ですか。 $\overset{がっこう}{}$ $\overset{たいへん}{}$

　　　학교는 어떻습니까. 힘듭니까.

チン: はい、大変です。 $\overset{たいへん}{}$

　　　예, 힘듭니다.

山本: 授業は 何時に 終わりますか。 $\overset{じゅぎょう}{}$ $\overset{なんじ}{}$ $\overset{お}{}$

　　　수업은 몇 시에 끝납니까.

チン: たいてい 二時 五十分に 終わります。 $\overset{にじ}{}$ $\overset{ごじゅっぷん}{}$ $\overset{お}{}$

　　　대개 2시 50분에 끝납니다.

山本: すぐ 家へ 帰りますか。 $\overset{うち}{}$ $\overset{かえ}{}$

　　　곧바로 집에 돌아갑니까.

チン: いいえ。

　　　아니오.

山本: 何を しますか。 $\overset{なに}{}$

　　　무엇을 합니까.

チン: エルエル 教室で テープを 聞きます。そのあと 家へ 帰ります。 $\overset{きょうしつ}{}$ $\overset{き}{}$ $\overset{うち}{}$ $\overset{かえ}{}$

　　　LL 교실에서 테이프를 듣습니다. 그리고나서 집에 돌아갑니다.

山本: 家でも 勉強しますか。 $\overset{うち}{}$ $\overset{べんきょう}{}$

　　　집에서도 공부합니까.

チン: はい、宿題を します。 $\overset{しゅくだい}{}$

　　　예, 숙제를 합니다.

山本: よく テレビを 見ますか。

자주 텔레비전을 봅니까.

チン: いいえ。テレビは あまり 好きじゃありません。

아니오. 텔레비전은 그다지 좋아하지 않습니다.

山本: 毎晩 何時に 寝ますか。

매일 밤 몇 시에 잡니까.

チン: 一時ごろ 寝ます。

1시경에 잡니다.

山本: 遅いですね。

늦게 자는군요.

チン: はい。でも、日本語の 勉強は 面白いです。

예. 그러나, 일본어 공부는 재미있습니다.

<ruby>第<rt>だい</rt>五<rt>ご</rt>課<rt>か</rt></ruby>

第五課

<ruby>雨<rt>あめ</rt></ruby>が<ruby>降<rt>ふ</rt></ruby>りました。
비가 내렸습니다.

語句 (어구, 말)

단 어		한자 읽는법	의 미
朝		あさ	아침
昼		ひる	낮
夜		よる	밤
今朝	•	けさ	오늘 아침
夕方	•	ゆうがた	저녁
昨夜	•	ゆうべ・さくや	어젯밤
朝御飯		あさごはん	아침밥
昨日	•	きのう・さくじつ	어제
今日	•	きょう・こんにち	오늘・오늘날(こんにち)
明日	•	あした・あす・みょうにち	내일
明後日		あさって・みょうごにち	모레
一昨日		おととい・いっさくじつ	그저께
先先月		せんせんげつ	지지난달. 2개월 전
先月		せんげつ	지난달
今月		こんげつ	이달. 이번달.
来月		らいげつ	다음달
再来月		さらいげつ	이 다음달
先先週		せんせんしゅう	지지난주. 2주일 전
先週		せんしゅう	지난주
今週		こんしゅう	이번주
来週		らいしゅう	다음주
再来週		さらいしゅう	이 다음주
一昨年		おととし・いっさくねん	재작년
去年	•	きょねん	작년
昨年	•	さくねん	작년

今年 ・	ことし・こんねん	올해. 금년. (こんねん)
来年	らいねん	내년
再来年	さらいねん	후년
~週間	~しゅうかん	~주일
~時間	~じかん	~시간
毎週	まいしゅう	매주
毎月	まいつき・まいげつ	매월
毎年	まいとし・まいねん	매년
~日	~にち	~일
~月	~がつ	~월
~年	~ねん	~년
~度	~ど	~회. 번. 횟수
~回	~かい	~회. 번. 횟수
~か月	~かげつ	~개월
~前	~まえ	~전
初旬	しょじゅん	초순 (1일부터 10일까지)
上旬	じょうじゅん	상순 (1일부터 10일까지)
中旬	ちゅうじゅん	중순 (11일부터 20일까지)
下旬	げじゅん	하순 (21일부터 말일까지)
末	すえ	월말
~過	~すぎ	~지나서
~目	~め	~번째
国	くに	나라. 고향
雨	あめ	비
雪	ゆき	눈
いつ		언제
~頃	~ごろ	~경
~ぐらい	くらい	~정도
どのぐらい	どのぐらい	어느정도
現在	げんざい	현재
過去	かこ	과거
肯定	こうてい	긍정

否定	•	ひてい	부정
刺身		さしみ	생선회
(お) 寿司		(お) すし	초밥.
~冊		~さつ	~권 (책같은 것을 세는 조수사)
丸		まる	동그라미. O 맞다.
ばつ			가위표. X 틀리다.
皆		みんな	모두
眼鏡		めがね	안경
誕生日		たんじょうび	생일
日本料理		にほんりょうり	일본요리. (和食 : 일본음식)
入学式		にゅうがくしき	입학식
美容院		びよういん	미용실
保証人		ほしょうにん	보증인
てんぷら			튀김
納豆		なっとう	일본 음식. (콩을 발효시킨 것)
父		ちち	아버지
両親		りょうしん	부모님
韓国人		かんこくじん	한국인
日本人		にほんじん	일본인
中国人	•	ちゅうごくじん	중국인
大阪		おおさか	오오사까 (지명)
京都	•	きょうと	교또. (지명)
赤坂		あかさか	아까사까 (지명)
六本木		ろっぽんぎ	록뽕기 (지명)
吉田		よしだ	요시다. (일본 성씨)
パンジーコーナー		pansy corner	팬지꽃 코너
リン			성씨. (최씨. 박씨)
テニス		tennis	테니스
テニスコート		tennis court	테니스코트
パーティー	•	party	파티

* 動詞 (동사)

기본형·사전형	ます形	동사 구분	의 미
降る	ふります	動Ⅰ	내리다 (비·눈)
結婚する	けっこんします	動Ⅲ	결혼합니다
愛する	あいします	動Ⅲ	사랑합니다

* な形容詞 (な형용사)

단 어	한자 읽는법	의 미
大好き	だいすき	매우 좋아하다.
大嫌い	だいきらい	매우 싫어하다.
好き嫌い	すききらい	음식을 가리다. 좋아하지도 않고 싫어하지도 않다. (그저 그렇다)

* フレーズ (문구, 관용구, phrase)

단 어	의 미
あっ。	놀라거나 감동해서 순간적으로 나오는 말.
すみません。	누구를 부를 때. 남에게 말을 걸때. 미안합니다. (조그만 실수를 했을 때)
ご免なさい。	죄송합니다. (정말로 잘못을 했을 때)

例文 ・ 説明 (예문・설명)

1.

~月・~日。　~월. ~일

▸ 달력의 1일은(ついたち). 그냥 하루는(いちにち).

月。월		日。날짜			
1月	いちがつ	1日	ついたち	17日	じゅうしちにち
2月	にがつ	2日	ふつか	18日	じゅうはちにち
3月	さんがつ	3日	みっか	19日	じゅうくにち
4月	しがつ	4日	よっか	20日	はつか
5月	ごがつ	5日	いつか	21日	にじゅういちにち
6月	ろくがつ	6日	むいか	22日	にじゅうににち
7月	しちがつ	7日	なのか	23日	にじゅうさんにち
8月	はちがつ	8日	ようか	24日	にじゅうよっか
9月	くがつ	9日	ここのか	25日	にじゅうごにち
10月	じゅうがつ	10日	とおか	26日	にじゅうろくにち
11月	じゅういちがつ	11日	じゅういちにち	27日	にじゅうしちにち
12月	じゅうにがつ	12日	じゅうににち	28日	にじゅうはちにち
何月	なんがつ(몇월)	13日	じゅうさんにち	29日	にじゅうくにち
		14日	じゅうよっか	30日	さんじゅうにち
		15日	じゅうごにち	31日	さんじゅういちにち
		16日	じゅうろくにち	何日	なんにち(며칠)

◆ 1일부터 10일은
　외워주세요.

▸ 주의해서 외울 것.

20일 : はつか	14일 : じゅうよっか	24일 : にじゅうよっか

2.

～分前。 ～分過ぎ。　～분전. ～분 지나서.

▸ 12 : 55분　→　一時五分前。　(1시 5분 전)

　 1 : 05분　→　一時五分すぎ。(1시 5분 지나서)

▸ はちふん(はっぷん): 시각에 한정됨.

時 시		分 분	
1時	いちじ	1分	いっぷん
2時	にじ	2分	にふん
3時	さんじ	3分	さんぷん
4時	よじ	4分	よんぷん
5時	ごじ	5分	ごふん
6時	ろくじ	6分	ろっぷん
7時	しちじ	7分	ななふん
8時	はちじ	8分	はちふん
9時	くじ	9分	きゅうふん
10時	じゅうじ	10分	じゅっぷん
11時	じゅういちじ	11分	じゅういっぷん
12時	じゅうにじ	12分	じゅうにふん
		20分	にじゅっぷん
		25分	にじゅうごふん
		30分	さんじゅっぷん はん (半)
何時	なんじ (몇 시)	何分	なんぷん (몇 분)

▸ 주의해서 외울 것.

3分 : さんぷん	4分 : よんぷん

3.

飲み ┌ **ました**。　　　마셨습니다.
　　 └ **ませんでした**。　마시지 않았습니다.

▸ ました　　　 : ～했습니다.　　　 (동사 ます의 과거형)
　 ませんでした : ～하지 않았습니다. (동사 ません의 과거 부정형)

基本形 기본형	現在形 (현재형)		過去形 (과거형)	
	肯定 긍정	否定 부정	肯定 긍정	否定 부정
	― ます	― ません	― ました	― ませんでした
行く (動Ⅰ)	行きます 갑니다	行きません 가지 않습니다	行きました 갔었습니다	行きませんでした 가지 않았습니다
食べる (動Ⅱ)	食べます 먹습니다	食べません 먹지 않습니다	食べました 먹었습니다	食べませんでした 먹지 않았습니다
する (動Ⅲ)	します 합니다	しません 하지 않습니다	しました 했습니다	しませんでした 하지 않았습니다
来る (動Ⅲ)	来ます 옵니다	来ません 오지 않습니다	来ました 왔습니다	来ませんでした 오지 않았습니다

1. 昨日 テレビを 見ました。

　　어제 텔레비전을 보았습니다.

2. A: 昨日 勉強しましたか。

　　어제 공부했습니까.

　B: はい、しました。

　　いいえ、しませんでした。

　　예, 했습니다.

　　아니오, 하지 않았습니다.

3. A: 家で 何を しましたか。

    집에서 무엇을 했습니까.

    B: 本を 読みました。

    책을 읽었습니다.

4. 新聞を 読みました。

    신문을 읽었습니다.

•   新聞は 読みませんでした。

    신문은 읽지 않았습니다.

5. A: 誰が 行きましたか。

    누가 갔었습니까.

    B: 皆 行きました。

    모두 갔었습니다.

4.

雨が 降りました。　　비가 내렸습니다.

▸ が 　　 : ~이. ~가. (자동사 앞에서는 조사 가를 사용한다)
　 의미 　 : 체언 또는 체언성의 말에 접속한다. 명사에 접속하여 주어임을 나타낸다. 주격·동작·작용변
　　　　　　화의 주체가 되는 사물의 관계를 나타낸다.
▸ ました : ~했습니다. (동사의 과거형)

1.　雪が 降りました。
　　눈이 내렸습니다.

2.　先生が 来ました。
　　선생님이 왔습니다.

3.　授業が 始まります。
　　수업이 시작됩니다.

4.　授業が 終わります。
　　수업이 끝납니다.

5.　机が あります。
　　책상이 있습니다.

6.　テストが ありました。
　　테스트가 있었습니다.

5.

きのう 映画(えいが)を 見(み)ました。　　어제 영화를 보았습니다.

日曜日(にちようび)に 映画(えいが)を 見(み)ました。　　일요일에 영화를 보았습니다.

▶ に : ~에. (시간·회수·빈도의 설정)

・[に]をつけるもの。(조사 に를 붙여 사용하는 것) (정해진, 정확한 시간을 나타낼 때는 조사 に를 붙인다)	
6時　　(ろくじ) 4日　　(よっか) 水曜日　(すいようび) 5月　　(ごがつ) 1994年　(せんきゅうひゃくきゅうじゅうよねん) 昼休(ひるやす)み (점심시간)	に始(はじ)まります。 에 시작됩니다.
何時(なんじ)　・　何日(なんにち)　・　何月(なんがつ)　・　何年(なんねん) 몇시　・　며칠　・　몇월　・　몇년	に始(はじ)まりますか。 에 시작됩니까.

・[に]をつけないもの。(조사 に를 붙여 사용하지 않는 것) (정해진, 정확한 시간이 아니라면 조사 に를 붙이지 않는다)	
毎日(まいにち)　・　毎週(まいしゅう)　・　毎月(まいげつ)　・　毎年(まいねん)　・　毎朝(まいあさ)　・　毎晩(まいばん) おととい　・　昨日(きのう)　・　今日(きょう)　・　明日(あした)　・　あさって 先々週(せんせんしゅう)　・　先週(せんしゅう)　・　今週(こんしゅう)　・　来週(らいしゅう)　・　さ来週 おととし　・　去年(きょねん)　・　今年(ことし)　・　来年(らいねん)　・　さ来年 先先月(せんせんげつ)　・　先月(せんげつ)　・　今月(こんげつ)　・　来月(らいげつ)　・　さ来月 昨夜(ゆうべ)　・　今朝(けさ)　・　朝(あさ)　・　夜(よる)　・　夕方(ゆうがた)　・　今(いま)	始(はじ)まります。 시작됩니다.
いつ (언제)	始(はじ)まりますか。 시작됩니까.

・どちらでもよいもの。(어느 쪽이라도 사용할 수 있는 것)	
八時ごろ ┌ 始まります。 └ に 始まります。	8시경 시작됩니다. 8시경에 시작됩니다.

1. 昨日 郵便局へ 行きました。

   어제 우체국에 갔었습니다.

2. 昨夜 雨が 降りました。

   어젯밤에 비가 내렸습니다.

3. 朝 コーヒーを 飲みました。

   아침에 커피를 마셨습니다.

4. 先週 第三課が 終わりました。

   지난주 제3과가 끝났습니다.

5. 先月 京都へ 行きました。

   지난달 교토에 갔었습니다.

6. A: いつ 日本へ 来ましたか。

   인제 일본에 왔습니까.

   B: 去年 来ました。

   작년에 왔습니다.

7. 夜 テレビを 見ます。

   밤에 텔레비전을 봅니다.

8. 明日 テストが あります。

　　내일 테스트가 있습니다.

9. 来週 第六課が 終わります。

　　다음 주 제6과가 끝납니다.

10. 来年 大阪へ 行きます。

　　내년 오오사까에 갑니다.

11. A: いつ 国へ 帰りますか。

　　　언제 본국으로 돌아갑니까.

　　B: 来月 帰ります。

　　　다음 달 돌아갑니다.

12. あしたの 夜 両親が 来ます。

　　내일 밤 부모님이 옵니다.

13. 昼休みに ご飯を 食べます。

　　점심시간에 밥을 먹습니다.

14. 四月五日に 入学式が ありました。

　　4월 5일에 입학식이 있었습니다.

15. 六月に よく 雨が 降ります。

　　6월에 자주 비가 내립니다. (夕立、にわか雨 : 소나기)

　　(スコール(squall) : 열대 지방 특유의 맹렬한 소나기)

16. 千九百九十四年に 日本へ 来ました。
    （せんきゅうひゃくきゅうじゅうよねん）（にほん）（き）

    1994년에 일본에 왔습니다.

17. 来週の 土曜日に 友だちが 国へ 帰ります。
    （らいしゅう）（どようび）（とも）（くに）（かえ）

    다음 주 토요일 친구가 본국으로 돌아갑니다.

• (　) 안에 알맞은 말을 넣으시오. (단 답이 없는 경우는 제외)

		答え（정답）
1. 六時（ろくじ）（　　　）始（はじ）まります。		に
2. 四日（よっか）（　　　）始（はじ）まります。		に
3. 何日（なんにち）（　　　）始（はじ）まりますか。		に
4. 昼休（ひるやす）み（　　　）始まります。		に
5. 毎月（まいげつ）（　　　）始（はじ）まります。		無 (없음)
6. 朝（あさ）（　　　）始まります。		無 (없음)
7. 六時（ろくじ）ごろ（　　　）始（はじ）まります。		無・に
8. いつ（　　　）始まりますか。		無 (없음)

6.

朝御飯(あさごはん)も 昼ご飯(ひるごはん)も ┌ 食(た)べました。
                              └ 食(た)べませんでした。

아침도 점심도 먹었습니다.
아침도 점심도 먹지 못했습니다.

▸ も ： ~도.
　의미 : 포함성을 나타내며, 같은 종류라는 것을 나타내며, 하나의 사실을 열거하고 다른 것도 같다는
　　　　것을 나타내며, 같은 종류의 사물이 공존하는 관계를 나타낸다.
▸ は ： ~은, ~는.
　의미 : 앞의 문장과 동일성이 없다든지 공통점이 없을 때 사용한다.

　　· (は → も) : 앞문장과 뒷문장의 내용이 같을 때에는 조사 も를 사용한다.
---

1. 山本(やまもと)さんも 田中(たなか)さんも 日本人(にほんじん)です。　　　(は → も)

　 야마모또씨도 다나까씨도 일본인입니다.

2. 犬(いぬ)も 猫(ねこ)も います。　　　　　　　　　　(が → も)

　 개도 고양이도 있습니다.

3. 山本(やまもと)さんは 定食(ていしょく)も ラーメンも 食(た)べました。　(を → も)

　 야마모또씨는 정식도 라면도 먹었습니다.

4. 昨日(きのう)も 今日(きょう)も 雨(あめ)が 降(ふ)りました。　　　(∅ → も)

　 어제도 오늘도 비가 내렸습니다.

5. 土曜日(どようび)にも 日曜日(にちようび)にも 勉強(べんきょう)しました。　(に → にも)

　 토요일에도 일요일에도 공부했습니다.

6. 京都へも 大阪へも 行きました。　　　　(へ → へも)

　　교또에도 오오사까에도 갔었습니다.

7. 学校でも 家でも 勉強します。　　　　(で → でも)

　　학교에서도 집에서도 공부합니다.

8. 納豆は 韓国にも 台湾にも ありません。　　(に → にも)

　　낫또는 한국에도 타이완에도 없습니다.

7.

土曜日か 日曜日に 洗濯を します。　토요일이나 일요일에 빨래를 합니다.

▶ か　：～이나. ～나.
　용법：명사 + か。
　의미：명사의 뒤에 접속하는 경우, 보통 두 개 이상의 명사에서 나타나고, 그 안의 하나에 술어의
　　　　의미가 들어가는 것을 나타낸다. か는 불확실함을 나타낸다. (두 개 중에 하나를 선택할 때)

1. あそこに 犬か 猫が います。
   저기에 개 아니면 고양이가 있습니다.

2. きょうか あした デパートへ 行きます。
   오늘이나 내일 백화점에 갑니다.

3. 〇か X を 書きます。
   영(〇：まる)표나 엑스(X：ばつ)표를 적습니다.

4. 土曜日か 日曜日に 両親が 来ます。
   토요일이나 일요일에 부모님이 옵니다.

5. あした ロッテデパートか 京王デパートへ 行きます。
   내일 롯데백화점이나 게오백화점에 갑니다.

6. 食堂か レストランで ご飯を 食べます。
   식당이나 레스토랑에서 밥을 먹습니다.

8.

A : <u>どこか</u>へ 行きますか。	어딘가에 갑니까.
B : いいえ、<u>どこへも</u>行きません。	아니오, 어디에도 가지 않습니다.
A : <u>どこか</u>に いますか。	어딘가에 있습니까.
B : いいえ、<u>どこにも</u>いません。	아니오, 어디에도 없습니다.

▶ どこかへ : 어딘가에.

　　의미　　: 가는 곳이 어디인지 잘 모르거나 또는 특별히 이곳이라고 결정돼 돼 있지 않은 장소를
　　　　　　 가리킨다.

▶ どこかに : 어딘가에.

　　의미　　: 존재하는 동물·사물이 어디에 있는지 잘 모르거나 또는 특별히 여기라고 결정돼 있지
　　　　　　 않은 장소를 가리킨다.

▶ どこへも : 어디에도. (부정형을 동반한다)·(どこへも or どこも)

▶ どこにも : 어디에도. (부정형을 동반한다)·(どこにも or どこも)

▶ に 　: ~에.

　　의미 : 사람이나 물건이 존재하는 장소를 나타낸다.

▶ へ 　: ~에.

　　의미 : 동작이 진행하는 방향을 나타낸다. 단 方向(방향)에서의 に와 へ는 구분없이 사용된다.

　　　• 거의 확실하거나 추측이 가능할 때는 が를 사용하고 불확실할 때는 か를 사용한다.

불확실할 때		추측이 가능할 때	
사물	なにか : 무언가.	なにが : 무엇이	
사람	だれか : 누군가.	だれが : 누가	
장소	どこか : 어딘가.	どこが : 어디가	
어느 것	どれか : 어느 것인가.	どれが : 어느 것이	
두 개 중에 하나를 선택할 때. どちらか·どっちか : 어느 것인가		どちらが·どっちが : 어느 것이	

　1.　土曜日は どこへも 行きません。家で 勉強します。

　　　토요일은 어디에도 가지 않습니다. 집에서 공부합니다.

2. A: 先週の 日曜日に どこかへ 行きましたか。

   지난주 일요일에 어딘가에 갔었습니까.

   B: いいえ、どこへも 行きませんでした。

   아니오, 어디에도 가지 않았습니다.

3. 私の 本が どこにも ありません。

   내 책이 어디에도 없습니다.

4. A: 先生は どこかに いますか。

   선생님은 어딘가에 있습니까.

   B: いいえ、どこにも いませんでした。

   아니오, 어디에도 없었습니다.

9.

~時簡。	~日。	~週簡。	~か月。	~年。	~度。	~回。	~冊。
~시간.	~날짜.	~주간.	~개월.	~년.	~번.	~회.	~권.

▸ ~시간. ~날짜. ~주간. ~개월. ~년. ~번. ~회. ~권 (책)

	~時簡。시간	~日。날짜	~週簡。주간	~年。년
1	いちじかん	いちにち	いっしゅうかん	いちねん
2	にじかん	ふつか	にしゅうかん	にねん
3	さんじかん	みっか	さんしゅうかん	さんねん
4	よじかん	よっか	よんしゅうかん	よねん
5	ごじかん	いつか	ごしゅうかん	ごねん
6	ろくじかん	むいか	ろくしゅうかん	ろくねん
7	しちじかん ななじかん	なのか	ななしゅうかん	しちねん ななねん
8	はちじかん	ようか	はっしゅうかん	はちねん
9	くじかん	ここのか	きゅうしゅうかん	きゅうねん
10	じゅうじかん	とおか	じゅっしゅうかん	じゅうねん
?	なんじかん	なんにち	なんしゅうかん	なんねん

	~回。회	~冊。책	~か月。개월	~度。번
1	いっかい	いっさつ	いっかげつ	いちど
2	にかい	にさつ	にかげつ	にど
3	さんかい	さんさつ	さんかげつ	さんど
4	よんかい	よんさつ	よんかげつ	よんど
5	ごかい	ごさつ	ごかげつ	ごど
6	ろっかい	ろくさつ	ろっかげつ	
7	ななかい	ななさつ	ななかげつ	
8	はっかい	はっさつ	はっかげつ	
9	きゅうかい	きゅうさつ	きゅうかげつ	
10	じゅっかい	じゅっさつ	じゅっかげつ	
?	なんかい	なんさつ	なんかげつ	なんど

▸ 중요한 수사(数詞). 4, 7, 9는 주의할 것.

いっかげつ	(ひとつき: 일 개월)	じゅうよっか	(14일)
にかげつ	(ふたつき: 이 개월)	はつか	(20일)
ろっかげつ	(半年: 반년)	にじゅうよっか	(24일)
さんぷん	(3분)	よんぷん	(4분)

시간의 30분(반) 을 말할 때는 はん으로 읽는다.
(30分 : はん). (1시30분 : いちじはん). (5시30분 : ごじはん)
시간의 반이 아닌 그냥 30분을 읽을 때는 30分 (さんじゅっぷん · さんじっぷん) 으로 읽는다.

四月	四時	四円	四歳	四年
七月	七時	七円	七歳	七年
九月	九時	九円	九歳	九年

10.

二か月ぐらい 日本にいます。　　2개월 정도 일본에 있습니다.

▸ くらい (ぐらい)：~정도.
　용법 : 숫자 + くらい。(ぐらい)
　　　くらい・ぐらい는 어느 것을 사용해도 된다.
　의미 : 시간이나 기간, 또는 조수사에 붙어서 대개의 수량을 나타낸다.

三時間ぐらい。	十五日(簡)ぐらい。	十か月ぐらい。
3시간 정도.	15일간 정도.	10개월 정도.
五年(簡)ぐらい。	十人ぐらい。	三杯ぐらい。
5년간 정도.	10명 정도.	3잔 정도.

1. きのう 十冊ぐらい 本を 買いました。

　어제 10권 정도 책을 샀습니다.

2. ゆうべ 三時間ぐらい 勉強しました。

　어제 저녁 3시간 정도 공부했습니다.

3. A: 何か月ぐらい 日本に いますか。

　　몇 개월 정도 일본에 있습니까.

　B: 四か月ぐらい います。

　　4개월 정도 있습니다.

11.

A : どのぐらい 本を 読みますか。	어느 정도 책을 읽습니까.
B : 一週間に 二冊ぐらい 読みます。	일주일에 두 권 정도 읽습니다.

▶ くらい (ぐらい) : ~가량. ~정도. ~만큼. ~만한.

용법 : 数詞(수사) · 名詞(명사) · 指示名詞(지시명사) + くらい。(ぐらい)

동사 · い형용사 · な형용사(현재형) + くらい。(ぐらい)

• 예를 들어 대개의 수량이나 최저의 정도 · 기준을 나타낸다.

家から 駅まで 五分くらい かかります。

집에서 역까지는 5분 정도 걸립니다.

メロンぐらいの 大きさの りんごを 食べました。

멜론만 한 큰 사과를 먹었습니다.

• くらい ~はない(정도의 ~은 없다)의 형으로 그것이 제일이라고 하는 의미를 나타낸다.

外国で 病気する ことくらい 不安な ことはない。

외국에서 병 걸리는 것만큼 불안한 일은 없다.

• 쉬운 것으로 예를 들어 말한다.

一年生の 漢字くらいは 書けますよ。

1학년 한문 정도는 쓸 수 있습니다.

1. 一週間に 一回ぐらい デパートへ 行きます。

1주일에 1회 정도 백화점에 갑니다.

2. A: どのぐらい 勉強しますか。

어느 정도 공부합니까.

B: 一日に 三時間ぐらい 勉強します。

1일에 3시간 정도 공부합니다.

3. 父は 一年に 三度ぐらい 日本へ 来ます。

   아버지는 1년에 3번 정도 일본에 옵니다.

4. A: 毎月 どのぐらい 本を 買いますか。

   매월 어느 정도 책을 삽니까.

   B: 一か月に 四冊ぐらい 買います。

   1개월에 4권 정도 삽니다.

• い형용사의 명사형. (い형용사 기본형에서 い를 빼고 さ로 바꾸면 명사형이 된다)	
い형용사	い형용사의 명사형
広い (넓다)	広さ (넓이)
狭い (좁다)	狭さ (좁음)
重い (무겁다)	重さ (무게)
大きい (크다)	大きさ (크기)
高い (높다)	高さ (높이)
厚い (두껍다)	厚さ (두께)

12.

九時ごろ 寝ました。　9시경에 잤습니다.

▶ ごろ : ～경.

의미 : 시각·날짜·년·월 등을 나타내는 말에 붙어 그 시간에 가까운 시간을 나타낸다.

来月の十五日ごろ。다음 달 15일경.		今年の十月ごろ。	올해 10월경.
秋の初めごろ。	가을 초순경.	今月の下旬ごろ。	이번 달 하순경.
九時ごろ 寝ました。 9시경에 잤습니다.		九時間ぐらい 寝ました。 9시간 정도 잤습니다.	
一日ごろ。	1일경	一日ぐらい。	하루 정도
一月ごろ。	1월경	一か月ぐらい。	일 개월 정도

1. A: きのう 何時ごろ 寝ましたか。

   어제 몇 시경에 잤습니까.

   B: 十時ごろ 寝ました。

   10시경에 잤습니다.

2. 毎朝 七時ごろ 起きます。

   매일 아침 7시경에 일어납니다.

3. 毎晩 六時ごろから 八時ごろまで 勉強します。

   매일 밤 6시경부터 8시경까지 공부합니다.

4. 八時ごろ 両親が 来ます。

   8시경에 부모님이 옵니다.

1.

鈴木: 中島さんの 誕生日は いつですか。

나까지마씨 생일은 언제입니까.

中島: 七月 二十四日です。鈴木さんの 誕生日は?

7월 24일입니다. 스즈끼씨의 생일은?

鈴木: 私の 誕生日は 三月 二十日です。

내 생일은 3월 20일입니다.

2.

コウ: すみません。今 何時ですか。

미안합니다. 지금 몇 시입니까.

キム: 一時 一分前です。午後の 授業が 始まりますよ。

1시 1분전입니다. 오후 수업이 시작됩니다.

コウ: はい。どうも ありがとうございました。

예. 대단히 고맙습니다.

キム: いいえ。

아니오. (천만에요)

3.

原 : 先週の 土曜日に どこかへ 行きましたか。

지난주 토요일에 어딘가에 갔었습니까.

サイ：はい、デパートへ 行きました。

　　　예, 백화점에 갔었습니다.

原　：何か 買いましたか。

　　　무엇인가 샀습니까.

サイ：はい、時計を 買いました。でも、日本の デパートは 高いですね。

　　　예, 시계를 샀습니다. 그러나, 일본의 백화점은 비쌉니다.

原　：そうですね。私も 昨日 行きました。でも、何も 買いませんでした。

　　　그렇습니다. 저도 어제 갔었습니다. 그러나 아무것도 사지 않았습니다.

4.

パク：チンさんは きのう どこかへ 行きましたか。

　　　진씨는 어제 어딘가에 갔었습니까.

チン：いいえ、どこへも 行きませんでした。パクさんは?

　　　아니오, 어디에도 가지 않았습니다. 박씨는?

パク：私は 保証人の 家へ行きました。日本料理を たくさん 食べました。

　　　나는 보증인 집에 갔었습니다. 일본 요리를 많이 먹었습니다.

チン：お寿司を 食べましたか。

　　　스시를(초밥) 먹었습니까.

パク：はい、お寿司も 天ぷらも お刺身も 食べました。

　　　예, 스시도 튀김도 사시미(생선회)도 먹었습니다.

チン：お酒も 飲みましたか。

　　　술도 마셨습니까.

パク：いいえ、お酒は 飲みませんでした。

　　　아니오, 술은 마시지 않았습니다.

5.

鈴木: 吉田さんは よく 美容院へ 行きますか。

요시다씨는 자주 미용실에 갑니까.

吉田: いいえ、あまり 行きません。三か月に 一回ぐらいです。鈴木さんは?

아니오. 그다지 가지 않습니다. 3개월에 한 번 정도 갑니다. 스즈끼씨는?

鈴木: 私は 二か月に 一回ぐらいです。

나는 2개월에 한 번 정도 갑니다.

吉田: 何曜日に 行きますか。

무슨 요일에 갑니까.

鈴木: たいてい 土曜日か 日曜日に 行きます。

대개 토요일 아니면 일요일에 갑니다.

6.

中島: 田中さんは 毎日 何時ごろ 家へ 帰りますか。

다나까씨는 매일 몇 시경에 집에 돌아갑니까.

田中: 六時ごろ 帰ります。

6시경에 돌아갑니다.

中島: 家で 何を しますか。

집에서 무엇을 합니까.

田中: テレビを 見ます。そのあと 二時間ぐらい 勉強します。

텔레비전을 봅니다. 그리고 나서 2시간 정도 공부합니다.

1.

キム: リンさんは 昨日 何を しましたか。

　　　린씨는 어제 무엇을 했습니까.

リン: テニスを しました。

　　　테니스를 했습니다.

キム: いいですね。どこで しましたか。

　　　부럽습니다. 어디에서 했습니까.

リン: 新宿の テニスコートで しました。

　　　신쥬꾸 테니스코트에서 했습니다.

キム: いつも 新宿ですか。

　　　언제나 신쥬꾸에서 합니까.

リン: はい。たいてい 新宿か 代々木の テニスコートへ 行きます。

　　　예. 대개는 신쥬꾸 아니면 요요기에 있는 테니스코트에 갑니다.

キム: 何時間ぐらい しましたか。

　　　몇 시간 정도 했습니까.

リン: 九時から 十一時ごろまで 二時間ぐらい しました。そのあと レストラン

　　　で ご飯を 食べました。

　　　9시부터 11시경까지 2시간 정도 했습니다. 그리고 나서 레스토랑에서 밥을 먹었습니다.

キム: リンさんは よく テニスを しますか。

　　　린씨는 자주 테니스를 합니까.

リン: はい、一週間に 三回ぐらい します。昨日も おとといも しました。

キムさんは 昨日 どこかへ 行きましたか。

예, 1주일에 3번 정도 합니다. 어제도 그저께도 했습니다.

김씨는 어제 어딘가에 갔었습니까.

キム: いいえ、どこへも 行きませんでした。家で 本を 読みました。

아니오, 아무데도 가지 않았습니다. 집에서 책을 읽었습니다.

リン: キムさんは 本が 好きですか。

김씨는 책을 좋아합니까.

キム: はい、大好きです。

예, 대단히 좋아합니다.

リン: 一週間に 何冊ぐらい 読みますか。

1주일에 몇 권 정도 읽습니까.

キム: 一週間に 三冊ぐらいです。

1주일에 3권 정도입니다.

リン: あっ、すみません、今 何時ですか。

아, 미안합니다, 지금 몇 시입니까.

キム: 一時 五分前です。

1시 5분 전입니다.

リン: 四時間目の 授業が 始まりますね。

4시간째 수업이 시작됩니다.

第六課
だいろっか

面白かったです。
おもしろ
재미있었습니다.

語句 (어구, 말)

단어	한자 읽는 법	의미
こんな		이런.
そんな		그런.
あんな		저런.
どんな		어떤.
先輩 ●	せんぱい	선배.
後輩 ●	こうはい	후배.
この頃	このごろ	요즈음.
どう		어떻게.
初めて	はじめて	처음으로.
病気	びょうき	병.
担任	たんにん	담임.
大学	だいがく	대학.
車	くるま	차.
雑誌	ざっし	잡지.
時	とき	때. (~일 때)
所	ところ	곳. (장소)
魚	さかな	생선.
肉	にく	고기.
英語	えいご	영어.
かおり		이름. (여자이름)
香り	かおり	향기. (좋은 냄새)
臭い·匂い	におい	냄새. (좋지 않은 냄새)
イギリス	Inglez (포르투갈어)	영국. (England)
アメリカ	America	미국
ディズニーランド	Disneyland	디즈니랜드

フランス語	フランスご	프랑스어
マクドナルド	Mcdonald	맥도날드
ミドパデパート	Midopa department	미도파백화점
ロッテデパート	Lotte department	롯데백화점

• 動詞 (동사)

ます形	기본형·사전형	동사구분	의 미
休みます	やすむ	動Ⅰ	쉬다. 결석하다.
分かります	わかる	動Ⅰ	알다. 이해하다.

• い形容詞 (い형용사)

단 어	한자 읽는 법	의미		단 어	한자 읽는 법	의 미
高い	たかい	비싸다	↔	安い	やすい	싸다
高い	たかい	높다	↔	低い	ひくい	낮다
近い	ちかい	가깝다	↔	遠い	とおい	멀다
速い	はやい	빠르다	↔	遅い	おそい	늦다
早い	はやい	이르다	↔	遅い	おそい	늦다
多い	おおい	많다	↔	少ない	すくない	적다
甘い	あまい	달다	↔	辛い	からい	짜다·맵다
長い	ながい	길다	↔	短い	みじかい	짧다
重い	おもい	무겁다	↔	軽い	かるい	가볍다
いい	よい	좋다	↔	悪い	わるい	나쁘다
熱い	あつい	뜨겁다	↔	冷たい	つめたい	차갑다
厚い	あつい	두껍다	↔	薄い	うすい	얇다
濃い	こい	진하다	↔	薄い	うすい	연하다
広い	ひろい	넓다	↔	狭い	せまい	좁다
古い	ふるい	낡다	↔	新しい	あたらしい	새롭다
明るい	あかるい	밝다	↔	暗い	くらい	어둡다
悲しい	かなしい	슬프다	↔	嬉しい	うれしい	기쁘다
大きい	おおきい	크다	↔	小さい	ちいさい	작다
易しい	やさしい	쉽다	↔	難しい	むずかしい	어렵다
美味しい	おいしい	맛있다	↔	不味い	まずい	맛없다

• い形容詞 (い형용사)

단 어	한자 읽는 법	의 미	단 어	한자 읽는 법	의 미
白い	しろい	하얗다	黒い	くろい	검다
赤い	あかい	빨갛다	青い	あおい	파랗다
黄色い	きいろい	노랗다	丸い	まるい	둥글다
楽しい	たのしい	즐겁다	眠い	ねむい	졸리다
寂しい	さびしい	적적하다	忙しい	いそがしい	바쁘다
危ない	あぶない	위험하다	面白い	おもしろい	재미있다
若い	わかい	젊다	賢い	かしこい	현명하다

• 名詞 (명사)

단 어	한자 읽는 법	의 미	단 어	한자 읽는 법	의 미
茶色	ちゃいろ	갈색	紫	むらさき	보라·자주
青	あお	파랑	黒	くろ	검정
赤	あか	빨강	ピンク		핑크색

• い形容詞 (い형용사)

단 어	의 미
つまらない	재미없다. 시시하다. 하찮다.
みすぼらしい ・	초라하다.
うらやましい ・	부럽다.
素晴らしい	훌륭하다. 굉장하다. 멋지다.
欲しい	원하다. 갖고 싶다.
優しい	착하다. 곱다. 상냥하다. 온순하다. (마음이)
暖かい	따뜻하다.　(春は暖かい。　봄은 따뜻하다)
暑い	덥다.　(夏は暑い。　여름은 덥다)
涼しい	시원하다.　(秋は涼しい。　가을은 시원하다)
寒い	춥다.　(冬は寒い。　겨울은 춥다)
春夏秋冬。춘하추동. (봄·여름·가을·겨울)	

• な形容詞 (な형용사). (◆ 표시는 앞에 조사 が를 사용한다)

단 어		의 미	단 어	의 미
きれい	•	여자가 예쁘다.	ハンサム	남자가 핸섬하다.
有名		유명하다.	親切	친절하다.
元気		건강하다.	静か	조용하다.
好き	◆	좋아하다.	賑やか •	시끄럽다. 번화하다.
嫌い	◆	싫어하다.	上手 ◆	잘한다.
暇		한가하다.	下手 ◆	서투르다.
簡単		간단하다.	不便	불편하다.
朗らか	•	명랑하다.	便利	편리하다.
立派	•	훌륭하다.	大切	소중·중요하다.
明朗		명랑하다.	退屈 •	지루·따분하다.
真面目		성실하다.	粗末 •	조잡하다. 멋대로 하다.

例文・説明 (예문·설명)

1.

面白	┌ かったです。	재미있었습니다.
	├ くありませんでした。	재미없었습니다.
	└ くなかったです。	재미없었습니다.

▶ かったです : ~했었습니다. (い형용사의 과거·과거부정형)
　용법　: い형용사. (기본형에서 い를 빼고)　　+　かった。(과거형)
　　　　　い형용사 부정형. (ない에서 い를 빼고)　+　くなかった。(과거부정형)
　　　• い형용사의 과거형은 절대로 でした를 사용할 수 없다.
▶ くありませんでした · くなかったです : ~하지 않았습니다. (い형용사의 과거부정형)

1. A: 昨日の テレビは 面白かったですか。
　　　어제 텔레비전은 재미있었습니까.
　　B : いいえ、面白くありませんでした。
　　　아니오, 재미없었습니다.

2. きのう 私は 忙しかったです。
　　어제 나는 바빴습니다.

3. きのうの 映画は つまらなかったです。
　　어제 영화는 재미없었습니다.

4. テストは 難しく ありませんでした。
　　테스트는 어렵지 않았습니다.

2.

賑やか ─ でした。　　　　　　시끄러웠습니다.
　　　─ じゃ ありませんでした。　시끄럽지 않았습니다.
　　　─ では ありませんでした。　시끄럽지 않았습니다.
　　　─ じゃなかったです。　　　　시끄럽지 않았습니다.
　　　─ ではなかったです。　　　　시끄럽지 않았습니다.

▸ でした : ~했었습니다. (な형용사의 과거·과거부정형)
▸ じゃありませんでした : ~하지 않았습니다.
　용법 : な형용사(단어·어간)+でした。(だったです)
　　　　な형용사의 부정(단어·어간)+じゃありませんでした。(じゃなかったです)
　　　　● な형용사의 변형은 명사와 같다.

1. A: きのうの パーティーは 賑やかでしたか。

   어제 파티는 시끄러웠습니까.

   B: いいえ、賑やかじゃ ありませんでした。

   아니오, 시끄럽지 않았습니다.

2. きのうの 宿題は 大変でした。

   어제 숙제는 힘들었습니다. (어려웠습니다)

3. 先輩は 親切でした。

   선배는 친절했습니다. (後輩 : 후배)

4. 私は 暇じゃ ありませんでした。

   나는 한가하지 않았습니다.

3.

田中(たなか)さんの 誕生日(たんじょうび)は 昨日(きのう)
- でした。
- じゃ ありませんでした。
- では ありませんでした。
- じゃ なかったです。
- では なかったです。

다나까씨의 생일은 어제였습니다.
다나까씨의 생일은 어제가 아니었습니다.
다나까씨의 생일은 어제가 아니었습니다.
다나까씨의 생일은 어제가 아니었습니다.

▶ でした : ~했었습니다. (명사의 과거·과거부정형)
▶ じゃありませんでした : ~하지 않았습니다.
　용법 : 명사(단어·어간) + でした。(だったです。)
　　　　명사의 부정(단어·어간) + じゃありませんでした。(じゃなかったです。)
　　　• 명사의 변형은 な형용사와 같다.

1. きのうは 十日(とおか)でした。
   어제는 10일이었습니다.

2. 私(わたし)の 時計(とけい)は 四千円(よんせんえん)でした。
   내 시계는 4,000엔이었습니다.

3. 面白(おもしろ)い 映画(えいが)でした。
   재미있는 영화였습니다.

4. 親切(しんせつ)な 先輩(せんぱい)でした。
   친절한 선배였습니다.

5. 易(やさ)しい テストじゃありませんでした。
   쉬운 테스트가 아니었습니다.

▶ 동사 · い형용사 · な형용사 · 명사의 현재형 · 과거형.
　ありません(아닙니다) 이나 ない(아니다) 는 똑같은 부정형이다.

구분	肯定 (긍정)		否定 (부정)	
	現在(현재)	過去(과거)	現在(현재)	過去(과거)
動詞	―ます。 ―います。	―ました。 ―ました。	―ません。 ―ないです。	―ませんでした。 ―ないでした。
	食べます	食べました 食べた	食べません 食べない	食べませんでした 食べなかった
い 形容詞	―いです	―かったです	―くありません ―くない	―くありませんでした ―くなかった
	高いです	高かったです	高くありません 高くない	高くありませんでした 高くなかった
な 形容詞	―です ―だ	―でした ―だった	―じゃありません ―じゃない	―じゃありませんでした ―じゃなかった
	好きです 好きだ	好きでした 好きだった	好きじゃありません 好きじゃない	好きじゃありませんでした 好きじゃなかった
名詞	―です ―だ	―でした ―だった	―じゃありません ―じゃない	―じゃありませんでした ―なかった
	先生です 先生だ	先生でした 先生だった	先生じゃありません 先生じゃない	先生じゃありませんでした 先生じゃなかった

4.

<ruby>安<rt>やす</rt></ruby><u>くて</u> おいしいです。	싸고 맛있습니다.
<ruby>静<rt>しず</rt></ruby>か<u>で</u> きれいです。	조용하고 깨끗합니다.

▶ くて : ～이고. で : ～이고. (い형용사·な형용사의 문장 연결)
  용법 : い형용사(기본형에서 い만 빼고)＋くて。
      な형용사(단어·어간)＋で。
▶ て형 : 기본적으로 문장과 문장을 연결할 때 사용한다.
▶ が : ～지만. (역접)
  의미 : 앞 문장과 뒤 문장의 내용이 다를 때(상반될 때) 사용한다.

▶ い<ruby>形容詞<rt>けいようし</rt></ruby>。(い형용사의 문장 연결)

• い형용사＋い형용사·な형용사 ＝ くて。(기본형에서 い만 빼고＋くて)	
このりんごは<ruby>赤<rt>あか</rt></ruby><u>くて</u><ruby>美味<rt>おい</rt></ruby>しいです。	이 사과는 빨갛고 맛있습니다.
• い형용사＋な형용사·い형용사 ＝ くて。(기본형에서 い만 빼고＋くて)	
あの<ruby>人<rt>ひと</rt></ruby>は<ruby>優<rt>やさ</rt></ruby>し<u>くて</u><ruby>親切<rt>しんせつ</rt></ruby>です。	저 사람은 착하고 친절합니다.
• 긍정문＋긍정문 ＝ くて。 부정문＋부정문 ＝ くて。	
<ruby>私<rt>うち</rt></ruby>の<ruby>家<rt></rt></ruby>は<ruby>大<rt>おお</rt></ruby>き<u>くて</u>、<ruby>新<rt>あたら</rt></ruby>しいです。	우리 집은 크고, 새것입니다.
• 긍정문＋부정문 ＝ が。 부정문＋긍정문 ＝ が。	
このりんごは<ruby>美味<rt>おい</rt></ruby>しいです<u>が</u>、<ruby>高<rt>たか</rt></ruby>いです。	이 사과는 맛있습니다만, 비쌉니다.

▶ な<ruby>形容詞<rt>けいようし</rt></ruby>。(な형용사의 문장 연결)

• な형용사＋な형용사·い형용사 ＝ で。 (단어＋で)	
この<ruby>人<rt>ひと</rt></ruby>は<ruby>親切<rt>しんせつ</rt></ruby><u>で</u> きれいです。	이 사람은 친절하고 예쁩니다.
• な형용사＋い형용사·な형용사 ＝ で。 (단어＋で)	
この<ruby>方<rt>かた</rt></ruby>は<ruby>親切<rt>しんせつ</rt></ruby><u>で</u> <ruby>優<rt>やさ</rt></ruby>しいです。	이 분은 친절하고 착합니다.
• 긍정문＋긍정문 ＝ で。 부정문＋부정문 ＝ で。	
この<ruby>人<rt>ひと</rt></ruby>は<ruby>有名<rt>ゆうめい</rt></ruby><u>で</u> <ruby>明朗<rt>めいろう</rt></ruby>です。	이 사람은 유명하고 명랑합니다.
• 긍정문＋부정문 ＝ が。 부정문＋긍정문 ＝ が。	
この<ruby>人<rt>ひと</rt></ruby>は きれいです<u>が</u>、<ruby>親切<rt>しんせつ</rt></ruby>じゃないです。	이 사람은 예쁩니다만, 친절하지 않습니다.

1. 定食は 安くて 美味しいです。
   정식은 싸고 맛있습니다.

2. 教科書は 大きくて 重いです。
   교과서는 크고 무겁습니다.

3. あの 公園は 静かで きれいです。
   저 공원은 조용하고 깨끗합니다.

4. 新宿は 賑やかで 面白いです。
   신쥬꾸는 번화가여서 재미있습니다.

5. この 部屋は 狭くて 汚ないです。
   이 방은 좁고 더럽습니다.

6. きのうの 定食は 安くて 美味しかったです。
   어제 정식은 싸고 맛있었습니다.

7. この 部屋は 狭いですが、きれいです。
   이방은 좁습니다만, 깨끗합니다.

8. 私の家は 古いですが、広いです。
   우리 집은 낡았습니다만, 넓습니다.

9. キムさんは 親切ですが、好きじゃありません。
   김씨는 친절합니다만, 좋아하지 않습니다.

5.

狭^{せま}くて 高^{たか}い アパートです。	좁고 비싼 아파트입니다.
きれいで 親切^{しんせつ}な 人^{ひと}です。	예쁘고 친절한 사람입니다.

▶ くて : ~이고. (い형용사 + い형용사·な형용사 = くて)
　용법 : い형용사(기본형에서 い를 빼고) + くて.
　　　　 い형용사 + 명사는 기본형이 온다.

赤^{あか}い 家^{いえ}。　　大^{おお}きい 部屋^{へや}。　　広^{ひろ}い 庭^{にわ}。　　安^{やす}い 家賃^{やちん}。
빨간 집.　　큰 방.　　　　넓은 정원.　　싼 집세.

この りんごは 赤^{あか}いです。	이 사과는 빨갛습니다.
この りんごは 美味^おしいです。	이 사과는 맛있습니다.
この りんごは 赤^{あか}くて 美味^おしいです。	이 사과는 빨갛고 맛있습니다.

1. 大^{おお}きくて 重^{おも}い 本^{ほん}です。
   크고 무거운 책입니다.

2. 優^{やさ}しくて きれいな 人^{ひと}です。
   착하고 예쁜 사람입니다.

3. 安^{やす}くて 美味^おしい 定食^{ていしょく}でした。
   싸고 맛있는 정식이었습니다.

4. きれいで 静^{しず}かな 公園^{こうえん}です。
   깨끗하고 조용한 공원입니다.

5. 静^{しず}かで 優^{やさ}しい 人^{ひと}です。
   조용하고 (차분하고) 착한 사람입니다.

6. 賑^{にぎ}やかで 面白^{おもしろ}い パーティーでした。
   시끄럽고 (활기차고) 재미있는 파티였습니다.

6.

A : <u>どんな</u>人ですか。 어떤 사람입니까.

B : 優し<u>くて</u> きれい<u>な</u>人です。 착하고 예쁜 사람입니다.

▸ どんな : 어떤.

의미 : 정도·상태·내용 등을 모를 때 나타내는 말.

▸ くて : ~이고. (い형용사의 문장 연결)

용법 : い형용사(기본형에서 い를 빼고)＋くて。

▸ で : ~이고. (な형용사의 문장 연결)

용법 : な형용사(단어·어간)＋で。

この人は 親切です。	이 사람은 친절합니다.
この人は きれいです。	이 사람은 예쁩니다.
この人は 親切で きれいです。	이 사람은 친절하고 예쁩니다.

▸ な : ~한.

용법 : な형용사＋명사는 반드시 な가 온다. (단어＋な)

きれいな 山。　　親切な 人。　　静かな 公園。

아름다운 산.　　친절한 사람.　　조용한 공원.

1. A: どんな 映画でしたか。

　어떤 영화였습니까.

　B: 面白い 映画でした。

　재미있는 영화였습니다.

2. A: どんな アパートでしたか。

　어떤 아파트였습니까.

　B: 広くて きれいな アパートでした。

　넓고 깨끗한 아파트였습니다.

3. A: どんな 所ですか。

   어떤 곳입니까.

   B: 静かで きれいな 所です。

   조용하고 깨끗한 곳입니다.

4. こんな 色が 好きです。

   이런 색을 좋아합니다.

5. あんな 服が いいです。

   저런 옷이 좋습니다. (저런 옷을 좋아합니다)

7.

日本語の 勉強で 忙しいです.　일본어 공부 때문에 바쁩니다.

▶ で　: ~로 인해. ~ 때문에.
　용법 : 명사+で。
　의미 : 원인이나 이유·동기의 문장에 사용한다.

1. 毎日 宿題で 大変です。
   매일 숙제로(때문에) 힘듭니다.

2. 先週 病気で 休みました。
   지난주 병으로(때문에) 쉬었습니다. (결석했습니다)

3. 頭痛で 休みます。
   두통으로(때문에) 쉽니다.

4. 試験で 忙しいです。
   시험으로(때문에) 바쁩니다.

5. 海は人で 一杯です。
   바다는 사람으로(때문에) 가득합니다.

8.

A : 分かりませんか。	모르겠습니까.	(이해가 안 됩니까.)
B : ええ、分かりません。	예, 모르겠습니다.	(예, 이해가 안 됩니다)

▶ ええ : 예.

　의미 : 하이와 같은 뜻으로 상대편의 의견에 긍정적으로 대답할 때 사용하는 여성어(女性語)이다.

▶ 分かりません : 모르겠습니다. 이해가 안 됩니다.

　의미 : 원래부터 존재하는 내용의 실태, 그 내용·성질·가치·의미·원인·이유·결과라고 한 사실을 이해하는 것.

▶ 知りません : 모르겠습니다. (개인의 경험에 비추어 모르다)

　의미 : 존재하는 사물을 두뇌(頭脳)에서 파악하는 작용이나 행위.

1. A: 分かりますか。

　　알겠습니까. (이해가 됩니까)

　B: はい、分かります。

　　いいえ、分かりません。

　　예, 알겠습니다. (예, 이해가 됩니다)
　　아니오, 모르겠습니다. (아니오, 이해가 안 됩니다)

2. A: 行きませんでしたか。

　　가지 않았습니까.

　B: はい、行きませんでした。

　　예, 가지 않았습니다.

3. A: 分かりませんか。

    모르겠습니까.

    B: はい、分かりません。

    いいえ、分かります。

    예, 모르겠습니다.
    아니오, 알겠습니다.

9.

朝は コーヒーを 飲みますが、夜は コーヒーを 飲みません。
아침에는 커피를 마십니다만, 밤에는 커피를 마시지 않습니다.

▸ は : ~은. ~는.
  의미 : 앞의 문장과 동일성이 없다든지 공통점이 없을 때 사용할 수 있다.
▸ も : ~도.
  의미 : 포함성을 나타내며, 같은 종류라는 것을 나타내며, 하나의 사실을 열거하고 다른 것도 같다는
         것을 나타내며, 같은 종류의 사물이 공존하는 관계를 나타낸다.
▸ が : ~지만. (역접). (けれど·けども·けど·けれども)
  긍정문과 긍정문의 연결: ~も ~も。
  부정문과 부정문의 연결: ~も ~も。
  긍정문과 부정문의 연결: ~は ~は。
  부정문과 긍정문의 연결: ~は ~は。

魚は 食べますが、肉は 食べません。
생선은 먹습니다만, 고기는 먹지 못합니다.
= 魚は 食べます。でも、肉は 食べません。
생선은 먹습니다. 그러나, 고기는 먹지 못합니다.

---

1. 土曜日には テレビを 見ますが、日曜日には 見ません。
   토요일에는 텔레비전을 봅니다만, 일요일에는 보지 않습니다.

2. 英語は 勉強しましたが、フランス語は 勉強しませんでした。
   영어는 공부했습니다만, 프랑스어는 공부하지 않았습니다.

3. 原先生は いますが、木村先生は いません。
   하라 선생님은 있습니다만, 기무라 선생님은 없습니다.

4. ロッテデパートへは 行きますが、西武デパートへは 行きません。
   롯데백화점에는 갑니다만, 세이부백화점에는 가지 않습니다.

5. 家では 勉強しますが、図書館では 勉強しません。
   집에서는 공부합니다만, 도서관에서는 공부하지 않습니다.

6. ひらがなは 書きますが、カタカナは 書きません。
   히라가나는 씁니다만, 가따까나는 쓰지 못합니다.

▸ い 形容詞의 변형.

い형용사. (형용사)			
긍정	추측	かろう・大きいだろう (大きいでしょう)	~크겠지. ~크겠지요.
	가정	ければ	~크다면.
	과거	かった	~컸었다.
大き		い	~크다.
부정	부정	くない くありません	~크지 않다. ~크지 않습니다.
	과거	くなかった くありませんでした	~크지 않았다. ~크지 않았습니다.
	가정	くなければ	~크지 않다면.
	추측	くないだろう くないでしょう	~크지 않겠지. ~크지 않겠지요.

▸ な 形容詞의 변형.

な형용사. (형용동사)			
긍정	추측	だろう でしょう	~예쁘겠지. ~예쁘겠지요.
	가정	なら(ば)・であれば (ば)는 생략해도 된다.	~예쁘다면.
	과거	だった・でした	~예뻤다.
きれい		だ	~예쁘다.
부정	부정	じゃない ではない じゃありません ではありません	~예쁘지 않다. ~예쁘지 않다. ~예쁘지 않습니다. ~예쁘지 않습니다.
	과거	じゃなかった ではなかった じゃありませんでした ではありませんでした	~예쁘지 않았다. ~예쁘지 않았다. ~예쁘지 않았습니다. ~예쁘지 않았습니다.

	가정	じゃなければ ではなければ でなければ	~예쁘지 않으면. ~예쁘지 않으면. ~예쁘지 않으면.
	추측	じゃないだろう ではないだろう ではないでしょう	~예쁘지 않겠지. ~예쁘지 않겠지. ~예쁘지 않겠지요.

▸ 形容詞の活用。형용사의 활용. (1권이 끝난 다음에 다시 한번 참조할 것)

活用形 (활용형)	イ形容詞 (い형용사)	ナ形容詞 (な형용사)
語根 (어근)	よ 어간(활용어의 변하지 않는 부분)이라 고도 함.	きれい (예쁘다) 어간(활용어의 변하지 않는 부분)이라 고도 함.
連体形 (연체형)	よい (좋다) い형용사＋명사는 기본형이 온다.	きれいな (예쁜) (な형용사＋명사는 な가 온다)
現在形 (현재형)	よい (좋다) 기본형.	きれいだ (예쁘다) 기본형.
連用形 (연용형)	よく (좋아서) い형용사가 동사를 수식할 때 기본형 의 끝 글자인 い가 く로 바뀐다.	きれいに (예쁘게) な형용사가 동사를 수식할 때 단어＋に 가 된다.
否定形 (부정형)	よくない (좋지 않다) い형용사의 부정형.	きれいで(は)ない (예쁘지 않다) な형용사의 부정형.
テ形 (て형)	よくて (좋아서) い형용사의 문장연결.	きれいで (예뻐서) な형용사의 문장연결.
推量形 (추량형)	よかろう (좋겠지) い형용사의 추측형.	きれいだろう (예쁘겠지) な형용사의 추측형.
過去形 (과거형)	よかった (좋았다) い형용사의 과거형.	きれいだった (예뻤다) な형용사의 과거형.
タリ形 (たり형)	よかったり (좋기도 하고) い형용사의 열거.	きれいだったり (예쁘기도 하고) な형용사의 열거.
タラ形 (たら형)	よかったら (좋다면) い형용사 과거·미래의 가정형.	きれいだったら (예쁘다면) な형용사 과거·미래의 가정형.
仮定形 (가정형)	よければ (좋다면) い형용사의 가정형.	きれいならば (예쁘다면) な형용사의 가정형.

1.

鈴木: 昨日 どこかへ 行きましたか。
すずき きのう い

　　　어제 어딘가에 갔었습니까.

中島: ええ、行きました。映画を 見ました。
なかじま い えいが み

　　　예, 갔었습니다. 영화를 보았습니다.

鈴木: どうでしたか。
すずき

　　　어땠습니까.

中島: とても 面白かったですよ。
なかじま おもしろ

　　　대단히 재미있었습니다.

鈴木: そうですか。よかったですね。
すずき

　　　그렇습니까. 잘되었군요.

中島: 鈴木さんも どこかへ 行きましたか。
なかじま すずき い

　　　스즈끼씨도 어딘가에 갔었습니까.

鈴木: いいえ、私は 家に いました。
すずき うち

　　　아니오, 나는 집에 있었습니다.

2.

コウ: 先週の 授業は 大変でしたね。
せんしゅう じゅぎょう たいへん

　　　지난주 수업은 어려웠습니다.

キム: そうですか。私は 病気で 休みました。
びょうき やす

　　　그렇습니까. 나는 병 때문에 결석했습니다.

コウ：じゃ、今日の 授業が 分かりましたか。

그렇다면, 오늘 수업이 이해가 되었습니까.

キム：いいえ、あまり 分かりませんでした。

아니오, 그다지 이해가 잘되지 않았습니다.

3.

原 ：昨日 デパートへ 行きました。

어제 백화점에 갔습니다.

サイ：何か 買いましたか。

무엇인가 샀습니까.

原 ：ええ、セーターを 買いました。

예, 스웨터를 샀습니다.

サイ：どんな セーターですか。

어떤 스웨터입니까.

原 ：白くて きれいな セーターです。

하얗고 예쁜 스웨터입니다.

4.

チン：昨日 リンさんの アパートへ 行きました。

어제 린씨 아파트에 갔습니다.

原 ：どんな アパートでしたか。

어떤 아파트였습니까.

チン：広くて きれいな アパートでしたよ。原さんの アパートは?

넓고 깨끗한 아파트였습니다. 하라씨의 아파트는?

原 ：私の アパートは 狭くて うるさいです。チンさん、寮は どうですか。

우리 아파트는 좁고 시끄럽습니다. 진씨, 기숙사는 어떻습니까.

チン：寮は 狭いですが、あまり うるさくありません。

기숙사는 좁습니다만, 그다지 시끄럽지 않습니다.

5.

リン: ユンさんは 毎日 どのぐらい 勉強しますか。

윤씨는 매일 어느 정도 공부합니까.

ユン: 四時間ぐらい します。

4시간 정도 합니다.

リン: いつ しますか。

언제 합니까.

ユン: 夜 します。

밤에 합니다.

リン: 朝は 勉強しませんか。

아침에는 공부하지 않습니까.

ユン: はい、しません。

예, 하지 않습니다.

夜は 勉強しますが、朝は しません。リンさんは?

밤에는 공부합니다만, 아침에는 하지 않습니다. 린씨는?

リン: 私は 朝も 夜も 勉強します。

나는 아침에도 밤에도 공부합니다.

ユン: いい 学生ですね。

착한 학생이군요.

6.

中島: いい 靴ですね。

좋은 구두네요.

田中: どうも ありがとう。

고맙습니다.

中島: そんな 靴<ruby>靴<rt>くつ</rt></ruby> は どこに ありますか。

그런 구두는 어디에 있습니까.

田中: ロッテに 沢山<ruby>沢山<rt>たくさん</rt></ruby> あります。

롯데백화점에 많이 있습니다.

中島<ruby>中島<rt>なかじま</rt></ruby>: すみませんが、いくらでしたか。

미안합니다만, 얼마였습니까.

田中<ruby>田中<rt>たなか</rt></ruby>: 三千九百円<ruby>三千九百円<rt>さんぜんきゅうひゃくえん</rt></ruby>でした。

3,900엔이었습니다.

中島: 安<ruby>安<rt>やす</rt></ruby>かったですね。

싸군요.

田中: ええ。

예.

7.

中島<ruby>中島<rt>なかじま</rt></ruby>: すみません。この 辺<ruby>辺<rt>へん</rt></ruby>に いい 喫茶店<ruby>喫茶店<rt>きっさてん</rt></ruby>が ありますか。

미안합니다. 이 근처에 좋은 찻집이 있습니까.

田中<ruby>田中<rt>たなか</rt></ruby>: ありますよ。駅<ruby>駅<rt>えき</rt></ruby>の 前<ruby>前<rt>まえ</rt></ruby>に 安<ruby>安<rt>やす</rt></ruby>くてきれいな 喫茶店<ruby>喫茶店<rt>きっさてん</rt></ruby>があります。

있습니다. 역 앞에 싸고 깨끗한 찻집이 있습니다.

中島: そうですか。ありがとうございました。

그렇습니까. 고맙습니다.

田中: いいえ、どういたしまして。

아니오, 천만에요.

8.

中村<ruby>中村<rt>なかむら</rt></ruby>: 昨日<ruby>昨日<rt>きのう</rt></ruby> 始<ruby>始<rt>はじ</rt></ruby>めて お寿司<ruby>寿司<rt>すし</rt></ruby>を 食<ruby>食<rt>た</rt></ruby>べました。

어제 처음으로 스시(초밥)를 먹었습니다.

田中: どうでしたか。

어땠습니까.

中村: とても おいしかったです。

대단히 맛있었습니다.

田中: お刺身は 食べませんでしたか。

생선회는 먹지 않았습니까.

中村: ええ、食べませんでした。お寿司は 好きですが、お刺身はあまり好き

じゃありません。

예, 먹지 않았습니다. 초밥은 좋아합니다만, 생선회는 그다지 좋아 하지 않습니다.

田中: そうですか。私は お刺身も お寿司も 好きです。

그렇습니까. 나는 생선회도 초밥도 좋아합니다.

本文
ほん ぶん

1. パーティーで。(파티에서)

リン(後輩): 大学は どうですか。忙しいですか。
こうはい   だいがく   いそが

　　　　　대학은 어떻습니까. 바쁩니까.

ハク(先輩): 今月は あまり 忙しく ありませんが、先月は 始めてのテストで
せんぱい   こんげつ   いそが   せんげつ   はじ

大変でした。日本語の 勉強はどうですか。
たいへん   にほんご   べんきょう

　　　　　이번 달은 그다지 바쁘지 않습니다만, 지난달은 처음 보는 테스트 때문에
　　　　　힘들었습니다. 일본어 공부는 어떻습니까.

リン　　: 毎日 テストや 宿題で 忙しいです。先輩は どうでしたか。
まいにち   しゅくだい いそが   せんぱい

　　　　　매일 테스트나 숙제 때문에 바쁩니다. 선배는 어떠했습니까.

ハク　　: 私も 高校の時は 毎日 十二時まで 勉強しましたよ。
こうこう とき まいにちじゅうに じ   べんきょう

　　　　　나도 고등학교 때는 매일 12까지 공부했습니다.

中 略　중략
ちゅうりゃく

リン: 先週 かおりさんの 誕生日の パーティーが ありました。
せんしゅう   たんじょう び

　　　지난주 가오리씨 생일파티가 있었습니다.

山本: そうですか。パーティーは どうでしたか。
やまもと

　　　그렇습니까. 파티는 어떠했습니까.

リン: にぎやかで 面白かったです。
おもしろ

　　　활기차고 재미있었습니다.

山本: 鈴木さんの 家は どんな 家ですか。

　　　 스즈끼씨의 집은 어떤 집입니까.

リン: 新しくて きれいな 家です。

　　　 새 건물이고 깨끗한 집입니다.

山本: 人が 大勢 来ましたか。

　　　 사람이 많이 왔었습니까.

リン: ええ、学校の 友だちや 先輩が 来ました。

　　　 예, 학교 친구랑 선배가 왔었습니다.

山本: アリさんは 来ませんでしたか。

　　　 아리씨는 오지 않았습니까.

リン: ええ、アリさんは 来ませんでしたが、白さんは 来ました。

　　　 예, 아리씨는 오지 않았습니다만, 백씨는 왔습니다.

山本: そうですか。白さんは 元気でしたか。

　　　 그렇습니까. 백씨는 건강합니까. (잘 지내십니까)

リン: ええ、元気でしたよ。いろいろな 話しをしました。

　　　 예, 건강했습니다. 여러가지 이야기를 했습니다.

第七課
だい なな か

ちょっと待ってください。
잠깐만 기다려 주십시오.

語句 (어구, 말)

단 어	한자 읽는 법	의 미
間	あいだ	사이.
幾つ	いくつ	몇 개.
一緒に	いっしょに	같이.
御中、御腹	おなか	배. (사람 배)
お兄さん	おにいさん	형님.
御釣り	おつり	잔돈.
漢字	かんじ	한자.
切手 •	きって	우표.
欠席届け	けっせきとどけ	결석계.
~個	~こ	~개. (조수사)
答え	こたえ	답.
これから		이제부터.
作文	さくぶん	작문.
写真	しゃしん	사진.
少し	すこし	조금.
全部	ぜんぶ	모두. 전부.
それから		그리고 나서.
そろそろ		이제 슬슬.
地図 •	ちず	지도.
丁度	ちょうど	때마침. (just)
ちょっと		잠깐만.
て形	てけい	て형. (문장을 연결할 때 사용)
電気	でんき	전기.
とても		매우. 대단히. 도저히.
どちら		어느 쪽.
名前 •	なまえ	이름.

~人	~にん、~じん	~명. ~인.
喉	のど	식도. (목구멍)
花	はな	꽃.
袋 　　　 •	ふくろ	포대.(주머니)
訪問	ほうもん	방문.
外に	ほかに	그 외에.
~本	~ほん	~개. (조수사)
~枚	~まい	~장. (조수사)
また		또.
もう		벌써. 이미.
ゆっくり		천천히.
~屋	~や	~집. ~가게.
りんご		사과.
例外	れいがい	예외.
冷蔵庫	れいぞうこ	냉장고.
カセット	cassette	카세트.
シュークリーム	chou à la crème (불어)	슈크림.
ショートケーキ	shortcake	쇼트케이크.
ジュース	juice	주스.
タクシー	taxi	택시.
ドライアイス	dry ice	드라이아이스.
バナナ	banana	바나나.
~ページ	page	페이지.
ホワイトボード	white board	화이트보드.
メロン	melon	메론.

• ~屋：집이나 가게를 가리킨다.
　　　　주인을 가리킬 때는 끝에 さん을 붙여 사용하기도 한다.

薬屋(약국) ・ たばこ屋(담뱃가게) ・ 本屋(책방) ・ 花屋(꽃집).

薬屋さん(약국 주인) ・ たばこ屋さん(담뱃가게 주인) ・ 花屋さん(꽃집 주인).

• 動詞 (동사)

ます形	기본형 사전형	동사 구분	의 미
言います	言う	動 I	말하다.
空きます	空く	動 I	고프다.(배가)
乾きます	乾く	動 I	마르다.(목이 · 빨래가)
急ぎます	急ぐ	動 I	서두르다.
出します	出す	動 I	제출하다. 보내다.(편지 · 리포트를)
話します	話す	動 I	이야기하다.
待ちます	待つ	動 I	기다리다.
保ちます	保つ	動 I	지키다. 유지하다.
死にます	死ぬ	動 I	죽다.
包みます	包む	動 I	포장하다.
呼びます	呼ぶ	動 I	부르다.(사람 · 택시를)
上がります	上がる	動 I	올라가다.
座ります	座る	動 I	앉다.(소파 · 방에)
取ります	取る	動 I	집다. 잡다
消します	消す	動 I	끄다.(전기를)
掛けます	掛ける	動 II	앉다.(의자에)
つけます	点ける	動 II	켜다.(전기를)
入れます	入れる	動 II	넣다. 차 또는 커피를 끓이다.
開けます	開ける	動 II	열다.
閉めます	閉める	動 II	닫다.

• い形容詞 (い형용사)

단 어	의 미
甘い	달다(음식). 얕보다. 깔보다.
楽しい	즐겁다.(파티·소풍·여행)
嬉しい	기쁘다.(마음이)
長い	길다.(연필이)

• フレーズ (문구, 관용구, phrase)

단 어	의 미
いいえ、結構です。　•	아니오, 충분합니다.(괜찮습니다. 됐습니다)
いらっしゃい。	어서 오세요.
~円 お預かりします。　•	~엔 받았습니다.
~円の お返しです。　•	~엔 돌려 드리겠습니다.(거스름돈 줄 때)
お邪魔しました。　•	폐 많이 끼쳤습니다. (남의 집을 방문하고 돌아갈 때)
お邪魔します。	실례합니다.(남의 집을 방문할 때)
お願いします。	부탁합니다.(모든 것을 부탁할 때)
気を付けて。	조심하세요.
こちらこそ。	이쪽이야말로. 저야말로.
今日は。	낮인사.
御免ください。	실례합니다. 계십니까. (남의 집을 방문할 때)
さあ、どうぞ。	자, 어서.
失礼します。	실례합니다.
そろそろ 失礼します。　•	이제 돌아가겠습니다.
詰まらない 物ですが。　•	변변치 못합니다만.(남에게 선물을 줄 때) お粗末な 物ですが。
では・じゃ。	그러면. 그렇다면.

どうぞ おかまいなく。	신경 쓰지 마세요. 부담 갖지 마세요.
どうぞ~てください。	자 어서 ~해주세요.
を差し上げましょう。	~을 드릴까요.
~によろしく。	~에게 안부 전해주세요.
~によろしくお伝え下さい。	~에게 안부 좀 전해주십시오.

例文れいぶん・説明せつめい (예문 · 설명)

1.

動詞どうし て形けい.　　동사 て형.

▸ て形 : ~하고. ~해서.

　의미 : 문장과 문장을 연결하며, 이유나 원인의 문장에서도 사용된다.

　　　　동사 기본형이 ゆ、づ、ぷ 로 끝나는 동사는 없다.

▸ 動詞どうし(동사 I). (기본형의 끝 글자가 う·つ·る 로 끝나는 동사)

• ―う。　―つ。　―る。　→　~って。

う로 끝나는 동사	て形けい	つ로 끝나는 동사	て形けい	る로 끝나는 동사	て形けい
買かう	かって	待まつ	まって	取とる	とって
言いう	いって	持もつ	もって	降ふる	ふって
会あう	あって	立たつ	たって	帰かえる	かえって
吸すう	すって	打うつ	うって	座すわる	すわって
洗あらう	あらって	勝かつ	かって	終おわる	おわって
歌うたう	うたって	保たもつ	たもって	分わかる	わかって

▸ 동사 기본형의 끝 글자가 ぬ·ぶ·む 로 끝나는 동사.

• ―ぬ。 ―ぶ。 ―む。 → ～んで。

ぬ로 끝나는 동사	て形	ぶ로 끝나는 동사	て形	む로 끝나는 동사	て形
		呼^よぶ	呼^よんで	飲^のむ	飲^のんで
		及^{およ}ぶ	及^{およ}んで	読^よむ	読^よんで
死^しぬ	死^しんで	学^{まな}ぶ	学^{まな}んで	住^すむ	住^すんで
		運^{はこ}ぶ	運^{はこ}んで	包^{つつ}む	包^{つつ}んで
		叫^{さけ}ぶ	叫^{さけ}んで	休^{やす}む	休^{やす}んで
		結^{むす}ぶ	結^{むす}んで	頼^{たの}む	頼^{たの}んで

▸ 동사 기본형의 끝 글자가 す·く·ぐ 로 끝나는 동사.
  ·～す。 → して。 ·～く。 → いて。 ·～ぐ。 → いで

す로 끝나는 동사	て形	く로 끝나는 동사	て形	ぐ로 끝나는 동사	て形
消^けす	消^けして	書^かく	書^かいて		
出^だす	出^だして	聞^きく	聞^きいて	泳^{およ}ぐ	泳^{およ}いで
治^{なお}す	治^{なお}して	空^すく	空^すいて	急^{いそ}ぐ	急^{いそ}いで
話^{はな}す	話^{はな}して	乾^{かわ}く	乾^{かわ}いて		

• 예외동사: 行く → 行って。

▶ 動詞Ⅱ(동사Ⅱ). (기본형의 끝 글자는 る로 끝남)
기본형에서 る만 빼고 て로 변형시킨다.
• ～る。 → ～て。

기본형	て形
寝^ね る (자다)	寝^ね て (자고)
見^み る (보다)	見^み て (보고)
起^おき る (일어나다)	起^おき て (일어나고)
食^たべ る (먹다)	食^たべ て (먹고)
開^あけ る (열다)	開^あけ て (열고)
入^いれ る (넣다)	入^いれ て (넣고)

▶ 動詞Ⅲ (동사Ⅲ)
する → して。 ・くる → きて。

기본형	て形
す る (하다)	し て (하고)
来^く る (오다)	来^き て (오고)

2.

ちょっと 待って ください。　잠깐만 기다려 주세요.

▶ てください : ～해 주세요.
용법 : 동사(て形) + ください。
의미 : 상대에게 희망을 나타낼 때 사용한다. (동사에 한정됨)

1. プリントを見てください。
   프린트를 봐주세요.

2. テープを聞いてください。
   테이프를 들어주세요.

3. この漢字を読んでください。
   이 한자를 읽어 주세요.

4. 教務へ行ってください。
   교무실에 가 주세요.

5. 研究室へ来てください。
   연구실로 와 주세요.

6. 消ゴムを取ってください。
   지우개를 집어 주세요.

3.

御中が 空きました。　배가 고픕니다. (배 : 御腹)

▶ が　：〜이. 〜가. (자동사 앞에서는 조사 が를 사용한다)
　의미 : 체언 또는 체언성의 말에 접속한다. 명사에 접속하여 주어임을 나타낸다.

1. 喉が 乾きました。

   목이 마릅니다. (からから : 굉장히 목마른 모습)

2. 骨が 折れました。

   뼈가 부러졌습니다.
   骨が折れる・骨を折る: 고생하다. (관용구)

3. 腕が 鳴ります。

   솜씨나 기량을 자랑하고 싶어서 견딜 수 없게 되다. (관용구)

4. 腹が 減りました。

   배가 고픕니다. (남성어). (ぺこぺこ : 굉장히 배고픈 모습)

4.

一緒^{いっしょ}に 飲^のみ**ましょう**。	같이 마십시다.
ドライアイスを 入^いれ**ましょうか**。	드라이아이스를 넣을까요.

▶ ましょう : ～합시다.
　의미 : 자기의 의지를 나타낼 때.(의지형)
▶ ましょうか : ～할까요.
　의미 : 상대방의 의향을 물을 때.(의향형) 상대방의 의향을 묻기 때문에 정중한 표현이 된다.

1. 公園^{こうえん}へ 行^いきましょう。
　공원에 갑시다.

2. 一緒^{いっしょ}に 勉強^{べんきょう}しましょう。
　같이 공부합시다.

3. 昼^{ひる}ご飯^{はん}を 食^たべましょう。
　점심을 먹읍시다.

4. あの 喫茶店^{きっさてん}で 何^{なに}か 飲^のみましょう。
　저 찻집에서 무엇인가 마십시다.

5. 日曜日^{にちようび}に 一緒^{いっしょ}に 映画^{えいが}を 見^みましょう。
　일요일에 같이 영화를 봅시다.

6. 何^{なに}を 食^たべましょうか。
　무엇을 먹을까요.

7. A: コーヒーを 飲みましょうか。

    커피를 마실까요.

    B: はい、飲みましょう。

    예, 마십시다.

8. 電気を つけましょうか。

    전기를 켤까요.

9. 漢字を 書きましょうか。

    한자를 쓸까요.

10. お茶を 入れましょうか。

    차를 끓일까요.

11. A: 窓を 開けましょうか。

    창문을 열까요.

    B: はい、開けてください。

    예, 열어 주세요.

    B: はい、お願いします。

    예, 부탁합니다.

5.

A : どちらが <u>いいですか</u>。 / <u>いいでしょう(か)</u>。
　　어느 것이 좋습니까. 좋겠습니까.
B : どちら<u>でも</u> いいです。
　　어느 것이라도 좋습니다.

▶ どちら : 어느 것이.(どっち)
　의미 : 두 개 중에 한 개를 선택할 때.
▶ どちらでも : 어느 것이라도.(どっちも)
　의미 : 두 개 중 어느 한쪽이어도 상관없을 때.
▶ でしょう : ～이겠지요.
　의미 : 하나의 내용을 추량·상상하는 의미를 나타낸다. 추량의 조동사 だろう의 정중체이다.
▶ いいですか : 좋습니까.
▶ いいでしょうか : 좋겠습니까.(상대방의 의향을 물을 때)

선택 (どちら　　　 : 어느 것)	두 개 중에 한 개를 선택할 때
사물 (なに、なん : 무엇)	전체를 물을 때
장소 (どこ　　　　: 어디)	장소를 물을 때
시간 (いつ　　　　: 언제)	시간을 물을 때
개수 (いくつ　　 : 몇 개)	개수를 물을 때
사람 (だれ　　　 : 누구)	사람을 물을 때

1. A: 何が いいですか。

　　무엇이 좋겠습니까.

　B: 何でも いいです。

　　무엇이든지 좋습니다.

2. A: どこへ 行きましょうか。

　　어디에 갈까요.

　B: どこでも いいです。

　　어디라도 좋습니다.

3. A: いつ 行きましょうか。

    언제 갈까요.

    B: いつでも いいです。

    언제라도 좋습니다.

4. A: いくつ 買いましょうか。

    몇 개 살까요.

    B: いくつでも いいです。

    몇 개라도 좋습니다.

5. A: 誰を 呼びましょうか。

    누구를 부를까요.

    B: 誰でも いいです。

    누구라도 좋습니다.

6. 助数詞 (조수사)

	~本 (ほん・ぼん・ぽん)	~枚	~人
1	いっぽん	いちまい	ひとり
2	にほん	にまい	ふたり
3	さんぼん	さんまい	さんにん
4	よんほん	よんまい	よにん
5	ごほん	ごまい	ごにん
6	ろっぽん	ろくまい	ろくにん
7	ななほん	ななまい	ななにん・しちにん
8	はっぽん	はちまい	はちにん
9	きゅうほん	きゅうまい	きゅうにん・くにん
10	じゅっぽん	じゅうまい	じゅうにん
?	なんぼん	なんまい	なんにん
	긴 물건 (바나나·연필·홈런· 꽃·이빨·병·강)	얇은 물건 (종이·사진·Y셔츠· 접시·담요·우표)	사람

	~つ	~個	~ページ
1	ひとつ	いっこ	いちページ
2	ふたつ	にこ	にページ
3	みっつ	さんこ	さんページ
4	よっつ	よんこ	よんページ
5	いつつ	ごこ	ごページ
6	むっつ	ろっこ	ろくページ
7	ななつ	ななこ	ななページ
8	やっつ	はっこ	はちページ
9	ここのつ	きゅうこ	きゅうページ
10	とお	じゅっこ	じっページ
?	いくつ	なんこ	なんページ
	물건(작은 것). 나이(사람).	작은 물건 (사과·케이크)	page

7.

ケーキが 三個 あります。	케이크가 3개 있습니다.
ケーキが 二、三個 あります。	케이크가 2, 3개 있습니다.

▸ 個 : ～개. (작은 물건, 사과·계란 등)

意味 : 조수사를 하나하나 읽지 않고, 열거해서 읽을 때의 수(数)의 기준은 1부터 10까지의 수(数)가 기준이 된다. 예를 들어 한 명은(一人), 두 명은(二人)라고 읽지만, 2, 3명을 나타낼 때는 二·三人이라고 읽는다.

(一・二・三・四、四・五・六・七・八・九・十)

1. りんごを 五つ ください。

   사과를 5개 주세요.

2. シュークリームを 四個 食べました。

   슈크림을 4개 먹었습니다.

3. シャープペンが 六本 あります。

   샤프펜이 6자루 있습니다.

4. 学生が 二人 来ました。

   학생이 2명 왔습니다.

5. 宿題が 5ページ ありました。

   숙제가 5페이지 있었습니다.

6. 欠席届けを二枚ください。

   결석계를 두 장 주세요.

7. ケーキを五、六個買いました。

   케이크를 5, 6개 샀습니다.

8. 二、三日待ってください。

   2, 3일 기다려 주세요.

9. 学生が三、四人宿題を出しませんでした。

   학생이 3, 4명 정도 숙제를 제출하지 않았습니다.

8.

三つで 百円です。　세 개에 100엔입니다.

▸ で 　: ～에. (사물의 기준)
　의미 : 기한·단위·시간을 나타낸다.

1. この花は 七本で 三百円です。

   이 꽃은 7송이에 300엔입니다.

2. A: この りんごは いくらですか。

      이 사과는 얼마입니까.

   B: 五個で 八百円です。

      5개에 800엔입니다.

3. A: 全部で いくらですか。

      전부 얼마입니까.

   B: 二千円です。

      2,000엔입니다.

9.

お茶を入れて、一緒に飲みましょう。　　차를 끓여서, 같이 마십시다.

▸ て　：〜하고. 〜해서. (동사의 문장 연결)
　의미 : 하나의 동작·작용으로부터 다음 것으로 이동하는 관계를 나타낸다.

1. 教室へ 行って、テープを 聞いてください。

   교실에 가서, 테이프를 들어주세요.

2. 窓を 開けて、掃除をしましょう。

   창문을 열고, 청소를 합시다.

3. 喫茶店へ 行って、コーヒーを 飲みました。

   찻집에 가서, 커피를 마셨습니다.

4. 昨日の 夜 テレビを 見て 勉強して、十二時ごろ 寝ました。

   어젯밤 텔레비전을 보고 공부하고, 12시경에 잤습니다.

10.

小さいのを お願いします。　작은 것을 부탁합니다.

▶ のを : ~것을.　のは : ~것은.　のが : ~것이. ~것을.

용법 : 동사·い형용사·な형용사·명사(기본형)＋のは。のを。のが。
　　　단 な형용사·명사 현재형의 연결은 반드시 な가 접속된다.

의미 : 활용형의 기본형에 접속해서 그것을 체언화한다.
　　　(명사는 조사를 동반하지만 い형용사·동사는 조사를 동반할 수 없기 때문에 명사형을 만들어
　　　조사를 동반시킨다)
　　　두 글자(まで·から·ので·のに등)의 조사는 동반이 가능하지만 한 글자(は·へ·を·が등)
　　　조사는 올 수 없기 때문에 の를 갖고 명사형을 만들어 사용한다)

小さい ケーキを ください。	小さいのを ください。
작은 케이크를 주세요.	작은 것을 주세요.

1. りーさんが 散歩しているのを 見ました。
   이씨가 산보하고 있는 것을 보았습니다.

2. 漢字を 覚えるのは 難しいです。
   한자를 기억하는(외우는)것은 어렵습니다.

3. 試験が 難しいのは 困ります。
   시험이 어려운 것은 곤란합니다.

4. 試験が 簡単なのは いいです。
   시험이 간단한 것은 좋습니다.

5. 日曜日に 店が 休みなのは 不便です。
   일요일날 가게가 쉬는 것은 불편합니다.

6. この絵を描いたのは リーさんです。

이 그림을 그린 사람은 이 씨입니다.

7. 私は音楽を 聞くのが 好きです。

나는 음악을 듣는 것을 좋아합니다.

8. 新しいのは 高いです。

새것은 비쌉니다.

9. A: ケーキを ください。

　　케이크를 주세요.

　　B: どんなのが いいですか。

　　어떤 것이 좋습니까.

　　A: 丸いのが いいです。

　　둥근 것이 좋습니다.

10. 小さくて 軽いのが いいです。

작고 가벼운 것이 좋습니다.

11.

ケーキを もう ひとつ 入れてください。   **케이크를 다시 하나 넣어 주세요.**

▸ もう : 다시. 또. 좀더. (반복을 나타낸다)

  의미 : 시간이 이미 지났거나 내용이 벌써 끝난 상태. (이미 · 벌써)

           시간이나 내용이 가까운 상태. (곧 · 머지않아 · 조만간에)

1. もう 少し ゆっくり 言ってください。

   좀 더 천천히 말해주세요.

2. もう 一度 言ってください。

   다시 한번 말해주세요.

3. もう 一枚 欠席届けをください。

   한 장 더 결석계를 주세요.

4. もう 一度 書いてください。

   다시 한번 써주세요.

5. もう 終わりました。

   이미 끝났습니다.

6. キムさんは もう 来ます。

   김씨는 곧 옵니다.

7. キムさんは もう 来ました。

   김씨는 이미 왔습니다.

12.

ケーキを 箱に 入れます。	케이크를 상자에 넣습니다.

▶ に : ~에.

의미 : 들어가는 장소(공간이 있는 장소)를 나타낼 때의 조사는 반드시 に를 사용하고, 반대로 나오는
장소를 나타낼 때는 を를 사용한다.

타동사	本を かばんに 入れます。	책을 가방에 넣습니다.
	かばんに 本を 入れます。	가방에 책을 넣습니다.
자동사	本が かばんに 入ります。	책이 가방에 들어갑니다.
	かばんに 本が 入ります。	가방에 책이 들어갑니다.
타동사	部屋に 入る。	방에 들어가다. (들어가는 장소)
타동사	部屋を 出る。	방을 나오다. (나오는 장소)

1. 財布を かばんに 入れます。
   지갑을 가방에 넣습니다.

2. ロッカーの 中に ノートを 入れました。
   사물함 안에 노트를 넣었습니다.

3. お茶を 入れました。
   차를 끓였습니다.

4. コーヒーを 入れました。
   커피를 끓였습니다.

13.

訪問。 방문

1. 客 : ごめんください。

   계십니까. (문을 두드리며)

   家の人: はい、ああ、山本さん、いらっしゃい。どうぞ上がってください。

   예, 아, 야마모또씨, 어서 오십시오. 자 어서 들어오십시오.

   客 : お邪魔します。

   폐 끼치겠습니다. (실례합니다)

2. 家の人: ちょっと待ってください。今お茶を入れますから。

   잠깐만 기다려 주세요. 지금 차를 끓이니까.

   客 : どうぞ おかまいなく。

   나에게 신경 쓰지 마세요. (부담 갖지 마세요)

3. 客 : これ、つまらない物ですが、どうぞ。

   이거, 변변치 못합니다만, 받으세요.

   家の人: どうも すみません。

   대단히 고맙습니다.

4. 客 : そろそろ失礼します。長い間おじゃましました。

   자 이제 돌아가겠습니다. 오랫동안 폐 많이 끼쳤습니다.

   家の人: いいえ、また いつでも来てください。

   아니오, 또 언제라도 오세요.

14.

買い物。　쇼핑

1. 店の人 : いらっしゃいませ。何をさしあげましょう。

   어서 오십시오. 무엇을 드릴까요.

   客 : ケーキを いつつ ください。

   케이크를 5개 주세요.

2. 客 : いくらですか。

   얼마입니까.

   店の人: 全部で 丁度 二千円です。

   전부 정확히 2,000엔입니다.

3. 店の人: 五千円 お預かりします。

   5,000엔 받았습니다.

   三千円の お返しです。

   3,000엔 돌려 드리겠습니다. (거스름돈입니다)

   どうも ありがとうございました。

   대단히 고맙습니다.

会話<ruby>会<rt>かい</rt></ruby><ruby>話<rt>わ</rt></ruby>

1.

鈴木<rt>すずき</rt>: ケーキを 食<rt>た</rt>べましょうか。

케이크를 먹을까요.

中島<rt>なかじま</rt>: はい、食<rt>た</rt>べましょう。

예, 먹읍시다.

鈴木<rt>すずき</rt>: お茶<rt>ちゃ</rt>を 入<rt>い</rt>れましょうか。

차를 끓일까요.

中島<rt>なかじま</rt>: はい。じゃ、すみませんが、入<rt>い</rt>れてください。

예. 그렇다면, 미안하지만, 끓여 주세요.

鈴木<rt>すずき</rt>: コーヒーが いいですか。紅茶<rt>こうちゃ</rt>が いいですか。

커피가 좋습니까. 홍차가 좋습니까.

中島<rt>なかじま</rt>: 私は どちらでも いいです。

나는 어느 쪽도 좋습니다.

鈴木<rt>すずき</rt>: じゃ、コーヒーを 飲<rt>の</rt>みましょう。

그렇다면, 커피를 마십시다.

中島<rt>なかじま</rt>: はい。

예.

2.

コウ: 今日　駅の　前の　スーパーへ　行きました。

오늘 역 앞 슈퍼에 갔었습니다.

りんごが　五つで　三百円でしたよ。

사과가 5개에 300엔이었습니다.

キム: ああ、そうですか。買いましたか。

예, 그렇습니까. 샀습니까.

コウ: はい、買いました。それから　バナナも　買いました。

예, 샀습니다. 그리고 나서 바나나도 샀습니다.

キム: バナナは　いくらでしたか。

바나나는 얼마였습니까.

コウ: 七本で　百二十円でした。

7송이에 120엔 이었습니다.

キム: そうですか。安いですね。私もこれから行きます。

그렇습니까. 싸군요, 나도 지금부터 가겠습니다.

3.

腹 : 冷蔵庫の　中に　ビールがありますか。

냉장고 안에 맥주가 있습니까.

サイ: はい、五、六本あります。

예, 5병내지 6병 있습니다.

原 : そうですか。今日　何人　来ますか。

그렇습니까. 오늘 몇 명옵니까.

サイ: ええと、全部で　六人です。

저, 전부 6명입니다.

原 : もう 二、三本 買いましょうか。

　　　두 세병 더 살까요.

サイ: そうですね。買いましょう。

　　　그렇군요. 삽시다.

原 : じゃ、私が 行きます。

　　　그렇다면, 제가 가겠습니다.

サイ: すみません。お願いします。

　　　미안합니다. 부탁합니다.

4.

エリ: この シャープペンは 幾らですか。

　　　이 샤프펜은 얼마입니까.

店員: 五百円です。

　　　500엔입니다.

エリ: もう 少し 高いのが ありますか。

　　　좀 더 비싼 것이 있습니까.

店員: はい。これは 八百円です。

　　　예, 이것은 800엔 입니다.

エリ: じゃ、これをお願いします。箱に 入れてください。

　　　그렇다면, 이것을 부탁합니다. 박스 안에 넣어 주세요.

店員: はい。

　　　예.

5.

山本: そろそろ 失礼します。

이제 슬슬 실례하겠습니다.

ユン: そうですか。

그렇습니까.

山本: どうも 長い 間 お邪魔しました。

대단히 긴 시간 동안 폐 많이 끼쳤습니다.

ユン: いいえ、また 来てください。それから お兄さんによろしく。

아니오, 또 와 주세요. 그리고 형님에게도 안부 좀 전해 주세요.

山本: はい、どうも ありがとうございます。では 失礼します。

예, 대단히 고맙습니다. 그러면 실례하겠습니다.

ユン: じゃ、気をつけて。さようなら。

그러면, 조심하세요. 안녕.

6.

中島: すみません。その 二百円の ケーキを四つ ください。

미안합니다. 그 200엔짜리 케이크를 4개 주세요.

店員: はい。

예.

中島: それから、シュークリームも 二つ ください。

그리고, 슈크림도 2개 주세요.

店員: はい。ドライアイスを 入れましょうか。

예, 드라이아이스를 넣을까요.

中島: はい、入れてください。全部で いくらですか。

예, 넣어 주세요. 전부 얼마입니까.

店員: 千四百五十円です。

1,450엔입니다.

中島: はい。千五百円。

예, 1,500엔.

店員: ありがとうございます。五十円の お釣りです。

고맙습니다. 50엔 잔돈입니다.

本文
ほん ぶん

1. ケーキ屋で。(빵집에서)
   や

店員: いらっしゃいませ。
てんいん
　　　 어서 오십시오.

チン: ええと、ショートケーキをみっつと シュークリームを 五つ ください。
　　　　　　　　　　　　　　　　　　　　　　　　　　　　　　　 いっ
　　　 저, 쇼트케이크 세 개와 슈크림을 다섯 개 주세요.

店員: あの、ショートケーキは 大きいのですか。小さいのですか。
てんいん　　　　　　　　　　　　 おお　　　　　　　　 ちい
　　　 저, 쇼트케이크는 큰 것입니까. 작은 것입니까.

チン: 小さいのを お願いします。
　　　 ちい　　　　 ねが
　　　 작은 것을 부탁합니다.

店員: ドライアイスを 入れましょうか。
　　　　　　　　　　　　 い
　　　 드라이아이스를 넣을까요.

チン: はい。入れてください。
　　　　　 い
　　　 예. 넣어 주세요.

店員: 千七百五十円です。
てんいん せんななひゃく ご じゅうえん
　　　 1,750엔입니다.

チン: あのう、すみません、ケーキを もうひとつ 入れてください。
　　　　　　　　　　　　　　　　　　　　　　　　 い
　　　 저, 미안합니다, 케이크를 또 하나 넣어주세요.

店員: はい。他に 何か?
てんいん　 ほか なに
　　　 예. 그 외에 필요한 것은?

チン: いいえ、結構です。
　　　　　　　 けっこう
　　　 아니오, 충분합니다. (됐습니다)

店員: じゃ、丁度 二千円です。
　　　　　 ちょう ど に せんえん
　　　 그렇다면, 정확히 2,000엔입니다.

チン：二千円ですね。

　　　2,000엔이군요.

店員：はい。どうも ありがとう ございました。あ、袋に 入れましょうか。

　　　예. 대단히 고맙습니다. 아, 봉투에 넣을까요.

チン：はい、お願いします。

　　　예, 부탁합니다.

2. 木村先生の家で。기무라 선생님 집에서

チン：御免ください。

　　　계십니까.

木村：はい。ああ、チンさん。いらっしゃい。

　　　예. 아, 진씨. 어서 오십시오.

チン：こんにちは。

　　　안녕하세요.

木村：さあ、どうぞ 上がってください。

　　　자, 어서 들어오십시오.

チン：お邪魔します。

　　　폐좀 끼치겠습니다. (실례합니다)

木村：ここが、すぐ 分かりましたか。

　　　여기를, 곧 알 수 있었습니까.

チン：はい。分かりました。

　　　예. 알 수 있었습니다.

木村：そうですか。どうぞ 座ってください。

　　　그렇습니까. 자 어서 앉으십시오.

チン：はい。あのう、これ つまらないものですが、どうぞ。

　　　예. 저, 이거 변변치 못한 것입니다만, 받아 주십시오.

木村：どうも すみません。ケーキですね。

　　　대단히 고맙습니다. 케이크군요.

じゃ、お茶を入れます。ちょっと待ってください。

그러면, 차를 끓이겠습니다. 잠깐만 기다려 주세요.

チン: どうぞ おかまいなく。

신경 쓰지 마세요. (관여치 마세요)

木村: コーヒーが いいですか。紅茶が いいですか。

커피가 좋겠습니까. 홍차가 좋겠습니까.

チン: 私は どちらでもいいです。

저는 아무거나 좋습니다.

木村: じゃ、紅茶を 飲みましょう。

그렇다면, 홍차를 마십시다.

中略 중략

チン: 先生、そろそろ失礼します。

선생님, 이제 그만 가보겠습니다. (실례하겠습니다)

木村: そうですか。

그렇습니까.

チン: はい、今日は とても 楽しかったです。どうも ありがとうございました。

예, 오늘은 대단히 즐거웠습니다. 대단히 고맙습니다.

木村: いいえ、こちらこそ。また いつでも 来てください。

아니오, 저야말로. 또 언제든지 오세요.

チン: じゃ、どうも 長い 間 お邪魔しました。

그러면, 정말로 긴 시간 동안 폐 많이 끼쳤습니다.

木村: いいえ。じゃ、気を付けて。

아니오, 그러면, 조심하세요.(조심해서 돌아가세요)

チン: 失礼します。

실례합니다.

第八課
だいはちか

田中さんは結婚しています。
たなか　　　けっこん
다나까씨는 결혼했습니다.

語句 (어구, 말)

단 어	한자 읽는 법	의 미
~後で	~あとで	~나중에.
~前に	~まえに	~전에.
英語科	えいごか	영어과.
お宅	おたく	댁. 집의 높임말.
学園プラザ	がくえんプラザ	학원 광장.
学生証	がくせいしょう	학생증.
興味 ●	きょうみ	흥미.
経済	けいざい	경제.
高校	こうこう	고교. 고등학교.
声	こえ	소리. (사람소리)
音	おと	소리. (사물소리)
~号室	~ごうしつ	~호실.
少々	しょうしょう	조금.
時間	じかん	시간.
時間表 (割り)	じかんひょう (わり)	시간표.
自己紹介	じこしょうかい	자기소개.
すみれ寮	すみれりょう	제비꽃 기숙사.
ずいぶん		꽤. 많이. 상당히.
外	そと	바깥.
通学	つうがく	통학.
地下鉄	ちかてつ	지하철.
電車	でんしゃ	전철.
飛行機	ひこうき	비행기.
船	ふね	배.
新幹線	しんかんせん	신깐센. (고속열차)
~年生	ねんせい	년생. (학년)
(お) はし		젓가락.
服	ふく	옷.

(お) 風呂 ・	(お) ふろ	목욕탕. 목욕. 욕실.
(お) 弁当	(お) べんとう	도시락.
皆さん	みなさん	여러분.
虫	むし	벌레.
名詞	めいし	명사.
中央線	ちゅうおうせん	중앙선.
山手線	やまのてせん	야마노떼센. (순환선)
中華街	ちゅうかがい	차이나타운.
商店街	しょうてんがい	상점가. (시장)
横浜	よこはま	요꼬하마. (지명)
中野	なかの	나까노. (지명)
石川町	いしかわちょう	이시까와 . (지명)
林	はやし	하야시. (성씨)
渡辺	わたなべ	와따나베. (성씨)
けんじ		겐지. (이름)
よしえ		요시에. (이름)
スミス	Smith	스미스. (이름)
パク	Park	박. (성씨)
タイ人	タイじん	태국인.
イギリス人	イギリスじん	영국인.
カメラ	camera	카메라.
コンピューター ・	computer	컴퓨터.
パソコン	personal computer	퍼스널 컴퓨터의 준말
スカート	skirt	스커트.
ナイフ	knife	칼.
バス	bus	버스.
ファッション	fashion	패션.
ファッションショー	fashion show	패션쇼.
フォーク	fork	포크.
ウエディングドレス	wedding dress	웨딩드레스.

- 動詞 (동사)

기본형·사전형	한자 읽는 법	동사	의 미
笑う	わらう	動I	웃다.
着く	つく	動I	도착하다.
歩く	あるく	動I	걷다.
泣く	なく	動I	울다.
持つ	もつ	動I	들다. 가지다.
混む	こむ	動I	혼잡하다.
(電車が) 空く		動I	전차가 비었다.
(時間が) 掛かる		動I	시간이 걸리다.
住む	すむ	動I	살다.
遊ぶ	あそぶ	動I	놀다.
やる		動I	하다. (する)
乗る	のる	動I	타다. (전차를)
切る •	きる	動I	자르다.
知る •	しる	動I	알다.
帰る •	かえる	動I	돌아가다.
要る •	いる	動I	필요하다.
入る •	はいる	動I	들어가다.
走る •	はしる	動I	달리다.
蹴る •	ける	動I	차다. (공·발을)
耽る •	ふける	動I	열중하다. 골몰하다
握る •	にぎる	動I	잡다. 쥐다.
捻る •	ひねる	動I	비틀다. 곰곰이 생각하다. 의심스럽게 생각하다.
捩る •	ねじる	動I	비틀다. 돌리다.
滑る •	すべる	動I	미끄러지다.
焦る •	あせる	動I	답답해하다. 초조해 하다
限る •	かぎる	動I	공간·기간·수량을 한정하다
減る •	へる	動I	수량이 줄다. 배가고프다.
太る	ふとる	動I	살찌다. 뚱뚱하다.
痩せる	やせる	動II	살이 빠지다. 마르다. 여위다. ⇔ 肥える、太る。

間違える	まちがえる	動Ⅱ	틀리다. 잘못하다. 착각하다. 실패하다.
勤める	つとめる	動Ⅱ	근무하다.
出掛ける	でかける	動Ⅱ	외출하다.
降りる	おりる	動Ⅱ	내리다. (전차에서)
出る	でる	動Ⅱ	나가다.
電話をする	でんわをする	動Ⅲ	전화를 하다.
約束する	やくそくする	動Ⅲ	약속하다.

• な形容詞 (な형용사)

단 어	한자 읽는 법	의 미
素敵	すてき	멋있다. 훌륭하다. (사람, 디자인)

• フレーズ (문구, 관용구, phrase)

단 어	의 미
歩いて行きます。	걸어서 갑니다.
どうぞ召し上がってください。	자 어서 드십시오. (존경어)
いただきます。	잘 먹겠습니다. (겸양어) 잘 받겠습니다. (선물)
お帰りでしょうか。	돌아가십니까. (존경어)
お待ちください。	기다려 주세요. (존경어)
さあ。	자아 어서.
~さんをお願いします。	~씨를 부탁합니다.
そうしましょう。	그렇게 합시다.
失礼しました。	실례했습니다.
~に興味があります。	~에 흥미가 있습니다.
まだ分かりません。	아직 이해가 안 됩니다.
もしもし。	여보세요. (전화걸 때)
始めまして。	처음 뵙겠습니다.
よろしくお願いします。	잘 부탁합니다.

例文・説明 (예문·설명)

1.

図書館で 勉強し**ています**。	도서관에서 공부하고 있습니다.
田中さんは 結婚し**ています**。	다나까씨는 결혼했습니다.

▶ て形＋います : ～하고 있습니다.

　용법 : 동사(て形)＋います.

　의미 : 자동사의 경우는 현재진행형과 상태를 나타내고, 타동사의 경우는 현재진행형을 나타낸다.
　　　　 (자세한 것은 18과 자동사 타동사 참고)
　　　　 일반적으로(약 95%) 타동사의 현재진행형은 조사를가 온다.

1. 雨が 降っています。(자동사)

   비가 내리고 있습니다.

2. テレビを 見ています。(타동사)

   텔레비전을 보고 있습니다.

3. 駅で 友だちを 待っています。(타동사)

   역에서 친구를 기다리고 있습니다.

4. チンさんは 学園プラザで お弁当を 食べています。(타동사)

   진씨는 학원 광장에서 도시락을 먹고 있습니다.

5. ファッションショーを やっています。(타동사)
   패션쇼를 하고 있습니다.

6. A: チンさんは 今 何を していますか。(타동사)
   　 진씨는 지금 무엇을 하고 있습니까.
   B: エルエル教室で テープを 聞いています。(타동사)
   　 LL교실에서 테이프를 듣고 있습니다.

7. 鈴木さんは 本を 持っています。(타동사)
   스즈끼씨는 책을 들고 있습니다.

8. 吉田さんは テレビを 持っています。(타동사)
   요시다씨는 텔레비전을 가지고 있습니다.

9. 中島さんは 太っています。(자동사)
   나까지마씨는 뚱뚱합니다.

10. 鈴木さんは 痩せています。(자동사)
    스즈끼씨는 말랐습니다. (날씬합니다)

11. 山の手線は 混んでいます。(자동사)
    야마노떼센은 혼잡합니다.

12. 食堂は 三時ごろ 空いています。(자동사)
    식당은 3시경 한가합니다.

13. 虫が 死んでいます。(자동사)
    벌레가 죽어 있습니다.

2.

食堂へ 御飯を食べに 行きます。　　식당에 밥을 먹으러 갑니다.

▸ へ 　： ～에. ～으로.

의미 : 동작이 진행하는 방향을 나타낸다. 단 방향에서의 に와 へ는 구분 없이 사용된다.

▸ に 　： ～하러.

의미 : 목적을 나타낸다.

용법 : 동사(ます形) · 명사(단어)＋に行く(～하러가다) · に来る(～하러오다).

に出掛ける : ～하러 외출하다.

(동사ます형은 ます형에서 ます를 빼고 사용하면 된다.

(行きます → 行き 　·　食べます → 食べ)

동사	食べます+行きます。 먹습니다. 갑니다.	→	食べに 行きます。 먹으러 갑니다.
명사	食事+行きます。 식사. 갑니다.	→	食事に 行きます。 식사하러 갑니다.

1. 日曜日に 遊びに 来てください。

일요일에 놀러와 주세요.

2. 映画を 見に 行きましょう。

영화를 보러갑시다.

• 映画に 行きましょう。

영화 보러 갑시다.

3. 本を 買いに 行きます。

책을 사러 갑니다.

4. 土曜日に 買い物をしに 行きます。

   토요일에 쇼핑을 하러갑니다.

   - 新宿へ 行きます。服を 買います。   →   新宿へ 服を 買いに行きます。

     신쥬꾸에 갑니다. 옷을 삽니다.   신쥬꾸에 옷을 사러 갑니다.

---

5. 郵便局へ 切手を 買いに行きます。

   우체국에 우표를 사러 갑니다.

6. 学校へ 勉強しに 来ます。

   학교에 공부하러 옵니다.

7. 日本へ 日本語の 勉強を しに 来ました。

   일본에 일본어 공부를 하러 왔습니다.

8. A: どこへ 映画を 見に 行きますか。

      어디로 영화를 보러 갑니까.

   B: 新宿へ 映画を 見に 行きます。

      신쥬꾸로 영화를 보러 갑니다.

9. A: 日本へ 何を しに 来ましたか。

      일본에 무엇을 하러 왔습니까.

   B: 経済の 勉強を しに 来ました。

      경제 공부를 하러 왔습니다.

(O) 日本語を 勉強します。   일본어를 공부합니다.   (명사＋동사)

(O) 日本語の 勉強を します。 일본어 공부를 합니다. (명사＋명사＋동사)

(X) 日本語を 勉強を します。 (이런 문장은 없음)

3.

電車で行きます。	전차로 갑니다.
先生と話します。	선생님하고 이야기합니다.
うちから学園まで二十分掛かります。	집에서 학원까지 20분 걸립니다.

▸ で ： ～로. ～으로.
　의미 : 수단·방법·도구·재료 등에 사용한다.
▸ と ： ～하고. ～와. ～과.
　의미 : 동작을 같이하는 대상을 나타낸다.
▸ から ～まで : ～부터 ～까지.
　의미 : 동작이 일어나는 지점에서 끝나는 지점까지.

1. シャープペンで書きます。
   샤프펜으로 씁니다.

2. 日本語で話します。
   일본어로 이야기합니다.

3. バス(電車)で学校へ来ます。
   버스(전차)로 학교에 옵니다.

 • 歩いて来ます。
   걸어서 옵니다.

4. バス(電車)で二十分かかります。
   버스(전차)로 20분 걸립니다.

5. テレビ (新聞) で 見ました。

   텔레비전(신문)에서 보았습니다.

6. 韓国人は おはしとスプーンで 御飯を食べます。

   한국인은 젓가락과 숟가락으로 밥을 먹습니다.

7. 日本人は おはしで 食べますが、イギリス人は ナイフとフォークで 食
   べます。

   일본인은 젓가락으로 먹습니다만, 영국인은 칼과 포크로 먹습니다.

8. 大きい声で 言いました。

   큰소리로 말했습니다.

▶ と: 〜하고. 〜와. 〜과. (동작을 같이하는 대상을 나타낸다)

9. 友だちと 話しています。

   친구와 이야기하고 있습니다.

10. けんじさんは よしえさんと 結婚しました。

    겐지씨는 요시에씨와 결혼했습니다.

11. 田中さんと 約束しました。

    다나까씨와 약속했습니다.

▶ から 〜まで: 〜부터 〜까지.

12. 東京から 大阪まで 三時間 掛かります。

    도꾜에서 오오사까까지 3시간 걸립니다.

13. 東京から大阪まで 新幹線で 三時間掛かります。

도꾜에서 오오사까까지 신깐센으로 3시간 걸립니다.

14. うちから 学校まで バスで 十五分ぐらいです。

집에서 학교까지 버스로 15분 정도입니다.

15. A: うちから 学校まで どのぐらい掛かりますか。

집에서 학교까지 어느 정도 걸립니까.

B: 三十分ぐらい かかります。

30분 정도 걸립니다.

16. うちから 学校まで 歩きます。

집에서 학교까지 걷습니다.

4.

1. 喫茶店に 入ります。	찻집에 들어갑니다.
2. 電車に 乗ります。	전차를 탑니다.
3. 学校に 着きます。	학교에 도착합니다.
4. 喫茶店を 出ます。	찻집을 나옵니다.
5. 電車を 降ります。	전차에서 내립니다.
6. 新宿に 住んでいます。	신쥬꾸에 살고 있습니다.
7. 会社に 勤めています。	회사에 근무하고 있습니다.
8. 通学に 時間が 掛かります。	통학하는 데 시간이 걸립니다.

▶ に ：～을. ～를. ～에.
　의미 : 1. 공간이 있는 들어가는 장소를 나타낸다.
　　　　 2. 타는 물건을 탈 때는 무조건 に를 사용한다.
　　　　 3. 도착지점을 나타낸다.
　　　　 6. 住んでいる앞에 장소가 올 경우에는 무조건 に를 사용한다.
　　　　 7. 勤めている앞에 장소가 올 경우에는 무조건 に를 사용한다.
　　　　 8. 목적을 나타낸다.
▶ を ：～을. ～를.
　의미 : 4. 공간이 있는 나오는 장소를 나타낸다.
　　　　 5. 타는 물건에서 내릴 때는 무조건 を또는 から를 사용할 수 있다.
　　　　　 四谷駅で電車を降りてください。 요츠야 역에서 전차에서 내려 주세요.
　　　・단 공통점이 있을 때는 も를 사용하고 공통점이 없을 때는 は를 사용한다.
　　　・존재(存在)와 동작(動作)의 의미가 양쪽 다 있는 것은 に・で 양쪽 모두 사용할 수 있지만, 그
　　　　경우 に를 사용하면 존재의 의미가 되고, で를 사용하면 동작의 의미가 된다.
　　　　その本は どこに / で 売っていますか。　그 책은 어디에서 팔고 있습니까.

1. 教室に 入ります。

   교실에 들어갑니다.

2. 大学に 入ります。

   대학에 들어갑니다. (입학합니다)

3. 新宿で バス / タクシーに 乗ります。

   신쥬꾸에서 버스/택시를 탑니다.

4. 毎朝 八時 五十分に 学校に 着きます。

   매일 아침 8시 50분에 학교에 도착합니다.

5. 夕方 六時ごろ うちに 着きます。

   저녁 6시경에 집에 도착합니다.

6. 教室を 出ます。

   교실을 나옵니다.

7. 大学を 出ます。

   대학을 나옵니다. (졸업합니다)

8. 新宿で 電車を 降ります。

   신쥬꾸에서 전차에서 내립니다.

9. 寮に 住んでいます。

   기숙사에 살고 있습니다.

10. アパートに 住んでいます。

    아파트에 살고 있습니다.

11. 一人で 住んでいます。

    혼자서 살고 있습니다.

12. 友だちと 住んでいます。

    친구하고 살고 있습니다.

13. 銀行に 勤めています。

    은행에 근무하고 있습니다.

14. 宿題に 時間が 掛かります。

    숙제에 (하는데) 시간이 걸립니다.

15. 服に お金が 掛かります。

    옷에(사는데) 돈이 듭니다.

5.

> よしえさんは けんじさんの 奥さんで、日本語の 先生です。
>
> **요시에씨는 겐지씨의 부인이고, 일본어 선생님입니다.**

> よしえさんは日本語の 先生で、スミスさんは 英語の先生です。
>
> **요시에씨는 일본어 선생님이고, 스미스씨는 영어 선생님입니다.**

▸ で ： ~이고. (문장과 문장을 열거할 때 て形을 사용한다)
　의미 : 주어(주체)가 두 개일 경우는 무조건 て形으로 연결한다.

• 동사. で. て형. (では 동사 기본형의 끝 글자가 ぐ・ぬ・ぶ・む로 끝나는 동사에 한정된다)

田中さんは コーヒーを飲みました。田中さんは ケーキを食べました。

다나까씨는 커피를 마셨습니다. 다나까씨는 케이크를 먹었습니다.

→ 田中さんはコーヒーを飲んで、ケーキを食べました。

다나까씨는 커피를 마시고, 케이크를 먹었습니다.

田中さんは コーヒーを飲みました。山本さんは 紅茶を飲みました。

다나까씨는 커피를 마셨습니다. 야마모또씨는 홍차를 마셨습니다.

→ 田中さんはコーヒーを飲んで、山本さんは紅茶を飲みました。

다나까씨는 커피를 마시고, 야마모또씨는 홍차를 마셨습니다.

• い형용사. (기본형에서 い를 빼고 くて)

행위의 주체가 하나일 경우 다음과 같다.
부정문과 긍정문, 긍정문과 부정문일 때는 が를 사용하고,
부정문과 부정문, 긍정문과 긍정문일 때는 くて를 사용한다.
(が : ~지만. くて : ~이고)

これは 安いです。これは 美味しくないです。

이것은 쌉니다. 이것은 맛이 없습니다.

→ これは 安いですが、美味しくないです。

이것은 쌉니다만, 맛이 없습니다.

これは 安いです。これは 美味しいです。

이것은 쌉니다. 이것은 맛있습니다.

→ これは 安くて、美味しいです。

이것은 싸고, 맛있습니다.

- 행위의 주체가 둘일 경우 다음과 같다. (くて : ~이고)

　これは 安いです。あれは 高いです。　이것은 쌉니다. 저것은 비쌉니다.

→ これは 安くて、あれは 高いです。　이것은 싸고, 저것은 비쌉니다.

● な형용사。 (단어 + で)

행위의 주체가 하나일 경우는 다음과 같다.
부정문과 긍정문, 긍정문과 부정문일 때는 が를 사용하고.
부정문과 부정문, 긍정문과 긍정문일 때는 で를 사용한다.
(が : ~지만. で : ~이고)

　ここは 静かです。ここは きれいです。

　여기는 조용합니다. 여기는 깨끗합니다.

→ ここは 静かで、きれいです。

　여기는 조용하고, 깨끗합니다.

- 행위의 주체가 둘일 경우 다음과 같다. (で : ~이고)

　ここは 静かです。あそこは 賑やかです。

　여기는 조용합니다. 저기는 시끄럽습니다.

→ ここは 静かで、あそこは 賑やかです。

　여기는 조용하고, 저기는 시끄럽습니다.

● 명사。 (단어 + で) な형용사와 똑같이 활용된다.

　よしえさんは けんじさんの 奥さんです。よしえさんは 日本語の 先生です。

　요시에씨는 겐지씨의 부인입니다. 요시에씨는 일본어선생님입니다.

→ よしえさんは けんじさんの 奥さんで、日本語の 先生です。

　요시에씨는 겐지씨의 부인이고, 일본어선생님입니다.

　よしえさんは 日本語の 先生です。スミスさんは 英語の 先生です。

　요시에씨는 일본어선생님입니다. 스미스씨는 영어선생님입니다.

→ よしえさんは 日本語の 先生で、スミスさんは 英語の 先生です。

　요시에씨는 일본어선생님이고, 영어선생님입니다.

1. これは 本で、あれは 雑誌です。

   이것은 책이고, 저것은 잡지입니다.

2. 吉田さんは 優しくて きれいな 人です。

   요시다씨는 착하고 아름다운 여자입니다.

3. よしえさんは 結婚していて、かおりさんは 結婚していません。

   요시에씨는 결혼했고, 가오리씨는 결혼하지 않았습니다.

4. キムさんは 留学生で、経営学の 勉強をしています。

   김씨는 유학생이고, 경영학 공부를 하고 있습니다.

6.

A : 一緒に 行き**ませんか**。	같이 가지 않겠습니까.
A : 一緒に 行き**ましょうか**。	같이 가겠습니까.
B : はい、行きましょう。	예, 갑시다.

▸ ませんか   : ～하지 않겠습니까. (의향형)
▸ ましょうか : ～할까요. ～하겠습니까. (의향형)
　의미 : 상대편의 의향을 물을 때 사용한다.

1.　A: これ、食べませんか。

　　　이거, 먹지 않겠습니까.

　　B: ありがとうございます。いただきます。

　　　고맙습니다. 잘 먹겠습니다.

2.　A: これ、食べましょうか。

　　　이거, 먹겠습니까.

　　B: ありがとうございます。いただきます。

　　　고맙습니다. 잘 먹겠습니다.

3.　A: 一緒に映画を見ませんか。

　　　같이 영화를 보지 않겠습니까.

　　B: はい、見ましょう。

　　　예, 봅시다.

4.　A: 一緒に映画を見ましょうか。

　　　같이 영화를 보겠습니까.

　　B: はい、見ましょう。

　　　예, 봅시다.

7.

1. 始めまして、私は リンです。
   처음 뵙겠습니다, 저는 린입니다.

2. ソウルから 来ました。
   서울에서 왔습니다.

3. 日本語に 興味が あります。
   일본어에 흥미가 있습니다.

4. どうぞ よろしく お願いします。
   아무쪼록 잘 부탁합니다.
   どうぞ よろしく。
   아무쪼록 잘 부탁합니다.

8.

でんわ
電話。　　**전화.**

1. もしもし、田中さんの お宅ですか。
   여보세요, 다나까씨 댁입니까.

2. すみませんが、かおりさんを お願いします。
   미안합니다만, 가오리씨를 부탁합니다.

3. 何時ごろ お帰りでしょうか。
   몇 시경에 돌아오십니까.

4. 失礼しました。
   실례했습니다. 안녕히 계세요.

5. すみません、間違えました。
   미안합니다. 잘못 걸었습니다.

会話

1.

鈴木: チンさんは今何をしていますか。

진씨는 지금 무엇을 하고 있습니까.

中島: 図書館で本を読んでいます。

도서관에서 책을 읽고 있습니다.

鈴木: パクさんは?

박씨는?

中島: パクさんは教室でテープを聞いています。

박씨는 교실에서 테이프를 듣고 있습니다.

2.

パク: 今週の日曜日にどこかへ行きますか。

이번 주 일요일에 어딘가에 갑니까.

チン: ええ、新宿へ映画を見に行きます。

예, 신쥬꾸로 영화를 보러 갑니다.

パク: いいですね。

부럽네요. (좋겠네요)

チン: パクさんもどこかへ行きますか。

박씨도 어딘가에 갑니까.

パク: いいえ、私はうちで勉強します。

아니오, 나는 집에서 공부합니다.

3.

パク: コウさんは どこに 住んでいますか。

고씨는 어디에 살고 있습니까.

コウ: 横浜に 住んでいます。

요꼬하마에 살고 있습니다.

パク: 遠いですね。どのぐらい 掛かりますか。

멀군요. 어느 정도 걸립니까.

コウ: うちから 学校までですか。

집에서 학교까지입니까.

パク: はい。

예.

コウ: そうですね。電車で 一時間半ぐらいです。

그렇군요. (생각할 때 아무 의미 없이 던지는 말) 전차로 1시간 반 정도입니다.

パク: 大変ですね。何時ごろ うちを 出ますか。

힘들겠군요. 몇 시경에 집을 나옵니까.

コウ: 七時ごろ うちを 出て 石川町駅で 電車に 乗ります。そして、東京駅で 中央線に 乗ります。新宿駅で 電車を 降りて 学校まで 歩きます。

7시경에 집을 나와서 이시가와 역에서 전차를 탑니다. 그리고, 도꾜역에서 중앙선을 탑니다. 신쥬꾸역에서 전차에서 내려서 학교까지 걸어갑니다.

パク: 何時ごろ 学校に 着きますか。

몇 시경에 학교에 도착합니까.

コウ: 八時 四十分ごろ 着きます。

8시 40분경에 도착합니다.

パク: 電車は 混んでいますか。

전차는 혼잡합니까.

コウ: ええ、とても 混んでいます。毎日大変です。

예, 대단히 혼잡합니다. 매일같이 힘듭니다.

4.

コウ: チンさんは 今どこに 住んでいますか。

진씨는 지금 어디에 살고 있습니까.

チン: 桜寮に 住んでいます。

사쿠라 기숙사에 살고 있습니다.

コウ: 近くて 便利ですね。

가까워서 편리하겠군요.

チン: コウさんは どこに 住んでいますか。

고씨는 어디에 살고 있습니까.

コウ: 横浜に 住んでいます。

요꼬하마에 살고 있습니다.

5.

原 : 授業は 何時に 終わりますか。

수업은 몇 시에 끝납니까.

サイ: 三時に 終わります。

3시에 끝납니다.

原 : そのあと 何をしますか。

그리고 나서 무엇을 합니까.

サイ: 喫茶店へ 行って 友だちと 話します。

찻집에 가서 친구하고 이야기합니다.

6.

原 : 昨日 どこかへ 行きましたか。

어제 어딘가에 갔었습니까.

サイ: ええ。チンさんと デパートへ 行きました。

예. 진씨하고 백화점에 갔었습니다.

原 : 何を 買いましたか。

무엇을 샀습니까.

サイ: 私は セーターを 買って、チンさんは 靴を 買いました。

나는 스웨터를 사고, 진씨는 구두를 샀습니다.

7.

私は チンです。台湾から 来ました。

저는 진입니다. 타이완에서 왔습니다.

私は ファッションに 興味が あります。

저는 패션에 흥미가 있습니다.

今 横浜に 住んでいます。横浜は 賑やかです。

지금 요꼬하마에 살고 있습니다. 요꼬하마는 번화가입니다.

私は よく 中華街へ 御飯を 食べに 行きます。

저는 자주 차이나타운에 밥을 먹으러 갑니다.

皆さんも 中華街へ 遊びに 来てください。

여러분도 차이나타운에 놀러 오세요.

どうぞ よろしく お願いします。

그럼 잘 부탁드립니다.

8.

山本: もしもし、林先生の お宅ですか。

여보세요, 하야시선생님 댁입니까.

ユン: いいえ、違^{ちが}います。

아니오, 잘못 걸었습니다(아닙니다).

山本: すみません。間違^{まちが}えました。

미안합니다. 실례했습니다.

9.

チン: もしもし。

여보세요.

ソン: はい。ソウル大学^{だいがく}です。

예. 서울대학교입니다.

チン: ビー七^{のなな}の チンですが、キム先生^{せんせい}を お願^{ねが}いします。

B-7의 진입니다만, 김선생님을 부탁합니다.

ソン: はい、少々^{しょうしょう}お待^まちください。

예, 잠깐만 기다려 주십시오.

10.

ユリ: もしもし、鈴木^{すずき}さんの お宅^{たく}ですか。

여보세요, 스즈끼씨 댁입니까.

鈴木^{すずき}: はい、そうです。

예, 그렇습니다.

ユリ: すみません、かおりさんを お願^{ねが}いします。

미안합니다만, 가오리씨를 부탁합니다.

鈴木^{すずき}: さっき 出掛^{でか}けましたが。

조금 전에 외출했습니다만,

ユリ: 何時^{なんじ}ごろ お帰^{かえ}りでしょうか。

몇 시경에 돌아오십니까.

鈴木: さあ、分かりません。

그건 (저, 글쎄), 잘 모르겠습니다.

ユリ: そうですか。じゃ、また後で電話します。失礼しました。

그렇습니까. 그렇다면, 또 나중에 전화하겠습니다. 실례했습니다.

1.

パク: チンさん、食堂へ ご飯を 食べに 行きましょう。
しょくどう はん た い

진씨, 식당으로 밥을 먹으러 갑시다.

チン: はい。

예.

パク: 今日は 食堂が ずいぶん 混んでいますね。
きょう しょくどう こ

오늘은 식당이 상당히 혼잡하군요.

チン: お弁当を 買って 外で 食べましょうか。
べんとう か そと た

도시락을 사서 밖에서 먹을까요.

パク: そうですね。そうしましょう。

그렇군요. (생각할 때 아무 의미 없이 던지는 말). 그렇게 합시다.

中略 중략
ちゅうりゃく

パク: 今日は いい お天気ですね。
きょう てんき

오늘은 좋은 날씨네요.

チン: ずいぶん 沢山の 人が 外で ご飯を 食べていますね。
たくさん ひと そと はん た

꽤 많은 사람이 밖에서 밥을 먹고 있군요.

パク: ああ、コウさん 一緒に お弁当を 食べませんか。
いっしょ べんとう た

예, 고씨 같이 도시락을 먹지 않겠습니까.

コウ: いいですか。

　　　괜찮겠습니까.

パク: はい。チンさん、こちらは コウさんです。同^{おな}じ クラスの 学生^{がくせい}です。

　　　예. 진씨, 이쪽은 고씨입니다. 같은 과(클래스)학생입니다.

チン: 私は チンです。どうぞ よろしく。

　　　저는 진입니다. 잘 부탁합니다.

コウ: コウです。よろしく。チンさんも すみれ寮^{りょう}ですか。

　　　고입니다. 잘 부탁합니다. 진씨도 제비꽃기숙사입니까.

チン: はい。私は 二一〇号室^{にいちぜろごうしつ}に 住^すんでいて、パクさんは 二〇九号室^{にぜろきゅうごうしつ}に 住

んでいます。

　　　예. 나는 210호실에 살고 있고, 박씨는 209호실에 살고 있습니다.

コウ: 便利^{べんり}でいいですね。

　　　편리해서 좋겠군요.

チン: コウさんは どこに 住^すんでいますか。

　　　고씨는 어디에 살고 있습니까.

コウ: 私は 横浜^{よこはま}に 住^すんでいます。

　　　나는 요꼬하마에 살고 있습니다.

パク: じゃあ、通学^{つうがく}に 時間^{じかん}がかかりますね。

　　　그러면, 통학하는 데 시간이 걸리겠군요.

コウ: はい。うちから 学校^{がっこう}まで 電車^{でんしゃ}で 二時間^{にじかん}ぐらい 掛^かかります。

　　　예. 집에서 학교까지 전차로 2시간 정도 걸립니다.

チン: 大変^{たいへん}ですね。

　　　힘드시겠군요.

パク: ロッテホテルの 前に沢山 人がいますね。

　　　롯데호텔 앞에 많은 사람이 있군요.

コウ: そうですね。大学の 人達が 何かやっていますよ。

　　　그렇군요. 대학생들이 무엇인가 하고 있습니다.

チン: 見に 行きましょうか。

　　　보러 갈까요.

パク・コウ: はい、行きましょう。

　　　예, 갑시다.

コウ: あっ、ファッションショーを やっていますよ。

　　　앗, 패션쇼를 하고 있습니다.

チン: あの 女の人の スカートは 面白いですね。

　　　저 여학생의 스커트는 재미있군요.

コウ: そうですね。チンさんは ファッションに 興味がありますか。

　　　그러네요. 진씨는 패션에 흥미가 있습니까.

チン: はい。

　　　예.

コウ: 学校を 出て 何をしますか。

　　　학교를 나와서(졸업하고) 무엇을 합니까.

チン: ファッションの 勉強をします。コウさんは?

　　　패션공부를 합니다. 고씨는?

パク: 私は まだ 分かりません。

　　　나는 아직 모르겠습니다.

コウ: あっ、ウエディングドレスですよ。

　　　앗, 웨딩드레스입니다.

チン・コウ: 素敵ですね。

　　　멋있군요.

第九課
(だいきゅうか)

田中さんは来ると言いました。
다나까씨는 온다고 말했습니다.

語句 (어구, 말)

단 어	한자 읽는 법	의 미
春	はる	봄.
夏	なつ	여름.
秋	あき	가을.
冬	ふゆ	겨울.
頭	あたま	머리.
首	くび	목.
顔	かお	얼굴.
目	め	눈.
鼻	はな	코.
口	くち	입.
耳	みみ	귀.
手	て	손.
足	あし	다리.
背	せ	키.
指	ゆび	손가락.
髪	かみ	머리카락.
風	かぜ	바람.
風邪 ・	かぜ	감기.
お金	おかね	돈.
気温	きおん	기온.
薬	くすり	약.
基本体	きほんたい	기본체.
上着 ・	うわぎ	상의. 겉옷.
下着 ・	したぎ	속옷.
靴	くつ	구두.
靴下 ・	くつした	양말.

校外学習	こうがいがくしゅう	교외학습.
木の葉 ・	このは	나뭇잎.
今晩	こんばん	오늘 밤.
再試	さいし	재시험.
小説	しょうせつ	소설.
購買	こうばい	구매.
多分	たぶん	아마. (추측)
果物 ・	くだもの	과일.
飲み物	のみもの	음료수.
食べ物	たべもの	음식.
なし		배. (과일)
話	はなし	이야기.
帽子 ・	ぼうし	모자.
道	みち	길.
南口	みなみぐち	남쪽 문.
もっと		좀 더. 더욱더.
用	よう	용건. 볼일.
指輪 ・	ゆびわ	반지.
紀伊国屋	きのくにや	기노꾸니야. (지명)
奈良 ・	なら	나라. (지명)
高橋	たかはし	다까하시. (성씨)
イヤリング	earring	귀걸이.
ネックレス	necklace	목걸이.
ガールフレンド	girlfriend	여자 친구.
グループ	group	그룹
ジーパン	jeans pants	청바지.
ズボン	jupon (불어)	바지.
ネクタイ	necktie	넥타이.
ビデオ	video	비디오.
ブラウス	blouse	블라우스.
ベルト	belt	벨트.
ワシントンホテル	Washington Hotel	워싱턴 호텔.

• 動詞 (동사)

기본형·사전형	한자 읽는 법	동사구분	의 미
会う	あう	動 I	만나다.
使う	つかう	動 I	사용하다.
思う	おもう	動 I	생각하다.
立つ	たつ	動 I	서다.
知る ●	しる	動 I	알다.
困る	こまる	動 I	곤란하다.
被る	かぶる	動 I	쓰다. (모자)
取る	とる	動 I	벗다. (모자·안경)
履く	はく	動 I	신다. 입다. (속옷, 구두, 양말, 바지)
脱ぐ		動 I	벗다.(상의, 하의를)
着る	きる	動 II	입다. (상의)
受ける	うける	動 II	받다. 시험을 보다.
出来る	できる	動 II	할 수 있다. 가능하다.
忘れる	わすれる	動 II	잊어버리다.
(眠鏡を)掛ける	めがねをかける	動 II	안경을 쓰다.
食事(を)する	しょくじをする	動 III	식사를 하다.

• い 形容詞 (い형용사)

단 어	한자 읽는 법	의 미
明るい	あかるい	밝다.
暑い	あつい	덥다.
厳しい	きびしい	엄하다.
暗い	くらい	어둡다.
寒い	さむい	춥다.
茶色い	ちゃいろい	갈색.
低い	ひくい	낮다. (산·키)

• な形容詞 (な형용사)

단어	한자 읽는 법	의미
大丈夫	だいじょうぶ	괜찮다.

• フレーズ (문구, 관용구, phrase)

단어	의미
え。	깜짝 놀랐을 때.(えっ)
さあ。	확실한 대답을 회피할 때.(글쎄)
お元気ですか。	건강하십니까.(안부를 물을 때)
遅くなりました。	늦었습니다. 지각했습니다.
こんにちは。	낮 인사.
じゃあ。	그러면.(じゃ・では)
どうしますか。	어떻게 하겠습니까.
~よね。	재차 확인해서 물어 볼 때.
だんだん。	점점.(지금의 상태보다 발전될 때) (どんどん・ますます)

例文・説明 (예문·설명)

1.

基本体。 (현재·현재부정형)

	辞書形 (사전형)	肯定形 (긍정형)		否定形 (부정형)	
		ます·です	基本体 (기본체)	ません	基本体 (기본체)
動詞	書く　動Ⅰ	書きます	書く	書きません	書かない
	食べる　動Ⅱ	食べます	食べる	食べません	食べない
	する　　動Ⅲ	します	する	しません	しない
	来る　　動Ⅲ	来ます	来る	来ません	来ない
	ある　　·	あります	ある	ありません	ない
い 形容詞	高い	高いです	高い	高く ありません	高くない
な 形容詞	静か	静かです	静かだ	静かじゃ ありません	静かじゃ ない
名詞	本	本です	本だ	本じゃ ありません	本じゃ ない

▶ 동사(기본체)·부정형 만드는 법.(動詞 基本体·否定形の作り方)

· 동사Ⅰ. (あ段＋ない). (단 ある는 예외.)
　(단 기본형의 끝 글자가 <u>う</u>로 끝나는 것은 <u>あ</u>가 아닌 <u>わ</u>로 변한다)

辞書形 사전형	否定形(ない形) 부정형(ない형)	辞書形에서 あ段＋ない				
買<u>う</u>	か<u>わ</u>ない　(사지 않는다)	<u>わ</u>	い	う	え	お
書<u>く</u>	か<u>か</u>ない　(쓰지 않는다)	<u>か</u>	き	く	け	こ
読<u>む</u>	よ<u>ま</u>ない　(읽지 않는다)	<u>ま</u>	み	む	め	も
降<u>る</u>	ふ<u>ら</u>ない　(내리지 않는다)	<u>ら</u>	り	る	れ	ろ

· 동사Ⅱ. (기본형·사전형에서 る만 빼고 ない)

辞書形 (사전형)	기본형·사전형에서 る만 빼고 ない
食べ<u>る</u>	たべ　<u>ない</u>　(먹지 않는다)
見　<u>る</u>	み　　<u>ない</u>　(보지 않는다)

· 동사Ⅲ.

辞書形 (사전형)	부 정 형 (ない形)
する	しない　(하지 않는다)
来る	来ない　(오지 않는다)

2.

田中さんは 来ると ┌ 言っていました。
                └ 言いました。

다나까씨는 온다고 말했었습니다.
다나까씨는 온다고 말했습니다.

▶ と言う : ～라고 말하다.
　용법　 : 동사(기본체) + と言う。

　의미　 : 남에게 듣고 남에게 이야기하는 전문(伝聞)이다.

▶ 言っていました : 말하고 있었습니다.
　의미　 : 동작이 이루어진 장소에서 직접 보고들은 이야기를 남에게 전달할 때 사용한다.

▶ 言いました : 말했습니다.(전문)
　의미　 : 남에게 들은 이야기를 전달할 때 사용한다.

1.　田中さんは 来ると 言っていましたが、来ませんでした。

　　다나까씨는 온다고 말했었습니다만, 오지 않았습니다.

2.　A: 鈴木さんは どこですか。

　　　스즈끼씨는 어디에 있습니까.

　　B: ちょっと 外へ 食事を しに 行くと 言っていました。

　　　잠깐 밖으로 식사를 하러 간다고 말했었습니다.

3.　A: 今 先生は 何と 言いましたか。

　　　지금 선생님은 뭐라고 말했습니까.

　　B:「宿題を 出してください。」と 言いました。

　　　「숙제를 제출해 주세요.」라고 말했습니다.

3.

田中さんは 来ると 思います。　　다나까씨는 온다고 생각합니다.

田中さんは 来ないと 思います。　　다나까씨는 오지 않는다고 생각합니다.

▸ 기본체 + と 思う : ～라고 생각한다.

사전형(辞書形)과 기본형의 차이는 동사·い형용사는 같고 명사·な형용사는 다르다. 명사·な형용사
의 기본형은 단어 끝에 だ가 오고 사전형은 단어 뒤에 だ가 오지 않는다.

용법 : 동사·い형용사·な형용사·명사(기본체) + と 思う。

의미 : 자기의 생각에서 나오는 추측의 문장이다.

1. 知子さんは 部屋に いると 思います。

   도모꼬씨는 방에 있다고 생각합니다.

2. この本は とても 難しいと 思います。

   이 책은 매우 어렵다고 생각합니다.

3. 幸子さんは きれいだと 思います。

   사찌꼬씨는 예쁘다고 생각합니다.

4. あしたは 雨だと 思います。

   내일은 비가 올 것이라고 생각합니다.

4.

田^{なか}中さんは 多分^{たぶん} 来^くる<u>でしょう</u>。　다나까씨는 아마 오겠지요.

▸ でしょう：~이겠지요. (だろう의 정중체이다)

　용법 : 동사·い형용사·な형용사·명사 (기본체)+でしょう。

・例外 예 외	基本体 (肯定·現在) 기본체 (긍정·현재)	でしょう形 だろう形
な形容詞^{けいようし} な형용사	賑^{にぎ}やかだ	賑^{にぎ}やか+でしょう 賑^{にぎ}やか+だろう
名詞^{めいし} 명사	田中^{たなか}さんだ	田中^{たなか}さん+でしょう 田中^{たなか}さん+だろう

　의미 : 하나의 내용을 추량·상상하는 의미를 나타낸다. 의문의 승조(昇調) 인토네이션을 동반할 때는
　　　　상대에게 확인을 요할 때 사용한다.

▸ だろう：~이겠지. (반말이기 때문에 정중어로는 사용하지 않는다)

▸ たぶん：아마. 대개. (おそらく·おおかた·どうやら)
　　　　　뒷문장은 반드시 추측의 문장이 온다.

1. 田中^{たなか}さんは たぶん 来^こないでしょう。
   다나까씨는 아마 오지 않겠지요.

2. タクシーは すぐ 来^くるでしょう。
   택시는 곧 오겠지요.

3. あしたの 朝^{あさ}は 寒^{さむ}いでしょう。
   내일 아침은 춥겠지요.

4. 来週^{らいしゅう}は たぶん 暇^{ひま}でしょう。
   다음 주는 아마 한가하겠지요.

5. 明日は 雨でしょう。

    내일은 비가 오겠지요.

6. 金さんは 親切でしょう。

    김씨는 친절하겠지요.

7. 金さんは明日もたぶん来るでしょう。

    김씨는 내일도 아마 오겠지요.

5.

毎日(まいにち) 早(はや)く 起(お)きます。　　매일 일찍 일어납니다.

▸ 早いです + 起きます → 早く 起きます : ～일찍 일어납니다.
　용법 : い형용사가 동사를 수식할 때는 기본형의 い가 く로 바뀌고 な형용사가 동사를 수식할 때는
　　　　(단어 + に)로 바뀐다.
　　　　い형용사는 기본형에서 い를 빼고 く를 접속하면 부사가 되기도 하고 명사형도 된다.
　의미 : 동사를 수식(修飾 : 말의 의미를 한정해서 설명함)한다.

1. 昨日(きのう) 遅(おそ)く 寝(ね)ました。

   어제 늦게 잤습니다.

2. 早(はや)く 帰(かえ)りましょう。

   빨리 돌아갑시다.

3. 大(おお)きく 書(か)いてください。

   크게 써주세요.

4. 暗(くら)く してください。

   어둡게 해주세요.

5. 部屋(へや)をきれいに してください。

   방을 깨끗하게 해주세요.

6.

外が暗くなりました。　　밖이 어두워졌습니다.
部屋を暗くしました。　　방을 어둡게 했습니다.

▸ なる : ～해 지다. ～가 되다.
　의미 : なる는 앞에 오는 말에 따라 사물이 변화하기도 하고, 자연外의 성질·상태로 변하는 것을
　　　　의미한다. する와 마찬가지로 이용범위가 넓다.
　　　　する는 주어의 의지로 동작을 하기도 하고, 그러한 상태로 하는 것에 대해서, なる는 자연적인
　　　　것 같은 결과가 되는 것을 나타낸다.

• 자신의 의지와는 상관없이 자연의 큰 힘에 의해 서서히 변화하는 것.		
い形容詞	暖かくなる。	따뜻해지다.
名詞	雨になる。	비가 되다.
な形容詞	きれいになる。	예뻐지다.
• 시간의 경과와 함께 변화하는 것.		
い形容詞	景気がよくなりました。	경기가 좋아졌습니다.
名詞	五年になる。	5년이 되다.
な形容詞	親切になりました。	친절해졌습니다.

▸ する : ～로 하다.
　의미 : 물리적인 힘이나 인위적인 힘을 가했을 때, 자기의 의지가 포함되며 규칙적인 상황이나 습관적인
　　　　것에 사용한다.

　　해가 져서 날씨가 어두워졌다면　（暗くなります。　어두워졌습니다）

　　전등을 꺼서 어둡게 했다면　　　（暗くします。　어둡게 했습니다）

い形容詞 (기본형에서 い를 빼고)	な形容詞·名詞 (단어 + に)
くなります ・ くします	になります ・ にします

1. 秋には 木の葉が 赤く なります。

   가을에는 나뭇잎이 빨갛게 됩니다.(紅葉 · 紅葉 : 단풍)

2. 勉強が 面白く なりました。

   공부가 재미있어졌습니다.

3. 七月には 気温が 高く なります。

   7월에는 기온이 높아집니다.

4. お金が なく なりました。

   돈이 없어졌습니다.

5. 子供は だんだん 大きく なりました。

   아이는 점점 자랐습니다.

6. 部屋を 涼しく しました。

   방을 시원하게 했습니다.

7. 部屋を きれいに しました。

   방을 깨끗하게 했습니다.

7.

田中さんに 会いました。	다나까씨를 만났습니다.

田中さんと 会いました。	다나까씨 하고 만났습니다.

▶ にあいます : ~를 만납니다.
▶ に   : ~을. ~를.
▶ と   : ~하고. ~와. (동작을 같이하는 대상을 나타낸다)
　의미 : 대상을 만날 때 조사는 반드시 に를 사용한다. に를 대신해서 と를 사용할 수 있다.

1. 昨日の パーティーで 吉田さんに 会いました。

　 어제 파티에서 요시다씨를 만났습니다.

2. 今日 三時に 新宿駅の 南口で よしえさんに 会います。

　 오늘 3시에 신쥬꾸 역 남쪽 문에서 요시에씨를 만납니다.

3. あした 田中さんに 会います。

　 내일 다나까씨를 만납니다.

4. 昨日 家の 前で 事故に 会いました。

　 어제 집 앞에서 사고를 만났습니다. (당했습니다. 났습니다)

8.

鈴木さんと いう 人に 会いました。　　スズキ씨라고 하는 사람을 만났습니다.

▸ と いう : ~라고 하는.

　용법 : 명사(名詞) + と いう。

　의미 : 앞문장을 설명할 때 사용한다.

1. 昨日 納豆という 食べ物を 食べました。

　어제 낫또라고 하는 음식을 먹었습니다.

2. 学校の 側に ワシントンホテルという ホテルが あります。

　학교 근처에 워싱턴호텔이라고 하는 호텔이 있습니다.

3. 私は 金さんという 人が 好きです。

　나는 김씨라고 하는 사람을 좋아합니다.

4. 私は 金さんという 人に 会いました。

　나는 김씨라고 하는 사람을 만났습니다.

9.

A : 田中さんを 知っていますか。   다나까씨를 알고 있습니까.
B : はい、知っています。   예, 알고 있습니다.
B : いいえ、知りません。   아니오, 모릅니다.

▶ しっています : 알고 있습니다. (사람을·사물을)

▶ 知りません : 모르겠습니다. (개인의 경험에 비추어)

　의미 : 존재하는 사물을 두뇌(頭脳)에서 파악하는 작용이나 행위.

▶ 分かりません : 모르겠습니다. 이해가 안 됩니다.

　의미 : 원래부터 존재하는 내용의 실태, 그 내용·성질·가치·의미·원인·이유·결과라고 한 사실을
　　　이해하는 것.

1.　A: この 漢字を 知っていますか。

　　이 한자를 알고 있습니까.

　　B: いいえ、知りません。

　　아니오, 모릅니다.

2.　A: 田中さんの 電話番号を 知っていますか。

　　다나까씨의 전화번호를 알고 있습니까.

　　B: いいえ、知りません。

　　아니오, 모릅니다.

3.　A: 英語科の 吉田さんという 人を 知っていますか。

　　영어과의 요시다씨라고 하는 사람을 알고 있습니까.

　　B: いいえ、知りません。

　　아니오, 모릅니다.

4. A: 東京タワーがどこにあるか 知っていますか。

도꾜 타워가 어디에 있는지 알고 있습니까.

B: はい、知っています。

예, 알고 있습니다.
いいえ、知りません。
아니오, 모릅니다.

10.

山本{やまもと}さんは 眼鏡{めがね}を 掛{か}けています。　야마모또씨는 안경을 쓰고 있습니다.

▸ て形＋います ：〜하고 있습니다.
　용법 : 동사(て形)＋います。(타동사(て形)＋いる는 현재진행형이다)
　의미 : 문법적으로는 현재진행형이지만, 의미는 상태적인 뉘앙스를 갖고 있다.

1. けんじさんは 青{あお}い 上着{うわぎ}を 着{き}ています。
   겐지씨는 파란 옷(겉옷, 상의)을 입고 있습니다.

2. よしえさんは 赤{あか}い スカートを 履{は}いています。
   요시에씨는 빨간 스커트를 입고 있습니다.

3. よしえさんは 赤{あか}い 上着{うわぎ}(スカート)を 脱{ぬ}いでいます。
   요시에씨는 빨간 겉옷(스커트)을 벗고 있습니다.

4. よしえさんは 白{しろ}い 帽子{ぼうし}を 被{かぶ}っています。
   요시에씨는 하얀 모자를 쓰고 있습니다.

5. けんじさんは 時計{とけい}を しています。
   겐지씨는 시계를 차고 있습니다.
   よしえさんは 時計{とけい}を していません。
   요시에씨는 시계를 차고 있지 않습니다.

上着 (겉옷) セーター (스웨터) ブラウス (블라우스) シャツ (셔츠)	を着る。 ~를 입다. を脱ぐ。 ~를 벗다.	帽子を被る。　　　모자를 쓰다. 眼鏡を掛ける。　　안경을 끼다. 帽子(眼鏡)を取る。 모자(안경)를 벗다.	
ズボン (바지) スカート (스커트) ジーパン (청바지) 靴下 (양말) 靴 (구두)	を履く。 ~를 입다. ~을 신다.	イヤリング (귀걸이) ネクタイ (넥타이) ネックレス (목걸이) ベルト (벨트) 時計 (시계) 指輪 (반지)	をする。 ~을 하다. ~를 차다.

11.

山本(やまもと)さんは 背(せ)が 高(たか)いです।   야마모또씨는 키가 큽니다.

▸ は   : ~은. ~는.

의미 : 하나의 주제를 제시하고, 판단·叙述(순서적으로 조리 있게 씀)을 끌어낸다.

▸ が   : ~이. ~가.

의미 : 체언 또는 체언성의 말에 접속한다. 명사에 접속하여 주어임을 나타낸다. 술어(述語:주어에 붙어서, 그 동작·작용·상태를 서술하는 말)가 형용사 같은 상태사의 경우의 명사는 새로운 정보를 나타낸다. 간단히 말해 주어나 명사가 い형용사를 수식할 때는 조사 が가 온다.

1. 鈴木(すずき)さんは 髪(かみ)が 長(なが)いです。

   스즈끼씨는 머리가 깁니다.

2. 鈴木(すずき)さんは 色(いろ)が 白(しろ)くて 目(め)が 大(おお)きいです。

   스즈끼씨는 피부가(얼굴이) 하얗고 눈이 큽니다.

3. 山本(やまもと)さんは 足(あし)が 長(なが)いです。

   야마모또씨는 다리가 깁니다.

4. 田中(たなか)さんは 顔(かお)がいいです。

   다나까씨는 얼굴이 잘생겼습니다.

5. 田中(たなか)さんは 口(くち)がうまいです。

   다나까씨는 말을 잘합니다. (口達者(くちだっしゃ) : 말을 잘하는 사람)

6. 崔さんは 腕がいいです。

   최씨는 실력이 좋습니다.

7. マリさんは 鼻が高いです。

   마리씨는 코가 높습니다. (콧대가 셉니다 : 관용구)

●体。(몸)

髪	かみ	머리카락	腕	うで	팔
頭	あたま	머리	手	て	손
顔	かお	얼굴	足	あし	다리
目	め	눈	指	ゆび	손가락
鼻	はな	코	足指	あしゆび	발가락
口	くち	입	手首	てくび	손목
耳	みみ	귀	足首	あしくび	발목
首	くび	목	膝	ひざ	무릎
胸	むね	가슴	尻	しり	엉덩이
腹	はら	배	手の平	てのひら	손바닥
腰	こし	허리	足裏	あしうら	발바닥

12.

> 眼鏡を 掛けている 人が 山本さんです。
> 안경을 쓰고 있는 사람이 야마모또씨입니다.

▶ 동사(현재진행형)＋人 : ～하고 있는 사람.
　용법 : 동사(て形)　＋います。(타동사의 현재진행형)
　　　　동사(기본체) ＋ 人 (모든 명사)

　　　　い형용사(기본체)＋人(명사) : ～한 사람. (優しい人 : 착한 사람)

　　　　な형용사(な)　　＋人(명사) : ～한 사람. (静かな人 : 조용한 사람)

　　　　명사(の)　　　＋人(명사) : ～의 사람. (会社の人 : 회사 사람)
　의미 : 타동사의 현재진행형이며 의미는 상태적인 뉘앙스를 갖고 있다.
　　　　동사가 명사를 수식할 때는 동사(기본체)＋명사가 된다.

1. A: どの人が 山本さんですか。

　　누가 야마모또씨입니까.

　 B: 眼鏡をかけている 人が山本さんです。

　　안경을 쓰고 있는 사람이 야마모또씨입니다.

2. 本を 買う人は 購買へ 行ってください。

　책을 살 사람은 구매점으로 가주세요.

3. 高橋さんは あそこで 話をしている 人です。

　다까하시씨는 저기에서 이야기를 하고 있는 사람입니다.

4. あそこで 封筒を買っている 人は 鈴木さんです。

　저기에서 봉투를 사고 있는 사람은 스즈끼씨입니다.

5.　立^たっている人^{ひと}は 田中^{たなか}さんで、座^{すわ}っている人^{ひと}は 山本^{やまもと}さんです。

　　서있는 사람은 다나까씨이고 앉아있는 사람은 야마모또씨입니다.

6.　あの背^せが 高^{たか}い 人^{ひと}が 山本^{やまもと}さんです。

　　저기 키가 큰 사람이 야마모또씨입니다.

7.　元気^{げんき}な 人^{ひと}は 歩^{ある}いてください。

　　건강한 사람은 걸어 주세요.

8.　パクさんは 日本語科^{にほんごか}の 学生^{がくせい}です。

　　박씨는 일본어과의 학생입니다.

13.

御飯を 食べる 時 (は)、はしを 使います。

밥을 먹을 때(는), 젓가락을 사용합니다.

▶ 時 : ~할 때. ~일 때.(조사 は는 생략해도 되고 생략하지 않아도 된다)

용법 : 동사 　　　 (기본체) + 時: ~할 때. 　(飲む 時 마실 때)

　　　 い형용사 (기본체) + 時: ~할 때. 　(暑い 時 더울 때)

　　　 な형용사 (な) 　　 + 時: ~할 때. 　(暇な 時 한가할 때)

　　　 명사 　　 (の) 　　 + 時: ~할 때. 　(雨の 時 비올 때)

1. 本を 読む 時 (は)、眼鏡を かけます。

　 책을 읽을 때(는), 안경을 씁니다.

2. 寒い 時 (は)、セーターを 着ます。

　 추울 때(는), 스웨터를 입습니다.

3. 暇な 時 (は)、小説を 読みます。

　 한가할 때(는), 소설을 읽습니다.

4. 病気の 時 (は)、薬を 飲みます。

　 병에 걸렸을 때(는), 약을 마십니다.

14.

用_{よう}があって 遅_{おそ}くなりました。　　용무가 있어서 늦었습니다.

▸ て　：〜해서. 〜이기 때문에.
　용법 : 동사 (て · で)
　　　　(で는 동사 기본형의 끝 글자가 ぐ · ぬ · ぶ · む로 끝나는 동사에 한정된다)
　　　　い형용사(기본형에서 い를 빼고) + くて。
　　　　な형용사(단어) · 명사(단어) + で。
　의미 : 조건의 관계를 나타낸다. 두 문장의 관계로, 계기(契機_{けいき}), 또는 원인 · 이유의 의미를 포함한다.

1. 教科書_{きょうかしょ}を忘_{わす}れて困_{こま}りました。
　교과서를 잊어버려서 곤란했습니다.

2. 遅_{おそ}くなって失礼_{しつれい}しました。
　늦어서(지각해서)미안합니다.

3. 難_{むずか}しくてわかりません。
　어려워서 모르겠습니다. (이해가 안 됩니다)

4. 賑_{にぎ}やかで楽_{たの}しいです。
　활기차서(사람이 많아서)즐겁습니다.

5. 病気_{びょうき}で休_{やす}んでいます。
　병이어서 쉬고 있습니다. (결석했습니다)

6. 道_{みち}が混_こんでいて遅_{おそ}くなりました。
　길이 혼잡해서 늦었습니다.

会話

1.

鈴木: 田中さんは来ますか。

　다나까씨는 옵니까.

中島: はい、来ると思います。

　예, 온다고 생각합니다.

鈴木: 山本さんも来ますか。

　야마모또씨도 옵니까.

中島: いいえ、山本さんは多分来ないと思います。

　아니오, 야마모또씨는 아마 오지 않을 거라고 생각합니다.

2.

キム: 鈴木さんは どこですか。

　스즈끼씨는 어디에 있습니까.

中島: ちょっと 外へ 食事をしに 行くと 言っていました。

　잠깐 밖에 식사를 하러 간다고 말했습니다.

キム: すぐ 帰りますか。

　곧 돌아옵니까.

中島: はい、すぐ 帰ると思います。

　예, 곧 돌아온다고 생각합니다.

3.

コウ: 来週テストがあるでしょうか。

　　　다음 주 테스트가 있습니까.

キム: はい、あると思いますよ。

　　　예, 있다고 생각합니다.

コウ: 先生が あると言いましたか。

　　　선생님이 있다고 말했습니까.

キム: いいえ。でも、隣のクラスの人があると言っていました。

　　　아니오, 그러나, 옆 클래스 사람이 있다고 말했습니다.

コウ: そうですか。

　　　그렇습니까.

4.

原　: こんにちは。

　　　안녕하세요.

サイ: あ、こんにちは。お元気ですか。

　　　예, 안녕하세요. 건강하십니까.

原　: はい、お陰様で。暑くなりましたね。

　　　예, 덕분에. 더워졌네요.

サイ: そうですね。昨日はあまり暑くありませんでしたが、今日は暑いですね。

　　　그렇습니다. 어제는 그다지 덥지 않았습니다만, 오늘은 덥네요.

原　: そうですね。

　　　그러네요.

5.

原 : リュウさんと いう 人を 知っていますか。

　　류씨라고 하는 사람을 알고 있습니까.

サイ: はい、よく 知っています。私の 高校の 先輩です。

　　예, 잘 알고 있습니다. 저의 고등학교 선배입니다.

原 : じゃ、リュウさんの 電話番号を 知っていますか。

　　그러면, 류씨 전화번호를 알고 있습니까.

サイ: いいえ、知りません。でも、多分リンさんが 知っていると 思います。

　　아니오. 모릅니다. 아마 린씨가 알고 있다고 생각합니다.

原 : ああ、そうですか。リンさんは 今日いますか。

　　아, 그렇습니까. 린씨는 오늘 있습니까.

サイ: はい、いると 思いますよ。今朝 学校の 前で リンさんに 会いました。

　　예, 있다고 생각합니다. 오늘아침 학교 앞에서 린씨를 만났습니다.

6.

山本: チンさんの 担任の 先生は 誰ですか。

　　진씨 담임 선생님은 누구입니까.

ユン: 木村先生です。

　　기무라 선생님입니다.

山本: 眼鏡を 掛けていますか。

　　안경을 쓰고 있습니까.

ユン: いいえ、眼鏡をかけていません。

　　아니오, 안경을 쓰고 있지 않습니다.

山本: 今日は どんな 服を 着ていますか。

　　오늘은 어떤 옷을 입고 있습니까.

ユン: 白い ブラウスを 着ていて 黒いスカートを 履いています。

　　하얀 블라우스를 입고 있고 까만 스커트를 입고 있습니다.

7.

中島：どの 人が 山本さんですか。

누가 야마모또씨 입니까.

田中：あの 背が 高くて 眼鏡を 掛けている 人です。

저기 키가 크고 안경을 쓰고 있는 사람입니다.

中島：隣にいる 女の 人は 誰ですか。

옆에 있는 여자는 누구입니까.

田中：ああ、あの 人は 鈴木さんです。

예, 저 사람은 스즈끼입니다.

中島：山本さんの ガールフレンドですか。

야마모또씨의 여자 친구입니까.

田中：さあ、わかりません。

글쎄, 잘 모르겠습니다.

8. 映画館で。(영화관에서)

チン：こんばんは。……… こんばんは。サイさん。

안녕하세요. ……… 안녕하세요. 사이씨.

サイ：え、ああ、チンさんこんばんは。どうも 失礼しました。知らない 人だと

思いました。チンさんは いつもは 眼鏡を 掛けていませんよね。

예, 아, 진씨 안녕하세요. 대단히 실례했습니다. 모르는 사람이라고 생각했습니

다. 진씨는 평상시는 안경을 쓰지 않지요.

チン：はい、でも、映画を 見る 時は 眼鏡をかけます。

예, 그러나, 영화를 볼 때는 안경을 씁니다.

サイ：ああ、そうですか。本当に 失礼しました。

아 예, 그렇습니까. 정말로 실례했습니다.

チン：いいえ、こちらこそ。

아니오, 저야말로.

9.

さちこ: かおりさんは いつ 洗濯をしますか。

　　　　가오리 씨는 언제 빨래를 합니까.

かおり: 大抵 土曜日の 昼ごろします。でも、出掛ける 時は、朝します。

　　　　대개는 토요일 낮에 합니다. 그러나, 외출할 때는, 아침에 합니다.

さちこ: 土曜日は いつも 早く 起きますか。

　　　　토요일은 언제나 일찍 일어납니까.

かおり: いいえ、用がない 時は 昼ごろ 起きます。幸子さんは?

　　　　아니오, 용무가 없을 때는 점심때쯤 일어납니다. 사찌꼬씨는?

さちこ: 私も 土曜日は 大抵遅く 起きます。

　　　　나도 토요일은 대개 늦게 일어납니다.

10.

中島: 今日の テストは どうでしたか。

　　　오늘 테스트는 어떠했습니까.

渡辺: あまり 難しく ありませんでした。でも、消しゴムを 忘れて 困りました。

　　　그다지 어렵지 않았습니다. 그러나, 지우개를 잊어버려서 곤란했습니다.

中島: それは 大変でしたね。私は 時間がなくてできませんでした。

　　　그것은 안됐습니다. 나는 시간이 없어서 못했습니다.

渡辺: 昨日 勉強しましたか。

　　　어제 공부했습니까.

中島: いいえ、あまり しませんでした。多分 来週 再試だと 思います。

　　　아니오, 그다지 못했습니다. 아마 다음 주 재시험이라고 생각합니다.

渡辺: そうですか。私も 先々週の テストがあまり 出来なくて、先週 再試を 受けました。

　　　그렇습니까. 나도 지지난 주의 테스트를 그다지 못 보았기 때문에, 지난주 재시험을 보았습니다.

中島: 再試はいやですね。

재시험은 싫습니다.

渡辺: そうですね。

그러네요.

1. 駅で。(역에서)
えき

中村: 高橋さんは 来ましたか。
なかむら たかはし き

다까하시씨는 왔습니까.

田中: いいえ。でも、もうすぐ 来ると 思います。
た なか く おも

아니오. 그러나, 이제 곧 온다고 생각합니다.

中村: そうですか。あ、来ました。あの 茶色い 上着を 着ている 人は 高橋さん
き ちゃいろ うわぎ き ひと たかはし

じゃありませんか。

그렇습니까. 아, 왔습니다. 저 갈색 옷(겉옷)을 입고 있는 사람은 다까하시씨가

아닙니까.

田中: ああ、そうですね。

예, 맞습니다.

高橋: すみません。待ちましたか。
たかはし ま

미안합니다. 기다렸습니까.

中村: いいえ。

아니오.

田中: じゃあ、行きましょう。
い

그렇다면, 갑시다.

高橋: 山本さんの 家はどこですか。
たかはし やまもと いえ

야마모또씨 집은 어디입니까.

田中: ソウル大学という 大学を 知っていますか。
だいがく だいがく し

서울대학교를 알고 있습니까.

高橋: ええ、知っています。

　　예, 알고 있습니다.

田中: その すぐ 側だと 言っていましたよ。分からない時は 電話して 聞きま
しょう。

　　바로 그 근처라고 말했습니다. 모를 때는 전화해서 물어 봅시다.

高橋: ああ、そうですか。じゃ、タクシーで ソウル大学まで 行きませんか。

　　아, 그렇습니까. 그렇다면, 택시로 서울대학교까지 가지 않겠습니까.

田中: ええ。

　　예.

中村: 千円ぐらいでしょうか。

　　천엔 정도 들까요.

田中: もっと 高いと 思います。

　　좀 더 비싸다고 생각합니다.

中村: 高くなりましたね。

　　비싸졌군요.

2. 山本さんの家で。(야마모또씨의 집에서)

田中: こんばんは。

　　안녕하세요.

山本: いらっしゃい。遅かったですね。

　　어서 오세요. 늦었네요.

中島: すみません。タクシーに 乗りましたが、道が 混んでいて 遅くなりました。

　　미안합니다. 택시를 탔습니다만, 길이 붐벼서 늦었습니다.

山本: さあ、どうぞ。

　　자, 어서.

高橋: 山本さん、今日 かおりさんに会いましたよ。山本さんによろしくと 言っていました。

야마모또씨, 오늘 가오리 씨를 만났습니다. 야아모또씨에게 안부 좀 전해 달라 고 말했습니다.

山本: あ、そうですか。どうも。

아, 그렇습니까. 고맙습니다.

中島: かおりさん?

가오리씨?

山本: あ、中島さんは 知りませんね。

아, 나까지마 씨는 모르겠군요.

中島: ええ。どんな 人ですか。

예. 어떤 사람입니까.

田中: かおりさんは 色が 白くて きれいな 人ですよ。

가오리 씨는 얼굴이 하얗고 예쁜 사람입니다.

中島: 今日 来ますか。

오늘 옵니까.

山本: いいえ。今日は 来ません。

아니오. 오늘은 오지 않습니다.

中島: そうですか。残念ですね。

그렇습니까. 안타깝군요.

第十課
<ruby>だいじゅっか</ruby>

田中さんは食べたと思います。
다나까씨는 먹었다고 생각합니다.

語句 (어구, 말)

단 어	한자 읽는 법	의 미
怪我　　　　・	けが	상처
ところで		그런데 (화제 전환)
どうして		왜. 어째서
まだ		아직
もう		벌써. 이미
お母さん	おかあさん	어머니. 어머님.
急に	きゅうに	급히
この間	このあいだ	요전에
最後	さいご	최후
最初	さいしょ	최초
地震　　　　・	じしん	지진
自分	じぶん	자기 자신
住所	じゅうしょ	주소
席	せき	좌석. 자리
停電	ていでん	정전
人形	にんぎょう	인형
夜中　　　　・	よなか	한밤중
理由	りゆう	이유
上野	うえの	우에노 (지명)
日光	にっこう	닛꼬　(지명)
箱根	はこね	하꼬네 (지명)
お土産　　　・	おみやげ	선물　(토산품)
ハワイ	Hawaii	하와이 (지명)
プレゼント	present	선물
メリーゴーラウンド	merry go round	회전목마

• 動詞 (동사)

기본형·사전형	한자 읽는 법	동사 구분	의 미
習う	ならう	動Ⅰ	배우다.
払う	はらう	動Ⅰ	지불하다. (돈을)
貰う	もらう	動Ⅰ	받다. (남에게)
洗う	あらう	動Ⅰ	씻다. (얼굴을)
違う	ちがう	動Ⅰ	틀리다.
(写真を) 撮る	しゃしんをとる	動Ⅰ	사진을 찍다.
(試験が) 出来る	しけんができる	動Ⅱ	시험을 잘 보다.
(写真が) 出来る	しゃしんができる	動Ⅱ	사진이 완성되다.
(用事が) 出来る	ようじができる	動Ⅱ	용무가 생기다.
疲れる	つかれる	動Ⅱ	피곤하다.
似る	にる	動Ⅱ	닮다.
見せる	みせる	動Ⅱ	보여주다. 남에게·나에게
遅刻する	ちこくする	動Ⅲ	지각하다.
案内 (を) する	あんないをする	動Ⅲ	안내를 하다.
散歩 (を) する	さんぽをする	動Ⅲ	산책을 하다.
復習 (を) する	ふくしゅうをする	動Ⅲ	복습을 하다.
電話 (を) する	でんわをする	動Ⅲ	전화를 하다.
朝寝坊 (を) する	あさねぼうをする	動Ⅲ	늦잠을 자다.

• い形容詞 (い형용사)

단 어	한자 읽는 법	의 미
痛い	いたい	아프다.

• な形容詞 (な형용사)

단 어	한자 읽는 법	의 미
同じ ・	おなじ	똑같다. (な형용사＋명사가 오면 な가 오지만 同じ는 예외이다)
駄目	だめ	안돼. (금지의 의미를 나타낸다)

• フレーズ (문구, 관용구, phrase)

단 어	한자 읽는 법	의 미
頭が痛い	あたまがいたい	머리가 아프다. 골치 아프다.
ほら		자. (상대에게 무엇인가 주의를 줄 때 하는 말)
ほらご覧	ほらごらん	자 봐라.
ほらそこ		자 거기.

例文・説明 (예문·설명)

1.

基本体。 기본체.

▶ 기본체 : 기본체는 현재·현재부정·현재진행·현재진행부정·과거·과거부정형을 말한다.
　　　　　 (단, 현재진행형·현재진행부정형은 동사에 한정됨)

	肯定形 긍정형		否定形 부정형	
	現在形 현재형	過去形 과거형	現在形 현재형	過去形 과거형
동 사	書く	書いた	書かない	書かなかった
	書いている	書いていた	書いていない	書いていなかった
	食べる	食べた	食べない	食べなかった
	する ・	した	しない	しなかった
	来る ・	来た	来ない	来なかった
	ある ・	あった	ない	なかった
い형용사	高い	高かった	高くない	高くなかった
な형용사	静かだ	静かだった	静かじゃない	静かじゃなかった
명 사	先生だ	先生だった	先生じゃない	先生じゃなかった

▶ 動詞 基本体 過去形の作り方。(동사 기본체 과거형 만드는 법)

● 動詞Ⅰ。(과거형의 끝 글자는 모두 <u>た</u>、<u>だ</u>로 끝난다)

단 <u>だ</u>로 끝나는 것은 동사 기본형이 ぐ・ぬ・ぶ・む로 끝나는 동사에 한정된다.

(● 行く → 行った。　ある → ない、なかった는 예외가 된다)

기 본 형	과 거 형	동사 기본형의 끝글자		과 거 형
か <u>う</u>	かっ <u>た</u>	う・つ・る	→	った
よ <u>む</u>	よん <u>だ</u>	ぬ・ぶ・む	→	んだ
か <u>く</u>	かい <u>た</u>	く	→	いた
およ <u>ぐ</u>	およい <u>だ</u>	ぐ	→	いだ
はな <u>す</u>	はなし <u>た</u>	す	→	した

・動詞Ⅱ。(기본형 る 또는 ます形에서 ます만 빼고 た)

기 본 형	과 거 형
食^たべ<u>る</u>	食^たべ <u>た</u>
見^み <u>る</u>	見^み <u>た</u>

・動詞Ⅲ。

기 본 형	과 거 형
する	した
来^くる	来^きた

▶ 과거부정형.

모든 부정형은 ない로 끝난다. 따라서 활용은 い형용사와 같다.

い형용사의 과거형은 기본형에서 い만 빼고 かった로 고치면 된다.

동사	기본형		부정형(ない形)	과거부정형
동사Ⅰ	行く	(가다)	行かない	行か<u>なかった</u>
동사Ⅱ	食べる	(먹다)	食べない	食べ<u>なかった</u>
동사Ⅲ	する	(하다)	しない	し<u>なかった</u>
	来^くる	(오다)	来ない	来<u>なかった</u>
い형용사	暑^{あつ}い	(덥다)	暑^{あつ}くない	暑^{あつ}く<u>なかった</u>
な형용사	きれいだ	(예쁘다)	きれいじゃ<u>ない</u>	きれいじゃ<u>なかった</u>
명사	雨^{あめ}だ	(비)	雨^{あめ}じゃ<u>ない</u>	雨^{あめ}じゃ<u>なかった</u>

2.

田中<ruby>なか</ruby>さんは 帰<ruby>え</ruby>ると 思<ruby>おも</ruby>います。	다나까씨는 돌아간다고(귀국한다고) 생각합니다.
田中<ruby>なか</ruby>さんは 帰<ruby>え</ruby>ったと 思<ruby>おも</ruby>います。	다나까씨는 돌아갔다고 생각합니다.

▶ 현재형＋と 思います : ~라고 생각합니다.
　과거형＋と 思います : ~했다고 생각합니다.
　용법 : 동사·い형용사·な형용사·명사(기본체)＋と 思う.
　의미 : 본인의 추측이나 판단에서 말한다.

1. 鈴木<ruby>すずき</ruby>さんは この 写真<ruby>しゃしん</ruby>を 見<ruby>み</ruby>たと 思<ruby>おも</ruby>います。

   스즈끼씨는 이 사진을 보았다고 생각합니다.

2. 高橋<ruby>たかはし</ruby>さんは 行<ruby>い</ruby>かなかったと 思<ruby>おも</ruby>います。

   다까하시씨는 가지 않았다고 생각합니다.

3. 高橋<ruby>たかはし</ruby>さんは 食<ruby>た</ruby>べたと 思<ruby>おも</ruby>います。

   다까하시씨는 먹었다고 생각합니다.

▶ と 言<ruby>い</ruby>っていました : ~라고 말했습니다.
　용법 : 동사·い형용사·な형용사·명사(기본체)＋と 言っていました.
　의미 : 본인이 직접 보고 들은 것을 남에게 전달할 때 사용한다.

4. チンさんは テストが 難<ruby>むずか</ruby>しかったと 言<ruby>い</ruby>っていました。

   진씨는 테스트가 어려웠다고 말했습니다.

5. 映画<ruby>えいが</ruby>は 面白<ruby>おもしろ</ruby>くなかったと 言<ruby>い</ruby>っていました。

   영화는 재미없었다고 말했습니다.

6. 七時ごろだったと言っていました。

   7시경이었다고 말했습니다.

7. 学生じゃなかったと言っていました。

   학생이 아니었다고 말했습니다.

8. アリさんは日本語の勉強は大変だったと言っていました。

   아리씨는 일본어 공부는 어려웠다고 말했습니다.

9. 山田さんは暇じゃなかったと言っていました。

   야마다씨는 한가하지 않았다고 말했습니다.

3.

友達から 電話が あります。	친구로부터 전화가 왔습니다.
友達に 電話を します。 /	電話を 掛けます。
친구에게 전화를 합니다.	전화를 겁니다.
友達に 写真を 見せます。	친구에게 사진을 보여줍니다.
椅子に 座ります。	의자에 앉습니다.
ノートに 書きます。	노트에 씁니다.
授業に 出ます。	수업에 나갑니다.
学校を 休みます。	학교를 쉽니다.(결석합니다)

▶ から : ～로부터.
　의미 : 동작이 일어나는 기착점·기준점·출발점을 나타낸다.
▶ に　 : ～에게. ～에.
　의미 : 동작이 행하여지는 대상이나 목적을 나타낸다.
▶ を　 : ～을. ～를.
　의미 : を는 동사를 나타내는 동작·작용에 필연적으로 관계되는 대상을 지정하는데 사용되는 목적을
　　　 나타내는 조사이다.

1. 吉田さんから 電話が ありました。
　요시다씨한테 전화가 왔었습니다.

2. 家から 電話が ありました。
　집에서 전화가 왔었습니다.

3. 先生に 電話しましょう。
　선생님에게 전화합시다.

4. 学校に 電話して 聞きましょう。

학교에 전화해서 물어 봅시다.

5. 中島さんは 高橋さんに 電話をしました。

나까지마씨는 다까하시씨에게 전화를 했습니다.

6. 先生に 宿題を 見せました。

선생님에게 숙제를 보여주었습니다.

7. 私に その 写真を 見せてください。

나에게 그 사진을 보여주세요.

8. 誰にも 見せませんでした。

누구에게도 보여주지 않았습니다.

9. 田中さんが 椅子に 座っています。

다나까씨가 의자에 앉아 있습니다.

10. 田中さんが 椅子に 掛けています。

다나까씨가 의자에 걸터앉아 있습니다.

11. どうぞ 隣に 座ってください。

자 어서 옆에 앉아 주세요.

12. ホワイトボードに 書きました。

화이트보드에 썼습니다.

13. 自分の ノートに 書いてください。

자기 노트에 써주세요.

14. ここに 名前と 住所を 書いてください。

여기에 이름과 주소를 써주세요.

15. 新聞に 出ます。

신문에 납니다.

16. パーティーに 出ます。

파티에 나갑니다.

17. テレビに 出ました。

텔레비전에 나왔습니다.

18. 授業を 休みました。

수업을 결석했습니다.

19. 仕事を 休みました。

일을 쉬었습니다.

4.

雨が 降っているから、出掛けません。	비가 내리고 있기 때문에, 외출하지 못합니다.
A：どうして 買いませんでしたか。	왜 사지 않았습니까.
B：高かったからです。	비쌌기 때문입니다.

▶ から : ~이기 때문에. (원인이나 이유의 문장에 사용된다)
　용법 : 동사·い형용사·な형용사·명사(기본체) + から.
　　　　 기본형·과거형을 대신할 수 있는 것은 ます·ました이다.
　의미 : 원인이나 이유가 주관적이며, 어떤 사태에 의해 결과가 있는 사태가 발생하며, 또는 예상된다고
　　　　 하는 관계를 나타낸다. 뒷문장에는 추량(사물의 사정이나 사람의 심정 등을 추측) 요구·명령
　　　　 등의 형을 사용할 수 있다.
　　　　 ~たい (희망) · ~と思う (추측) · ~なさい (명령)

> あした家でパーティーをしますから、来てください。
>
> 내일 집에서 파티를 하기 때문에, 와주세요.
>
> 子供でさえ出来たのだから、大人に出来ないはずがない。
>
> 아이들조차도 할 수 있었기 때문에, 어른이 못할 리가 없다.
>
> あの人は来そうもないから、もう帰ろう。
>
> 저 사람은 올 것 같지도 않으니까, 이제 돌아가자.
>
> ここは静かだからよく寝られるだろう。
>
> 여기는 조용하기 때문에 잘 잘 수 있겠지.

• 이유를 뒷문장에 나타내는 경우도 있다.

> 手紙より電話で知らせましょう。そのほうが早いから。
>
> 편지보다 전화로 알립시다. 그쪽이 빠르기 때문에.

• 앞문장이 정중체인(です · ます)경우, 뒷문장도 정중체(です · ます)가 된다.

> これは難しいでしょうから、辞書を使ってもいいです。
>
> 이것은 어렵기 때문에, 사전을 사용해도 좋습니다.

---

1. 朝寝坊を したから、遅刻しました。

   늦잠을 잤기 때문에, 지각했습니다.

2. 写真が 出来たから、見せます。

   사진이 완성되었기 때문에, 보여줍니다.

- 写真が 出来ましたから、見せます。

   사진이 완성되었기 때문에, 보여줍니다.

3. 沢山 買い物を したから、お金が 無くなりました。

   쇼핑을 많이 했기 때문에, 돈이 없어졌습니다.

4. 高いから、買いません。

   비싸기 때문에, 사지 않습니다.

5. 便利だから、よく 使います。

   편리하기 때문에, 자주 사용합니다.

6. 病気だから、行きません。

   병이기 때문에, 가지 않습니다.

7. 天気が よかったから、散歩をしました。

   날씨가 좋았었기 때문에, 산책을 했습니다.

- 天気が いいから、散歩をしました。

   날씨가 좋기 때문에, 산책을 했습니다.

8. きれいだったから、買いました。

   예뻤기 때문에, 샀습니다.

- きれいだから、買いました。

   예쁘기 때문에, 샀습니다.

9. 病気だったから、休みました。
   병이었기 때문에, 쉬었습니다. (결석했습니다)
* 病気だから、休みました。
   병이기 때문에, 쉬었습니다.

10. A: どうして あした 休みますか。
    왜 내일 쉽니까. (어째서 내일 결석합니까)
    B: 病院へ 行くからです。
    병원에 가기 때문입니다.

11. A: どうして 行きませんか。
    왜 가지 않습니까.
    B: 昨日 行ったからです。
    어제 갔었기 때문입니다.

12. A: どうして 買いませんか。
    왜 사지 않습니까.
    B: よくないからです。
    좋지 않기 때문입니다.

13. A: どうして 買いませんでしたか。
    왜 사지 않았었습니까.
    B: よくなかったからです。
    좋지 않았기 때문입니다.

14. A: どうして 鈴木さんが 好きですか。
    왜 스즈끼씨를 좋아합니까.
    B: いい人だからです。
    좋은 사람이기 때문입니다.

5.

昨日(きのう) 授業(じゅぎょう)に 出(で)なかった<u>ので</u>、よく 分(わ)かりません。
어제 수업에 나가지 않았기 때문에, 잘 이해가 되지 않습니다.

▸ ので : ～이기 때문에. (원인이나 이유가 객관적이다)
　용법 : 동사·い형용사·な형용사·명사(기본체)＋ので.

· 例外(れいがい) 예외	기본체(긍정·현재)	ので형
な형용사	賑(にぎ)やかだ	賑(にぎ)やか＋なので.
명사	田中(たなか)さんだ	田中(たなか)さん＋なので.

의미 : 원인·이유·근거의 관계를 나타낸다. 조건과 조건이 원인·결과·근거·귀결의 관계에 있는
　　　것이, 비교적 객관적이고 명백한 것 같은 경우에 사용되어진다. 조건의 독립성은 から보다는
　　　약한 의미를 갖고 있다. 後句(뒷문장)에 명령·희망·의문 등을 표현하는 것은 から가 더욱
　　　어울리고, 또 からだ·からです처럼 ので·のでだ·のでです를 문장 끝에 접속해서 끝내는
　　　것은 가능하지 않다.

1. あした テストが あるので、早(はや)く 帰(かえ)ります。
   내일 테스트가 있기 때문에, 빨리 돌아갑니다.

2. 疲(つか)れたので、休(やす)みました。
   피곤하기 때문에, 쉬었습니다.

3. 安(やす)くないので、買(か)いません。
   싸지 않기 (비싸기) 때문에, 사지 않습니다.

4. 暗(くら)かったので、電気(でんき)を つけました。
   어두웠기 때문에, 전기를 켰습니다.

• 暗(くら)いので、電気(でんき)を つけました。
   어둡기 때문에, 전기를 켰습니다.

5. 田中さんは 親切なので、好きです。
    다나까씨는 친절하기 때문에, 좋아합니다.

•   田中さんは 親切だから、好きです。
    다나까씨는 친절하기 때문에, 좋아합니다.

6. きれいだったので、写真を 撮りました。
    아름다웠기 때문에, 사진을 찍었습니다.

•   きれいなので、写真を 撮りました。
    아름다웠기 때문에, 사진을 찍었습니다.

7. 子供なので、安いです。
    어린이이기 때문에, 쌉니다.

•   子どもだから、安いです。
    어린이이기 때문에, 쌉니다.

8. 病気だったので、来ませんでした。
    병이었기 때문에, 오지 못했습니다.

•   病気なので、来ませんでした。
    병이기 때문에, 오지 못했습니다.

9. A: どうして 宿題を しませんでしたか。
       왜 숙제를 하지 않았습니까.
    B: 頭が 痛かったので、出来ませんでした。
       머리가 아팠기 때문에, 할 수 없었습니다.

10. あした テストが ありますから、早く 帰ります。

    내일 테스트가 있기 때문에, 빨리 귀가합니다.

11. 田中さんは 親切ですから、好きです。

    다나까씨는 친절하기 때문에, 좋아합니다.

12. きれいだったですから、写真を 撮りました。

    아름다웠기(예쁘기) 때문에, 사진을 찍었습니다.

6.

> これは 私が 買った 本です。　이것은 내가 산 책입니다.

> これは 私の 買った 本です。　이것은 내가 산 책입니다.

▶ が ： ~이, ~가.　の ： ~이, ~가.

용법 : 주어＋동사·い형용사·な형용사.

의미 : (A의 B)가 (주어―동사), (주어―형용사)등의 관계를 어순적으로 계속 유지하고 있는 경우,
연체수식절 안에서(が)를 대신할 수 있다.
(이러한 경우는 일반적인 문장에서 が를 사용했던 것을 の로 바꾸는 것이 가능하다)

일반적인 문장	명사＋명사의 문장
私が読んだ。 내가 읽었다.	私の読んだ本。 내가 읽은 책.
友だちが来る。 친구가 오다.	友だちの来る日。 친구가 오는 날.
水が飲みたい。 물을 마시고 싶다.	水の飲みたい人。 물을 마시고 싶은 사람.
人がいない。 사람이 없다.	人のいない部屋。 사람이 없는 방.

> これは私 が / の 買った本です。이것은 내가 산 책입니다.
> これは私が新宿で買った本です。이것은 내가 신쥬꾸에서 산 책입니다.

1. これは 大阪で 買った お土産です。

   이것은 오오사까에서 산 선물(토산품)입니다.

2. ここは 私たちが お弁当 食べた 所です。

   여기는 우리가 도시락을 먹은 곳입니다.

3. 案内した 所は 新宿です。

   안내한 곳은 신쥬꾸입니다.

4. 私たちの食べた お弁当はおいしかったです。

   우리가 먹었던 도시락은 맛있었습니다.

5. これは 今 勉強している 教科書です。

   이것은 지금 공부하고 있는 교과서입니다.

6. 私が昨日 見た映画は 面白かったです。

   내가 어제 본 영화는 재미있었습니다.

7. 昨日 勉強したところが 分かりません。

   어제 공부했던 곳을 모르겠습니다.

8. 田中さんは気の早い人です。

   다나까씨는 성격이 급한 사람입니다.

9. 韓国は、天然資源の乏しい国だ。

   한국은, 천연자원이 부족한 나라다.

7.

これは 私が 出した 宿題と 違います。　　이것은 내가 제출한 숙제와 틀립니다.

▸ は : ~은. ~는.
  의미 : 하나의 주제 또는 화제를 제시한다. (근거가 확실할 때)
▸ と : ~와. ~과. ~하고.
  의미 : (명사와 동사) 여기에서는 동사의 補語(불완전동사)를 나타내는 것으로 사용된다.

1. これは 私が もらった プリントと 違います。
   이것은 내가 받은 프린트와 틀립니다.

2. 私の傘は 吉田さんのと 同じです。
   나의 우산은 요시다씨 것과 똑같습니다.

3. 私の答えは キムさんの答えと 同じです。
   저의 답은 김씨 답하고 똑같습니다.

4. 先生の眼鏡は パクさんの眼鏡と 似ています。
   선생님의 안경은 박씨 안경하고 닮았습니다.

5. チンさんは チンさんの お兄さんと 似ています。
   진씨는 진씨의 형님하고 닮았습니다.

6. カタカナの ヌは スと よく 似ています。
   가따까나의 누는 스하고 많이 닮았습니다.

8.

A : もう 食べましたか。	벌써 먹었습니까.

A : はい、もう 食べました。	예, 벌써 먹었습니다.
A : いいえ、まだ 食べていません。 / まだです。	
아니오, 아직 먹지 않았습니다. / 아직 입니다.	

▶ もう : 벌써. 이미. (뒷문장에는 과거형이 온다)
  의미 : 시간이 이미 지난 상황이나 내용이 이미 끝난 상황.
▶ まだ : 아직. 지금까지도. (뒷문장에 과거형은 사용할 수 없다)
  의미 : 부정을 동반하여 그 단계(段階)에 달(達)하지 못한 것, 앞의 상태가 계속되고 있는 상황.

1. A: 田中さんは もう 来ましたか。

   다나까씨는 벌써 왔습니까.

   B: はい、もう 来ました。

   いいえ、まだ 来ていません。
   예, 이미 왔습니다.
   아니오, 아직 오지 않았습니다.

2. A: もう お金を 払いましたか。

   벌써 돈을 지불했습니까.

   B: はい、もう 払いました。

   いいえ、まだ 払っていません。
   예, 이미 지불했습니다.
   아니오, 아직 지불하지 않았습니다.

3. A: もう 見ましたか。

　　벌써 보았습니까.
　　B: いいえ、まだです。
　　아니오, 아직 입니다. (못 봤습니다)

4. A: もう 宿題を しましたか。

　　벌써 숙제를 했습니까.
　　B: はい、もう しました。
　　いいえ、まだです。
　　예, 이미 했습니다.
　　아니오, 아직 하지 않았습니다.

9.

学校へ <u>来る</u> 時、駅で 木村先生に 会いました。
학교에 올 때, 역에서 기무라 선생님을 만났습니다.

学校へ <u>来た</u> 時、教室で キムさんに 会いました。
학교에 왔을 때, 교실에서 김씨를 만났습니다.

▶ 기본형 + 時 : ～일 때. ～할 때.

　의미 : ～하기 전에 ～했습니다.

▶ 来る 時 : 올 때. 来ない 時 : 오지 않을 때.

▶ 현재진행형 + 時 : ～할 때. 来ている 時 : ～오고 있을 때.

　의미 : ～하는 도중에 ～했습니다.

▶ 과거형 + 時 : ～일 때. 来た 時 : ～온 후에.

　의미 : ～한 후에 ～했습니다.

1. 電車に 乗る 時、切符を 買いました。
   전차를 탈 때, 표를 샀습니다.

2. 寝る 時、電気を 消しました。
   잠잘 때, 전기를 껐습니다.

3. ご飯を 食べる 時、手を 洗いました。
   밥 먹을 때, 손을 씻었습니다.

4. 箱根へ 行った 時、写真を 撮りました。
   하꼬네에 갔었을 때, 사진을 찍었습니다.

5. 怪我をした 時、病院へ 行きました。

상처가 났을 때, 병원에 갔었습니다.

6. ご飯を 食べている 時、地震が ありました。

밥을 먹고 있을 때, 지진이 났습니다.

7. 京都へ 行く 時、富士山を 見ました。

교또에 갈 때, 후지산을 보았습니다.

8. 京都へ 行った 時、富士山を 見ました。

교또에 갔었을 때, 후지산을 보았습니다.

会話かいわ

1.

鈴木すずき: 昨日きのう 誰だれか 来きましたか。

어제 누군가 왔었습니까.

中島なかじま: ええ、サイさんが 来きました。

예, 사이씨가 왔습니다.

鈴木すずき: 何時なんじごろでしたか。

몇 시경이었습니까.

中島なかじま: お昼ひるごろだったと 思おもいます。

점심때쯤이라고 생각합니다.

2.

鈴木すずき: 昨日きのう、どうして 学校がっこうを 休やすみましたか。

어제, 왜 학교를 결석했습니까.

中島なかじま: 頭あたまが 痛いたかったからです。

머리가 아팠기 때문입니다.

鈴木すずき: 病院びょういんへ 行いきましたか。

병원에 갔었습니까.

中島なかじま: いいえ、雨あめが 降ふっていたから 行いきませんでした。

아니오, 비가 내렸기 때문에 가지 않았습니다.

鈴木: もう 大丈夫ですか。

　　　이제 괜찮습니까.

中島: ええ、今日は 薬を飲んで 来たから 大丈夫です。

　　　예, 오늘은 약을 마시고 왔기 때문에 괜찮습니다.

3.

中島: 先生 遅刻届けをください。

　　　선생님 지각계를 주세요.

先生: いつ 遅刻しましたか。

　　　언제 지각했습니까.

中島: 今日です。

　　　오늘입니다.

先生: どうしてですか。

　　　왜 지각했습니까.

中島: 朝、国の 友だちから 電話があったので……。

　　　아침에, 본국 친구로부터 전화가 왔었기 때문에…….

先生: そうですか。今日 何時に 学校へ 来ましたか。

　　　그렇습니까. 오늘 몇 시에 학교에 왔습니까.

中島: 十時ごろです。二時間目の 授業には 出ました。

　　　10시경입니다. 2시간째 수업에는 출석했습니다.

4.

中島: 昨日 どこかへ 行きましたか。

　　　어제 어딘가에 갔었습니까.

鈴木: はい。デパートへ 靴を 見に 行きました。

　　　예. 백화점에 구두를 보러 갔었습니다.

中島: 買<small>か</small>いましたか。

　　　샀습니까.

鈴木: いいえ。高<small>たか</small>かったので、買<small>か</small>いませんでした。

　　　아니오. 비쌌기 때문에, 사지 않았습니다.

5.

鈴木<small>すずき</small>: 今朝<small>けさ</small>チンさんから 電話<small>でんわ</small>があって、病気<small>びょうき</small>なので 今日<small>きょう</small>は休<small>やす</small>むと言<small>い</small>っていました。

　　　오늘 아침 진씨로부터 전화가 와서, 병이기 때문에 오늘은 결석을 한다고 말했습니다.

中島<small>なかじま</small>: そうですか。あしたは来<small>く</small>るでしょうか。

　　　그렇습니까. 내일은 올까요.

鈴木: はい、来<small>く</small>ると思<small>おも</small>います。

　　　예, 온다고 생각합니다.

中島: 他<small>ほか</small>に何<small>なに</small>か 言<small>い</small>っていませんでしたか。

　　　그 외에 무엇인가 말하지 않았습니까.

鈴木: はい、何<small>なに</small>も 言<small>い</small>っていませんでした。

　　　예, 아무것도 말하지 않았습니다.

6.

ユリ: すみません。先生<small>せんせい</small>。

　　　미안합니다. 선생님.

先生<small>せんせい</small>: はい。何<small>なん</small>ですか。

　　　예. 무엇입니까.

ユリ: あした 私<small>わたし</small>たちが 行<small>ゆ</small>く所<small>ところ</small>はどこですか。

　　　내일 우리들이 갈 곳은 어디입니까.

先生: 箱根<small>はこね</small>です。九時<small>くじ</small>に新宿<small>しんじゅく</small>の 南口<small>みなみぐち</small>へ 来<small>き</small>てください。

　　　하꼬네입니다. 9시에 신쥬꾸 남쪽입구로 와주세요.

7.

マリ: 失礼します。すみませんが、今日遅刻をしたので、遅刻届けをください。

　　실례합니다. 미안합니다만, 오늘 지각을 했기 때문에, 지각계를 주세요.

先生: どうして遅刻をしましたか。

　　왜 지각을 했습니까.

マリ: 頭が痛かったからです。

　　머리가 아팠기 때문입니다.

先生: じゃ、ここに遅刻をした理由と遅刻をした日を書いてください。

　　그렇다면, 여기에 지각한 이유와 지각한날을 써주세요.

マリ: はい、分かりました。

　　예, 알겠습니다.

8.

コウ: もう晩御飯を食べましたか。

　　벌써 저녁을 먹었습니까.

サイ: いいえ、まだ食べていません。コウさんは?

　　아니오, 아직 먹지 않았습니다. 고씨는?

コウ: 私はもう食べました。

　　나는 이미 먹었습니다.

サイ: 何を食べましたか。

　　무엇을 먹었습니까.

コウ: カレーライスです。

　　카레라이스입니다.

9.

先生: 昨日欠席した人と遅刻した人は誰ですか。

　　어제 결석한 사람과 지각한 사람은 누구입니까.

パク: 欠席した人は チンさんです。遅刻した人は いません。

결석한 사람은 진씨입니다. 지각한 사람은 없습니다.

先生: チンさん昨日の プリントを もらいましたか。

진씨 어제 프린트를 받았습니까.

チン: いいえ、もらっていません。

아니오, 받지 못했습니다.

先生: じゃ、研究室へ 来てください。

그렇다면, 연구실로 와 주세요.

チン: はい、分かりました。

예, 알겠습니다.

先生: 昨日 勉強したところを よく 復習してください。

어제 공부했던 곳을 잘 복습해 주세요.

チン: はい、勉強します。

예, 공부하겠습니다.

10.

サイ: あなたのかばんは 私のと よく 似ていますね。

당신 가방은 내 것하고 많이 닮았군요.

原 : これは ソウルへ 行った時 買いました。

이것은 서울에 갔을 때 샀습니다.

サイ: そうですか。私のは 日本で 買った かばんです。

그렇습니까. 내 것은 일본에서 산 가방입니다.

原 : よく 似ていますが、色は 少し 違いますね。

거의 비슷합니다만, 색은 조금 다르군요.

サイ: そうですね。

그렇군요.

11.

チン：日本へ来る時、飛行機の中で日本人の女の人と話をしました。

일본에 올 때, 비행기 안에서 일본인 여자하고 이야기를 했습니다.

サイ：そうですか。

그렇습니까.

チン：これが私の話した女の人の写真です。

이것이 내가 이야기한 여자사진입니다.

サイ：この人にそれから会いましたか。

이 사람을 그리고 나서 만났습니까.

チン：いいえ、会っていません。

아니오, 만나지 못했습니다.

12.

山本：箱根へ行った時の写真が出来ましたよ。

하꼬네에 갔을 때의 사진이 완성되었습니다.

ユン：私にもちょっと見せてください。

나에게도 잠깐 보여주세요.

山本：ほら、これです。

자, 이것입니다.

ユン：これは昼ご飯の時、隣に座った人ですね。この間、この人から電話がありました。

이것은 점심 먹을 때, 옆에 앉은 사람이군요. 요전에, 이 사람으로부터 전화가 왔었습니다.

山本：何と言っていましたか。

뭐라고 말했습니까.

ユン：来週東京へ来ると言っていました。

다음 주 도꾜에 온다고 말했습니다.

1.

キム：昨日学校を休みましたね。
きのう がっこう やす

　　　어제 학교를 결석했지요.

リン：はい、昨日の朝起きた時、急にお腹が痛くなったので、来ませんでした。
きのう あさ お とき きゅう なか いた き

　　　예, 어제 아침 일어났을 때, 갑자기 배가 아팠기 때문에, 오지 않았습니다.

キム：もう大丈夫ですか。
だいじょう ぶ

　　　이제는 괜찮습니까.

リン：薬を飲んだので、よくなりました。
くすり の

　　　약을 마셨기 때문에, 좋아졌습니다.

キム：ところで、入学式の時撮った写真が出来ましたよ。
にゅうがくしき とき と しゃしん でき

　　　그런데, 입학식 때 찍은 사진이 나왔습니다.

リン：ずいぶん早く出来ましたね。私にも見せてください。
はや でき み

　　　상당히 일찍 완성이 되었군요. 나에게도 보여주세요.

キム：ええと、これです。

　　　저, 이것입니다.

リン：あっ、これは私の入ったグループと違います。
はい ちが

　　　아니, 이것은 내가 들어간 그룹과 다릅니다.

キム：じゃ、これですね。

　　　그렇다면, 이것이겠군요.

リン：これです。この私の隣の席に座っている人はスミスさんです。
となり せき すわ ひと

　　　이것입니다. 내 옆자리에 앉아있는 사람은 스미스씨입니다.

キム: パクさんはいませんね。

　　　박씨는 없군요.

リン: 入学式の時 学校を休んだからです。

　　　あのう、この写真、一枚いいですか。

　　　입학식 때 학교를 결석했기 때문입니다. 저, 이 사진, 1장 가져도 좋습니까.

キム: はい、どうぞ。もうお昼ですね。

　　　もうお昼ご飯を食べましたか。

　　　예, 어서. 벌써 점심시간이군요. 이미 점심을 먹었습니까.

リン: いいえ、まだ食べていません。

　　　아니오, 아직 먹지 않았습니다.

キム: じゃ、一緒に食べに行きましょう。

　　　그렇다면, 같이 먹으러 갑시다.

第十一課

だいじゅういっか

あした雨が降るだろうと思います。

あめ　ふ　　　　　　　　おも

내일 비가 내릴 거라고 생각합니다.

語句 (어구, 말)

단 어	한자 읽는 법	의 미
こちら		이쪽
こっち		이쪽　(こちら의 낮춤말)
そちら		그쪽
そっち		그쪽　(そちら의 낮춤말)
あちら		저쪽
あっち		저쪽　(あちら의 낮춤말)
どちら		어느 쪽
どっち		어느 쪽 (どちら의 낮춤말)
いちご		딸기
みかん		귤
御巡りさん	おまわりさん	경찰 (警察)
交番　　　・	こうばん	파출소
ずっと		훨씬
一番	いちばん	제일. 최고. 가장.
和食　　　・	わしょく	일식 (和는 일본을 가리킨다)
洋食	ようしょく	양식
中華料理	ちゅうかりょうり	중화요리
食券　　　・	しょっけん	식권
約束	やくそく	약속
問題	もんだい	문제
昔	むかし	옛날
本当	ほんとう	정말
本当に	ほんとうに	정말로.

閉店	へいてん	폐점.
骨	ほね	**뼈.**
晩御飯	ばんごはん	저녁밥.
乗り物	のりもの	타는 것. (놀이 시설물)
値段 　　　•	ねだん	가격.
日本酒	にほんしゅ	일본 술. (정종)
特急	とっきゅう	특급.
~点	~てん	~점.
次	つぎ	다음.
その時	そのとき	그때.
専門	せんもん	전문. 전공. (専^{せんこう}攻)
~中	~じゅう	~중.
事故	じこ	사고
字	じ	글자.
試験	しけん	시험.
言葉 　　　•	ことば	말. 언어.
四季 　　　•	しき	사계절.
公衆電話	こうしゅうでんわ	공중전화.
家族	かぞく	가족.
~円玉	~えんだま	~동전.
入口	いりぐち	입구.
歌	うた	노래.
絵	え	그림.
意味	いみ	의미.
住友ビル	すみともビル	스미또모 빌딩. (이름)
銀座	ぎんざ	긴자. (지명)
九州	きゅうしゅう	규슈. (지명)
ドイツ	Germany	독일.
デザート	dessert	디저트.

- 動詞 (동사)

기본형·사전형	한자 읽는 법	동사 구분	의 미
探す	さがす	動Ⅰ	찾다. (사람·물건을)
止める·辞める	やめる	動Ⅱ	그만두다.
連絡する	れんらくする	動Ⅲ	연락하다.

- い形容詞 (い형용사)

단 어	한자 읽는 법	의 미
固い·堅い	かたい	딱딱하다.
遠い	とおい	멀다. (거리가)

- フレーズ (문구, 관용구, phrase)

단 어	의 미
いけませんね。	안됐군요. 일어나서는 안될 일.
お大事に。	몸조리 잘하세요. (환자에게)
どうしましたか。	왜 그렇습니까. 무슨 일 있습니까.
役に立つ。	도움이 되다. 유용한 역할을 하다.
ゆっくり休んでください。	천천히 쉬세요.

例文·説明 (예문·설명)

1.

あした 雨が 降るだろうと思います。　　내일 비가 내릴 거라고 생각합니다.

▶ だろう　　: ～이겠지. (だろうと思います : ～이라고 생각합니다)
　용법　　　: 동사·い형용사·な형용사·명사(기본체)+だろう。
　의미　　　: 하나의 내용을 추량·상상하는 의미를 나타내며 상대가 어떤 화제 제시를 했을 때 상대의
　　　　　　의견에 맞추어서 이야기한다. (이때 자기의 주장은 나타나지 않는다)
▶ でしょう: ～이겠지요. (だろう의 정중체이다)

· 예외	기본체(긍정·현재)	だろう의 형
な형용사	賑やかだ	賑やか＋だろう
명사	田中さんだ	田中さん＋だろう

1.　A: あした 雨が 降るでしょうか。

　　　　내일 비가 내릴까요.

　　B: はい、降るだろうと思います。

　　　　いいえ、降らないだろうと思います。

　　　　예, 내릴 거라고 생각합니다.
　　　　아니오, 내리지 않을 거라고 생각합니다.

2.　吉田さんも 来るだろうと 思います。

　　　요시다씨도 올 거라고 생각합니다.

제11과 ‖ 343

3. 学生だろうと思います。

   학생일거라고 생각합니다.

4. A: もう、食べたでしょうか。

   벌써, 먹었을까요.

   B: はい、もう食べただろうと思います。

   いいえ、まだ食べていないだろうと思います。

   예, 벌써 먹었을 거라고 생각합니다.
   아니오, 아직 먹지 않았을 거라고 생각합니다.

5. 大きいだろうと思います。

   클 것이라고 생각합니다.

6. きれいじゃないだろうと思います。

   깨끗하지 (예쁘지) 않을 거라고 생각합니다.

7. A: 昔は静かだったでしょうか。

   옛날에는 조용했습니까.

   B: ええ、昔は静かだっただろうと思います。

   いいえ、昔も静かじゃなかっただろうと思います。

   예, 옛날에는 조용했었을 거라고 생각합니다.
   아니오, 옛날에도 조용하지 않았을 거라고 생각합니다.

2.

先生に言います。	선생님에게 말합니다.
学校に連絡します。	학교에 연락합니다.
先生に聞きます。	선생님에게 묻습니다.
人に道を聞きます。	사람에게 길을 물어봅니다.

▸ に　: ～에게. (동작이 행하여지는 대상을 나타낸다)
　의미 : 동사를 나타내는 사항으로, 상태가 있는 시간적, 공간적인 場(장소) 또는(注文의 主語는 아님)동
　　　작이 주가 되어 관련되어 일어날 때.

▸ を　: ～을. ～를.
　의미 : を는 동사를 나타내는 동작·작용에 필연적으로 관계되는 대상을 지정하는 데에 사용되는 목적
　　　을 나타내는 조사이다. 그 동작·작용은 통상 타동성(他動性)인 것이다.

1. 友だちに今日は行かないと言いました。
   친구에게 오늘은 가지 않는다고 말했습니다.

2. 休む時は、先生に連絡してください。
   결석할 때는 선생님에게 연락해 주세요.

3. 分からない時は先生に聞いてください。
   이해가 안 될 때는 선생님에게 질문해 주세요.

4. A: 誰かに言いましたか。
      누군가에게 말했습니까.
   B: いいえ、誰にも言いませんでした。
      아니오, 누구에게도 말하지 않았습니다.

5. 道をお巡りさんに聞きました。
   길을 경찰에게 물었습니다.

3.

食べた方がいいです。	먹는 것이 좋습니다.

食べない方がいいです。	먹지 않는 것이 좋습니다.

▸ ほうがいいです。　　　 : ～하는 것이 좋습니다.
　 ないほうがいいです。 : ～하지 않는 것이 좋습니다.
　 용법 : 동사(과거형＋ほうがいいです。
　　　　 동사(부정형)＋ほうがいいです。
　 의미 : 조언(助言)을 나타내는 관용적 표현이다.

1. この映画は 面白いから、見た方が いいですよ。

    이 영화는 재미있기 때문에, 보는 것이 좋습니다.

2. 電話を 掛けない方が いいだろうと 思います。

    전화를 걸지 않는 것이 좋다고 생각합니다.

3. A: 今日 行きますか。

    오늘 갑니까.

    B: 今日は 雨が 降っているから、止めたほうが いいでしょう。

    오늘은 비가 내리고 있기 때문에, 그만두는 것이 좋겠지요.

4.

月曜日_{げつようび}にテストがあります。　　　월요일에 테스트가 있습니다.

それは大変_{たいへん}ですね。　　　그것은 큰일이군요.

▶ それ : 그것.
　의미 : 상대가 지금 행하고 있는, 또는 지금 말한 내용을 가리킨다. 화제 중에서 기출의 내용을 가리킨다.

1.　A: あした 箱根_{はこね}へ 行_いきましょうか。

　　　내일 하꼬네에 가시겠습니까.

　　B: それは いいですね。

　　　그것은 좋습니다. (예 좋아요)

2.　A: 田中_{たなか}さんは 夏休_{なつやす}みに アメリカへ 行_いきました。

　　　다나까씨는 여름방학에 미국에 갔었습니다.

　　B: そうですか。それは 知_しりませんでした。

　　　그렇습니까. 그것은 몰랐습니다.

3.　A: 山本_{やまもと}さんは 今日休_{きょうやす}むと 言_いっていました。

　　　야마모또씨는 오늘 결석한다고 말했습니다.

　　B: ええ、それは 本当_{ほんとう}ですか。

　　　예, 그것은 정말입니까.

4.　A: 頭_{あたま}が 痛_{いた}くて、昨日一日中_{きのう いちにちじゅう} 寝_ねていました。

　　　머리가 아파서, 어제 하루 종일 누워 있었습니다.

　　B: それは いけませんね。

　　　그것은 안됐군요.

5. A: 私が行きましょうか。

   제가 갈까요.

   B: はい、そうしてください。

   예, 그렇게 해주세요.

6. A: チンさんは来ると言っていましたか。

   진씨는 온다고 말했습니까.

   B: はい、そう言っていました。

   예, 그렇게 말했습니다.

7. A: 早く帰ったほうがいいと思いますか。

   빨리 돌아가는 것이 좋다고 생각합니까.

   B: はい、そのほうが いいと思います。

   예, 그렇게 하는 것이 좋다고 생각합니다.

5.

コーヒー**と**紅茶（こうちゃ）と **どちら / どっち**のほうが 好（す）きですか。
커피하고 홍차하고 어느 것을 좋아합니까.

紅茶（こうちゃ）**のほうが**好（す）です。 / コーヒー**より**紅茶（こうちゃ）**のほうが**好（す）きです。
홍차가 더 좋습니다.　　　커피보다 홍차가 더 좋습니다.

- **と** ：～과. ～와. ～하고.
  의미 ：명사와 명사를 연결하고, 관련된 명사를 모두 예로 든다.
  　　　や와 틀려 다른 물건까지 암시하는 일은 없다.
- **どちら** ：어느 쪽. (どっち)
  의미 ：두 개 중에서 하나를 선택할 때.
- **ほう** ：～가. ～쪽이.
  의미 ：두 개를 거론해서 비교해 하나를 선택할 때.
  　　　몇 개인가 생각되어지는 물건 중의 하나.
- **より** ：～보다.
  의미 ：비교의 기준이나 대상을 나타낸다.

・명사　　　　＋ <u>の</u> ほうがいいです。 ～가 더 좋습니다.
・な형용사 ＋ <u>な</u> ほうがいいです。 ～가 더 좋습니다.

1. この本（ほん）より あの本（ほん）の方（ほう）が 高（たか）いです。
   이 책보다 저 책이(쪽이) 비쌉니다.

2. A: 日本（にほん）と アメリカと どっちの方（ほう）が 広（ひろ）いですか。
   　 일본하고 미국하고 어디가 더 넓습니까.
   B: アメリカの ほうが 広（ひろ）いです。
   　 미국이 더 넓습니다.

3. A: 吉田（よしだ）さんは、洋食（ようしょく）と和食（わしょく）と どちらのほうが 好（す）きでしょうか。
   　 요시다씨는, 양식하고 일식하고 어느 쪽을 더 좋아합니까.
   B: 洋食（ようしょく）のほうが 好（す）きだろうと 思（おも）います。
   　 일식이 더 좋다고 생각합니다.

4. A: 犬と猫と どちらの ほうが 好きですか。

　　개하고 고양이하고 어느 것을 더 좋아합니까.

　　B: 犬より猫のほうが 好きです。

　　개보다 고양이를 더 좋아합니다.

5. A: 大きいのと 小さいのと どちらの ほうが いいですか。

　　큰 것하고 작은 것하고 어느 것을 더 좋아합니까.

　　B: 大きいほうがいいです。

　　큰 것을 더 좋아합니다.

6. A: こっちと あっちと どっちの 方が いいですか。

　　이것과 저것 중 어느 것이 더 좋습니까.

　　B: きれいな方がいいです。

　　아름다운 것이 더 좋습니다.

6.

> みかんよりメロンのほうが **ずっと** 高いです。
> 귤보다 멜론이 훨씬 비쌉니다.

> エヌエスビルは高いです。でも、住友ビルは**もっと**高いです。
> NS 빌딩은 높습니다. 그러나, 스미또모 빌딩은 더욱더 높습니다.

▶ ずっと : 수량이나 정도의 차이가 큰 것. (훨씬. 매우)
　의미　 : 시간·공간의 간격(거리) 사이가 큰 것. (아주. 아득히)
　　　　　어떤 상태·행위가 계속되는 것. (쭉. 계속)

　　　　　(ずっと待っていました : 계속 기다리고 있었습니다)

▶ もっと : 훨씬 더. 한층 더. 더욱더. (차이가 많이 나지 않을 때)

1. 日本よりアメリカのほうがずっと広いです。
　 일본보다 미국이 훨씬 넓습니다.

2. 九州は遠いです。でも、ドイツはもっと遠いです。
　 규슈는 멉니다. 그러나 독일은 더욱더 멉니다.

3. 今の勉強は難しいです。でも、専門の勉強はもっと難しいです。
　 지금의 공부는 어렵습니다. 그러나, 전공 공부는 더욱더 어렵습니다.

4. 家の側の食堂より学校の食堂のほうがちょっと安いです。
　 집 근처 식당보다 학교 식당이 조금 쌉니다.

7.

A : ビールとワインとウイスキー の中で、どれが 一番 好きですか。

맥주하고 와인하고 위스키 중에서 어느 것을 제일 좋아합니까.

B : ワインが一番好きです。

와인을 제일 좋아합니다.

A : お酒の中で、何が一番好きですか。

술 중에서 무엇을 제일 좋아합니까.

B : 日本酒が一番好きです。

일본 술을 제일 좋아합니다.

▶ お酒の中で : ~술 중에서. (お酒で : ~술 중에서)
▶ 一番   : 제일. 최고.
▶ どれが   : 어느 것이. (3개 이상의 물건 중에서 하나를 가리킬 때)
▶ どちらが : 어느 쪽이. (2개 중에서 하나를 선택할 때)
▶ 何が   : 무엇이. (전체 중에서 하나를 가리킬 때)

        何が : 무엇이. (사물)   誰が : 누가.   (사람)

        いつが : 언제가. (시간)   どこが : 어디가. (장소)

1. A: バスと電車と飛行機の中で、どれが一番安いですか。

     버스하고 전철하고 비행기 중에서, 어느 것이 제일 쌉니까.

    B: バスが、一番安いです。

     버스가, 제일 쌉니다.

2. A: 乗り物の中で、何が一番早いですか。

     타는 것 중에서, 무엇이 제일 빠릅니까.

    B: 飛行機が一番速いです。

     비행기가 제일 빠릅니다.

3. A: みかんとりんごといちごの中で、どれが一番好きですか。

  굴하고 사과하고 딸기 중에서, 어느 것을 제일 좋아합니까.

  B: りんごです。

  사과입니다.

4. A: 果物の中で、何が一番好きですか。

  과일 중에서, 무엇을 제일 좋아합니까.

  B: いちごです。

  딸기입니다.

5. A: 東京と大阪と京都の中で、どこが一番好きですか。

  도꾜하고 오오사까하고 교또 중에서, 어디를 제일 좋아합니까.

  B: 東京です。

  도꾜입니다.

6. A: 東京の中で、どこが一番好きですか。

  도꾜 중에서, 어디를 제일 좋아합니까.

  B: 銀座が一番好きです。

  긴자를 제일 좋아합니다.

7. A: 田中さんと山本さんと鈴木さんの中で、誰が一番背が高いですか。

  다나까씨하고 야마모또씨하고 스즈끼씨 중에서, 누가 제일 키가 큽니까.

  B: 山本さんが一番背が高いです。

  야마모또씨가 제일 키가 큽니다.

8. A: このクラスの中で、誰が一番早く来ましたか。

  이 클래스 중에서, 누가 제일 일찍 왔습니까.

  B: リンさんです。

  린씨입니다.

9.　A: 春と夏と秋と冬の中で、いつが 一番 好きですか。

봄, 여름, 가을, 겨울 중에서, 언제가 제일 좋습니까.

　　B: 夏が 一番好きです。

여름을 제일 좋아합니다.

10.　A: 四季の中で、いつが一番 好きですか。

사계절 중에서, 언제를 제일 좋아합니까.

　　B: 秋です。

가을입니다.

8.

ビールもワインも<ruby>同<rt>おな</rt></ruby>じぐらい<ruby>好<rt>す</rt></ruby>きです。　맥주도 와인도 똑같이 좋아합니다.

▸ 同じぐらい : 거의 비슷하게. 동등하게. (どんぐりの<ruby>背比<rt>せくら</rt></ruby>べ : 도토리 키 재기)
▸ 同じ : な형용사가 명사를 수식할 때는(단어 + な) 가 되지만, な형용사 중에 同じ는 단어 + 명가가
　　된다.

1. <ruby>原先生<rt>はらせんせい</rt></ruby>も<ruby>木村<rt>きむら</rt></ruby>先生も<ruby>林<rt>はやし</rt></ruby>先生も <ruby>同<rt>おな</rt></ruby>じぐらい <ruby>厳<rt>きび</rt></ruby>しいです。
   하라선생님도 기무라선생님도 하야시선생님도 똑같이 엄합니다.

2. <ruby>新宿<rt>しんじゅく</rt></ruby>も<ruby>赤坂<rt>あかさか</rt></ruby>も<ruby>同<rt>おな</rt></ruby>じぐらい <ruby>賑<rt>にぎ</rt></ruby>やかです。
   신쥬꾸도 아까사까도 똑같이 번화가입니다.

3. <ruby>韓国<rt>かんこく</rt></ruby>の<ruby>夏<rt>なつ</rt></ruby>は<ruby>日本<rt>にほん</rt></ruby>と<ruby>同<rt>おな</rt></ruby>じぐらい <ruby>暑<rt>あつ</rt></ruby>いです。
   한국의 여름은 일본과 비슷하게 덥습니다.

4. A: チンさんと パクさんと どちらが <ruby>背<rt>せ</rt></ruby>が <ruby>高<rt>たか</rt></ruby>いですか。
   　　진씨하고 박씨하고 어느 쪽이 키가 큽니까.
   B: <ruby>同<rt>おな</rt></ruby>じぐらいです。
   　　거의 비슷합니다.

• A: みかんとりんごと どちらが <ruby>好<rt>す</rt></ruby>きですか。
   　　귤하고 사과하고 어느 것을 좋아합니까.
   B: どちらも <ruby>好<rt>す</rt></ruby>です。
   　　어느 것도 좋습니다.

• A: みかんとりんごとバナナの<ruby>中<rt>なか</rt></ruby>でどれが<ruby>好<rt>す</rt></ruby>きですか。
   　　귤하고 사과하고 바나나 중에서 어느 것을 좋아합니까.
   B: <ruby>全部<rt>ぜんぶ</rt></ruby><ruby>好<rt>す</rt></ruby>きです。
   　　전부 좋아합니다.

9.

このペンは 書きやすいです。	이 펜은 쓰기 쉽습니다.
このペンは 書きにくいです。	이 펜은 쓰기 어렵습니다.

▸ やすい : ～하기 쉽다. (ます形은 동사ます에서 ます만 빼고 연결)
　용법　：동사(ます形)＋やすい。
▸ にくい : ～하기 어렵다.
　용법　：동사(ます形)＋にくい。(がたい : 문어체)

1. この肉は固くて食べにくいです。
   이 고기는 너무 구워서 먹기 어렵습니다.

2. 小さい字は読みにくいです。
   작은 글씨는 읽기 어렵습니다.

3. これは分かりやすい本です。
   이것은 이해하기 쉬운 책입니다.

4. この酒は飲みやすいです。
   이 술은 마시기 쉽습니다.

5. この荷物は持ちがたいです。
   이 짐은 들기 어렵습니다.

会話

1.

パク: 来週のテストは九課と十課でしょうか。

다음 주 테스트는 9과와 10과입니까.

チン: そうだろうと思いますが、先生に聞いたほうがいいですね。

그렇다고 생각합니다만, 선생님에게 물어보는 것이 좋겠습니다.

パク: チンさんは来週のテストを受けますか。

진씨는 다음 주 테스트를 봅니까.

チン: はい。パクさんは受けませんか。

예. 박씨는 보지 않습니까.

パク: はい。来週は用があって国へ帰るので…。

예. 다음 주는 용무가 있어서 본국으로 돌아가기 때문에….

チン: じゃ、先生に言ったほうがいいですよ。

그렇다면, 선생님에게 말하는 것이 좋습니다.

パク: 後で宿題の分からないところを聞きに行くので、その時、先生に言います。

나중에 숙제 모르는 곳을 물어보러 가기 때문에, 그때, 선생님에게 말하겠습니다.

2.

鈴木: 来週、映画を見に行きませんか。

다음 주, 영화를 보러 가지 않겠습니까.

中島: それはいいですね。

　　　그것은 좋습니다.

鈴木: リンさんは 来週 忙しいでしょうか。

　　　린씨는 다음 주 바쁩니까.

中島: 忙しくないだろうと 思います。リンさんにも 連絡しましょう。

　　　바쁘지 않다고 생각합니다. 린씨에게도 연락합시다.

3.

リー: パクさんは もう お昼ご飯を 食べたでしょうか。

　　　박씨는 벌써 점심을 먹었습니까.

チン: 食べただろうと 思います。先、私がご飯を 食べていた 時、食堂で 食券を
　　　買っていましたから。

　　　먹었을 것이라고 생각합니다. 조금 전에, 내가 밥을 먹고 있을 때. 식당에서 식권
　　　을 사고 있었기 때문에.

リー: そうですか。じゃ、私も 食べに 行きます。

　　　그렇습니까. 그러면, 나도 먹으러 가겠습니다.

チン: あ、でも、今 とても 混んでいましたよ。休憩室のほうが すいていると 思
　　　いますよ。

　　　저, 그러나, 지금 대단히 혼잡했습니다. 휴게실 쪽이 한가하다고 생각합니다.

リー: 休憩室のほうが いいでしょうか。

　　　휴게실이 좋겠습니까.

チン: はい、そう 思いますが。

　　　예, 그렇다고 생각합니다만.

リー: じゃ、そうします。どうも ありがとう。

　　　그렇다면, 그렇게 하겠습니다. 대단히 고맙습니다.

4.

中島: 果物の中で、何が一番好きですか。

　　　과일 중에서, 무엇을 제일 좋아합니까.

チン: バナナが一番好きです。甘くて美味しいです。

　　　바나나를 제일 좋아합니다. 달고 맛있습니다.

中島: でも、台湾のバナナはもっと甘くておいしいですよ。

　　　그러나, 타이완 바나나는 훨씬 달고 맛있습니다.

チン: 本当ですか。

　　　정말입니까.

中島: はい。

　　　예.

チン: 私はりんごも好きですが、りんごも台湾のほうがおいしいですか。

　　　나는 사과도 좋아합니다만, 사과도 타이완 것이 맛있습니까.

中島: りんごは日本のほうがおいしいです。

　　　사과는 일본 것이 맛있습니다.

チン: そうですか。

　　　그렇습니까.

5.

アリ: 伊勢丹と京王と小田急の中で、どこが一番近いですか。

　　　이세땀 백화점과 게오우 백화점과 오다뀨 백화점 중에서, 어디가 제일 가깝습니까.

中島: 京王デパートですが、小田急デパートも同じぐらい近いですよ。

　　　게오우 백화점 입니다만, 오다뀨 백화점도 비슷하게 가깝습니다.

アリ: 閉店は何時でしょうか。

　　　끝나는 시간(폐점)은 몇 시입니까.

中島: どちらも 八時だと 思いますよ。

어느 쪽도 8시라고 생각합니다.

アリ: じゃ、急いだほうがいいですね。

그렇다면, 서두르는 것이 좋겠습니다.

中島: はい、そのほうがいいと 思います。今、七時半ですから。

예, 그렇게 하는 것이 좋다고 생각합니다. 지금, 7시 반이기 때문에.

6.

鈴木: 肉と魚とどっちのほうが 好きですか。

고기하고 생선하고 어느 것을 좋아합니까.

中島: 魚は骨が沢山あって食べにくいので、肉のほうが好きです。

생선은 뼈가 많이 있어서 먹기 어렵기 때문에, 고기가 좋습니다.

鈴木: でも。肉のほうがずっと高いでしょう。

그러나. 고기가 훨씬 비싸지요.

中島: いいえ、このごろは魚も同じぐらい高いですよ。

아니오, 요즘은 생선도 거의 비슷하게 비쌉니다.

本文
<ruby>本<rt>ほん</rt></ruby> <ruby>文<rt>ぶん</rt></ruby>

1.

田中: キムさんが<ruby>来<rt>き</rt></ruby>ませんね。

김씨가 오지 않는군요.

アリ: <ruby>遅<rt>おそ</rt></ruby>いですね。<ruby>来<rt>く</rt></ruby>るだろうと<ruby>思<rt>おも</rt></ruby>いますが、<ruby>電話<rt>でんわ</rt></ruby>を<ruby>掛<rt>か</rt></ruby>けたほうがいいですね。

늦는군요. 올 거라고 생각합니다만, 전화를 거는 것이 좋겠습니다.

田中: そうしましょう。ええと、<ruby>公衆電話<rt>こうしゅうでんわ</rt></ruby>はどこですか。

그렇게 합시다. 저, 공중전화는 어디에 있습니까.

アリ: <ruby>私<rt>わたし</rt></ruby>もわかりません。<ruby>駅<rt>えき</rt></ruby>の<ruby>人<rt>ひと</rt></ruby>に<ruby>聞<rt>き</rt></ruby>きましょう。

저도 모르겠습니다. 역원에게 물어 봅시다.

キム: はい、キムですが。

예, 김입니다만.

田中: もしもし、キムさん。<ruby>田中<rt>たなか</rt></ruby>です。

여보세요, 김씨. 다나까입니다.

キム: あ、<ruby>田中<rt>たなか</rt></ruby>さん、すみません。

예, 다나까씨, 미안합니다.

田中: どうしましたか。<ruby>今日<rt>きょう</rt></ruby>はアリさんと<ruby>美味<rt>おい</rt></ruby>しいものを<ruby>食<rt>た</rt></ruby>べに<ruby>行<rt>い</rt></ruby>く<ruby>約束<rt>やくそく</rt></ruby>ですよ。

무슨 일 있습니까. 오늘은 아리씨하고 맛있는 음식을 먹으러 간다고 약속하지 않았습니까.

キム: すみません。今朝、急にお腹が痛くなって、病院へ行きました。

　　　미안합니다. 오늘 아침, 갑자기 배가 아파서, 병원에 갔었습니다.

田中: それはいけませんね。病院の先生は 何と言いましたか。

　　　그것은 안됐군요. 의사 선생님은 뭐라고 말하셨습니까.

キム: 薬を飲んで 寝ていたほうが いいと言いました。

　　　약을 마시고 누워 있는 것이 좋다고 말했습니다.

田中: そうですか。じゃ、ゆっくり休んでください。お大事に。

　　　그렇습니까. 그렇다면, 천천히 쉬십시오. 몸조심하세요.

キム: 本当にすみません。アリさんによろしく。

　　　정말로 미안합니다. 아리씨에게 잘 좀 전해 주십시오.

田中: キムさんは病気だと言っていました。今日は 来ません。

　　　김씨는 병이라고 말했습니다. 오늘은 오지 않습니다.

アリ: それは 残念ですね。じゃ、行きましょうか。田中さんは洋食と和食と

　　　どっちのほうが好きですか。

　　　그것은 안타깝네요. 그러면, 갈까요. 다나까씨는 양식하고 일식하고 어느 것을
　　　좋아합니까.

田中: 和食のほうが 好きです。値段も 和食のほうが 安いです。

　　　일식을 좋아합니다. 가격도 일식이 쌉니다.

アリ: 私は、どちらも 同じぐらい 好きですが、魚は骨があって 食べにくいです。

　　　나는, 어느 쪽도 비슷하게 좋아합니다만, 생선은 뼈가 있어서 먹기 어렵습니다.

田中: お刺身は 食べやすいですよ。

　　　생선회는 먹기 쉽습니다.

アリ: そうですね。じゃ、今日は日本料理を食べましょう。

　　　그렇군요. 그렇다면, 오늘은 일본요리를 먹읍시다.

田中: アリさんは よく 食べますね。

아리씨는 잘 먹는군요.

アリ: お腹が 空いて いましたから。でも、キムさんは いつも もっと 食べますよ。

배가 고팠기 때문에. 그러나, 김씨는 언제나 훨씬 더 먹습니다.

田中: そうですか。それは 知りませんでした。アリさん、デザートは?

그렇습니까. 그것은 몰랐습니다. 아리씨, 디저트는?

アリ: 何が 美味しいでしょう?

무엇이 맛있을까요?

田中: お店の 人に 聞きましょうか。

점원에게 물어볼까요.

第十二課
だいじゅうにか

頭が痛いので早く帰ります。
머리가 아프기 때문에
빨리 돌아갑니다.

語句 (어구, 말)

단 어	한자 읽는 법	의 미
赤電話	あかでんわ	가게에 있는 빨간 공중전화
一生懸命	いっしょうけんめい	아주 열심히
鍵	かぎ	열쇠. (柿 : 감)
風邪　　　　・	かぜ	감기
風邪薬	かぜぐすり	감기약
体	からだ	몸
韓国語	かんこくご	한국어
中国語	ちゅうごくご	중국어
外国	がいこく	외국
外国人	がいこくじん	외국인
気分	きぶん	기분 (스스로)
気持ち	きもち	기분 (남으로 인해)
具合　　　　・	ぐあい	상태 (몸)
都合　　　　・	つごう	상태 (시간·돈)
塩	しお	소금
(お)皿	(お)さら	접시
ご主人	ごしゅじん	남편 (남의 남편을 높임말)
奨学金	しょうがくきん	장학금
商店街	しょうてんがい	상점가. (市場 : 시장)
水泳	すいえい	수영
～代	～だい	～요금. (料金 : 요금)
先	さっき	조금 전
すぐそば		바로 옆
それじゃ		그러면
たばこ		담배
大学生	だいがくせい	대학생

独身	どくしん		독신
熱	ねつ		열
歯	は		치아
野球	やきゅう		야구
野菜	やさい		야채
(お) 菓子 •	(お) かし		과자
大分 •	だいぶ		상당히. 꽤 (호전되다)
物	もの		물건
タイ語	タイご		태국어
スポーツ	sport		스포츠
スキー	ski		스키
スープ	soup		수프
ジョギング	jogging		조깅
ゲーム	game		게임
ギター	guitar		기타
ガス	gas		가스
アイスクリーム	ice cream		아이스크림
ダンス	dance		댄스
チョコレート	chocolate		초콜릿
ハイキング	hiking		하이킹
バレーボール	volleyball		배구
パスポート	passport		여권
フィルム	film		필름

• 動詞 (동사)

기본형·사전형	한자 읽는 법	동사 구분	의 미
(たばこを) 吸う	たばこをすう	動Ⅰ	담배를 피우다.
風邪を引く •	かぜをひく	動Ⅰ	감기가 걸리다.
ピアノを弾く •	ピアノをひく	動Ⅰ	피아노를 치다
辞書を引く •	じしょをひく	動Ⅰ	사전을 찾다
線を引く •	せんを引く	動Ⅰ	선을 긋다
絵を描く	えをかく	動Ⅰ	그림을 그리다.
続く	つづく	動Ⅰ	계속하다.

作る	つくる	動Ⅰ	만들다.
残る	のこる	動Ⅰ	남다.
要る　　　　・	いる	動Ⅰ	필요하다.
売る	うる	動Ⅰ	팔다.
覚える	おぼえる	動Ⅱ	외우다. 기억하다.
考える	かんがえる	動Ⅱ	생각하다.
尋ねる	たずねる	動Ⅱ	찾다. (가출한 아이를, 소재를) 질문하다. 묻다.
訪ねる	たずねる	動Ⅱ	방문하다. (만나기 위해 그 사람이 있는 장소로 가다)
訪れる	おとずれる	動Ⅱ	방문하다. (사람, 장소) 다가오다. (계절, 평화) 편지하다. 소식을 전하다.
足りる	たりる	動Ⅱ	충분하다. 족하다.
(鍵を) 掛ける	(かぎを) かける	動Ⅱ	열쇠를 잠그다.

• い形容詞 (い형용사)

단 어	한자 읽는 법	의 미
怖い・恐い	こわい	무섭다.
恐ろしい		두렵다, 무섭다. 겁나다.
近い	ちかい	가깝다.
悪い	わるい	나쁘다.

• な形容詞 (な형용사)

단 어	한자 읽는 법	의 미
嫌い	きらい	싫다.
好き	すき	좋아하다.
上手	じょうず	잘한다.
下手	へた	서투르다. 못한다.
便利	べんり	편리하다.
不便	ふべん	불편하다.

• フレーズ (문구, 관용구, phrase)

단 어	의 미
まあ	어머나 · 어머. 그럭저럭 · 우선. (놀라거나 의외의 일이 발생했을 때)
御陰様で	덕분에. 염려덕분에.
失礼ですが	실례합니다만. 미안합니다만.
大丈夫ですか	괜찮습니까. 좋습니까.
皆で	함께. 모두. 모두같이.
無理をする	무리를 하다.
持って行く	가지고 가다.
持って来る	가지고 오다.
それに	게다가. 더욱더. (その上 · しかも · おまけに · うえに · かつ)
具合が悪い　　●	몸 상태가 안 좋다. 보기 흉하다. 창피하다.
都合が悪い　　●	상태가 안 좋다. (시간 · 돈)

例文・説明 (예문·설명)

1.

<u>頭</u>が痛いので、早く帰ります。   **머리가 아프기 때문에, 빨리 돌아갑니다.**

▶ が : ～이. ～가.
　용법 : 주어(명사)＋형용사.
　의미 : 명사나 주어 뒤에 い 형용사가 오면 조사는 が가 온다.
　　　　い 형용사가 동사를 수식하면 기본형의 い가 く로 바뀐다.

1. 喉が痛いです。
   목이 아픕니다.

2. おなかが痛い時は、薬を飲みます。
   배가 아플 때는, 약을 마십니다.

3. 気分が悪かったので、早く寝ました。
   기분이 나빴기 때문에, 일찍 잤습니다.

4. 熱がある時は、早く寝たほうがいいです。
   열이 있을 때는, 일찍(빨리) 자는 것이 좋습니다.

5. 具合いが悪いので、早く帰ります。
   몸이 아프기(몸 상태가 안 좋기) 때문에, 빨리 돌아갑니다.

2.

頭が痛かった <u>の / ん</u> です。　　머리가 아팠습니다.

▸ の (ん) : ~했던 것입니다.
　용법 : 동사·い형용사·な형용사·명사(기본체)＋の。(ん)
　　　　　단 명사·な형용사 현재형은 단어＋なの。(なん)
　의미 : 설명문에 사용한다.

▸ 체언화.

　용법: 동사(기본체)＋の。
　의미: こと(일)·もの(물건)·ひと(사람)을 나타낸다.

　うまく書けた<u>の</u>を宿題として提出した。　　　(もの)
　잘 쓴 것을 숙제로서 제출했다.

　先来た<u>の</u>は新聞屋さんだよ。　　　　　　　(ひと)
　조금 전에 왔던 사람은 신문배달원이다.

　私が質問した<u>の</u>は経済の問題についてだ。　(こと)
　내가 질문했던 것은 경제문제에 대해서다.

• のは ことと 비교해서 회화체로서 많이 사용된다.

▸ 婉曲。(완곡)

　용법: 동사·い형용사·な형용사·명사(기본체)＋のだ。(のです)
　　　　단 명사·な형용사 현재형은 단어(な)＋のだ。(のです)
　의미: 말하는 상대가 자신의 일에 대해서 간접적으로 설명한다.

　A : お子さんは、今年もう御卒業ですか。
　　　자제분은, 올해 벌써 졸업입니까.
　B : いいえ、まだ四年生なんです。
　　　아니오, 아직 4학년입니다.

　A : いつ社長になられましたか。
　　　언제 사장이 되셨습니까.
　B : 去年の四月なんです。
　　　작년 4월입니다.

▶ 강조.

용법: 동사 · い형용사 · な형용사 · 명사(기본체) + のだ。(のです)
　　　단 명사 · な형용사 현재형은 단어(な) + のだ。(のです)

의미: 강조가 포함된 설명 一体(도대체), 本当に(정말로),
　　　いくら~ても(아무리 ~하더라도. 해도)처럼 부사구를 동반해서 사용되는 경우가 많다.

一体、何をしていたんですか。

도대체, 무엇을 하고 있었습니까.

本当に分からないんです。

정말로 모릅니다. (정말로 이해가 되지 않습니다)

どうしても信じられないんです。

도저히 믿을 수 없습니다.

▶ 주장이나 명령.

용법: 동사 · い형용사 · な형용사 · 명사(기본체) + のだ。(のです).
　　　단 명사 · な형용사 현재형은 단어(な) + のだ。(のです)
의미: 주장이나 명령적인 기분을 나타내는 설명문에 사용된다.

食べる前には手を洗うんですよ。

먹기 전에는 손을 씻어야만 됩니다.

男の子は泣かないんです。

남자는 울지 않는 것입니다.

ここで遊ぶんじゃありませんよ。

여기서 놀면은 안됩니다.

▶ 확인.

용법: 동사 · い형용사 · な형용사 · 명사(기본체) + のだ。(のです).
　　　단 명사 · な형용사 현재형은 단어(な) + のだ。(のです)
의미: 어떠한 것을 자기가 확인이 되었을 때 사용한다.

何か食べましたか　　무엇인가 먹었습니까.　(확인이 안되었을 때)

何を食べたんですか　　무엇을 먹었습니까.　　(확인이 되었을 때)

▶ 설명을 구하는 의문.

용법: 동사·い형용사·な형용사·명사(기본체) + のだ。(のです).
　　　단 명사·な형용사 현재형은 단어(な) + のだ。(のです)
의미: 말하는 상대는 이미 알고 있는 것에 대해서 더욱더 설명을 구하는 경우. (1과 2를 비교해서 볼 것)

1. A : 先生ですか。	선생님입니까.	
B : ええ、そうです。	예, 그렇습니다.	
2. A : 先生<u>な</u>んですか。	선생님입니까.	
B : ええ、そう<u>な</u>んです。	예, 그렇습니다.	

▶ の대신 ん을 사용할 수 있다. (기본체 + ん·の)

	기본형	現在形 (현재형)		過去形 (과거형)	
		肯定	否定	肯定 (긍정)	否定 (부정)
동사	行く	行く んです	行かない んです	行った んです	行かなかった んです
い 형용사	痛い	痛い んです	痛くない んです	痛かった んです	痛くなかった んです
な 형용사	静か	静か なんです	静かじゃない んです	静かだった んです	静かじゃなかった んです
명사	先生	先生 なんです	先生じゃない んです	先生だった んです	先生じゃなかった んです

1.　A: どうしたんですか。　・どうしましたか。
　　　무슨 일 있습니까.　　　왜 그렇습니까.
　　B: 頭が痛いんです。
　　　머리가 아픕니다.

2. A: 昨日、どうして休んだんですか。

    어제, 왜 결석했습니까.

    B: お中が痛かったんです。

    배가 아팠습니다.

3. A: 昨日、宿題を出しませんでしたね。

    어제, 숙제를 제출하지 않았지요.

    B: すみません。昨日の夜、国から友だちが来たんです。

    미안합니다. 어젯밤, 본국에서 친구가 왔습니다.

4. A: どうして食べないんですか。

    왜 먹지 않습니까.

    B: お腹が空いていないんです。

    배가 고프지 않습니다.

3.

友だちが訪ねて来ました。 　　 친구가 방문해 왔습니다. (친구가 방문했습니다.)

▶ て来ました : ~해 왔습니다. (상태가 점점 변화하다. 접근해 오다)

용법 : 동사 (て形) + 来ました。

의미 : 동사를 나타내는 내용이, 말하는 상대 또는 화제에 오른 사람을 중심으로 점점 가까워질 때 사용한다.

訪ねて来る。 방문해오다.	帰って来る。 돌아오다.
行って来る。 갔다 오다.	買って来る。 사오다.
見て来る。　 보고 오다.	取って来る。 집어오다.

1. 三時ごろ 帰って来ると思います。

   3시경 돌아온다고 생각합니다.

2. パンを買って来てください。

   빵을 사 가지고 오세요.

3. ちょっと銀行へ 行って来ます。

   잠깐 은행에 다녀오겠습니다.

4. 本を取って来てください。

   책을 들고 와 주세요.

4.

田中さんは 来ないかもしれません。　다나까씨는 오지 않을지도 모릅니다.

▸ かもしれません : ~일지도 모릅니다.
　용법 : 동사·い형용사·な형용사·명사(기본체)＋かもしれません。
　의미 : 단정은 할 수 없지만 그렇게 될 것이다, 또는 그럴 가능성도 있다고 하는 의미를 나타낸다.
▸ でしょう : ~이겠지요. (だろう의 정중체이다)
　용법 : 동사·い형용사·な형용사·명사(기본체)＋でしょう。
　의미 : 하나의 내용을 추량·상상하는 의미를 나타낸다.

• 예외	기본체(긍정·현재)	かもしれません형
な형용사	大変だ	大変＋かもしれません。
명사	先生だ	先生＋かもしれません。

• 예외	기본체(긍정·현재)	でしょう형
な형용사	大変だ	大変＋でしょう。
명사	先生だ	先生＋でしょう。

1. 今日は雨が降るかもしれません。

　오늘은 비가 내릴지 모르겠습니다.

• 今日は雨が降るでしょう。

　오늘은 비가 내리겠지요.

2. あしたの朝は寒いかもしれません。

　내일 아침은 추울지도 모릅니다.

• あしたの朝は寒いでしょう。

　내일 아침은 춥겠지요.

3. 頭が痛かったので、風邪かもしれないと思いました。

   머리가 아팠기 때문에, 감기일지 모른다고 생각했습니다.

4. あそこで切手を売っているかもしれません。

   저기에서 우표를 팔고 있을지도 모릅니다.

• あそこで切手を売っているでしょう。

   저기에서 우표를 팔고 있겠지요.

5. この仕事は大変かもしれません。

   이일은 힘들지도 모릅니다.

• この仕事は大変でしょう。

   이 일은 힘들겠지요.

6. あの人は先生かもしれません。

   저 사람은 선생님일지도 모릅니다.

• あの人は先生でしょう。

   저 사람은 선생님이겠지요.

5.

アリさんは <u>まだ</u> 学生です。	아리씨는 아직 학생입니다.
田中さんは <u>もう</u> 学生じゃありません。	다나까씨는 이미 학생이 아닙니다.

▶ まだ : ~아직. ~지금까지도. (현재의 시간을 기준으로 주었을 때)
　의미 : 앞(前)의 상태가 계속 발전되고 있는 상황. 부정의 말을 동반하여 그 단계에 도달해 있지 않은 것.
▶ もう : ~벌써. ~이미. ~곧. ~또. ~이 이상은.
　의미 : 시간이 많이 지난 상황, 또는 내용이 이미 끝난 것.

1.　山本: 田中さんは まだ 学生ですか。
　　　　　다나까씨는 아직 학생입니까.
　　　田中: いいえ、私は もう 学生じゃありません。
　　　　　　去年 卒業して 今は 会社に 勤めています。
　　　　　아니오, 나는 이미 학생이 아닙니다.
　　　　　작년에 졸업해서 지금은 회사에 근무하고 있습니다.

2.　A: 田中さんは まだ いますか。
　　　다나까씨는 아직 있습니까.
　　B: いいえ、もう いません。さっき 帰りました。
　　　아니오, 이미 없습니다. 조금 전에 돌아갔습니다.

3.　A: ビールは まだ ありますか。
　　　맥주는 아직 있습니까.
　　B: はい、まだ 二本あります。
　　　예, 아직 2병 있습니다.
　　A: ジュースも まだ ありますか。
　　　주스도 아직 있습니까.
　　B: いいえ、ジュースは もうありません。
　　　아니오, 주스는 이미 없습니다.

6.

ラジオを **聞きながら**勉強します。 라디오를 들으면서 공부합니다.

知っていながら教えてくれない。 알고 있으면서 가르쳐 주지 않는다.

▶ ながら : 〜하면서 〜합니다. (동작의 동시진행).
  용법   : 동사(ます形)＋ながら。(つつ)
  의미   : 두 가지 동작이 동시에 일어날 때.
         동작의 동시진행일 때는 반드시 동사(ます形)에만 접속된다.

1. コウさんは テレビを 見ながら 宿題を しています。
   고씨는 텔레비전을 보면서 숙제를 하고 있습니다.

2. 喫茶店で お茶を 飲みながら 友だちと 話しました。
   찻집에서 차를 마시면서 친구와 이야기했습니다.

3. ハイキングに 行った 時、歌を 歌いながら 歩きました。
   하이킹 갔을 때, 노래를 부르면서 걸었습니다.

4. パクさんは 日本語を 勉強しながら 専門の 勉強も しています。

   박씨는 일본어를 공부하면서 전공공부(専攻)도 하고 있습니다.

▶ ながら : 〜이지만. (역접)
  용법   : 동사(ます形)·い형용사(기본형)·な형용사(단어)·명사(단어)＋ながら。(つつ)
         (ながらも ・ つつも)
         동사에 연결되어, 역접을 나타낼 때는 주로 ながらも・つつも를 많이 동반한다. (동사에 연결이
         되지 않았을 때는 무조건 역접이다)
  의미   : 앞문장과 뒷문장에 모순이 있을 때 사용한다. (にもかかわらず(〜임에도 불구하고. 〜에도
         상관없이・のに(〜인데도)・けれども(〜지만)의 의미에 해당된다.

5. 狭いながらも楽しい我が家。

  좁지만 즐거운 우리 집.

6. 子供ながらもよく覚えています。

  어린아이면서도 잘 기억하고 있습니다.

▶ つつ : ～하면서. (ながら의 문어체)
    ～つつある의 형태로 동작이 계속 진행될 때.(관용적 용법)

7. 私たちはお互いに助け合いつつ、生活しています。

  우리들은 서로 도와 가면서, 생활하고 있습니다.

8. 世界の環境は破壊されつつあります。

  세계의 환경은 계속 파괴되고 있습니다.

7.

田中さんは 掃除をする<u>のが</u>嫌いです。　다나까씨는 청소하는 것을 싫어합니다.

たばこを吸う<u>のを</u>止めます。　담배피는 것을 끊었습니다.

学校を休む<u>のは</u>よくありません。　학교를 결석하는 것은 좋지 않습니다.

▶ の　： 것.
　　용법 : 동사(기본체)＋のが。のを。のは。
　　의미 : 앞에서 말한 화제나 내용을 가리킨다. 활용형의 기본체에 접속하여 그것을 체언화한다.
▶ のが : ～것이 · 것을.　　のを : ～것을.　　のは : ～것은.

1. 田中さんは テニスをする<u>の</u>が好きです。
   다나까씨는 테니스하는 것을 좋아합니다.

2. 日本語で話すのが恐いです。
   일본어로 이야기하는 것이 두렵습니다.

3. ちょっと話すのを止めて、聞いてください。
   잠깐 이야기하는 멈추고, 들어주세요.

4. テープを買って来るのを忘れました。
   테이프 사오는 것을 잊어버렸습니다.

5. 友だちと お喋りするのは楽しいです。
   친구하고 잡담하는 것은 즐겁습니다.

6. 仕事をしながら勉強するのは大変です。

   일을 하면서 공부하는 것은 힘듭니다.

7. 漢字を覚えるのは大変です。

   한자를 외우는 것은 어렵습니다.

8. かおりさんはケーキを作るのも食べるのも大好きです。

   가오리씨는 케이크를 만드는 것도 먹는 것도 매우 좋아합니다.

8.

テニスが出来ます。	테니스를 할 수 있습니다.
日本語が分かります。	일본어를 알고 있습니다.
お金が要ります。	돈이 필요합니다.
時間が足りません。	시간이 부족합니다.

▶ が : ～이. ～을. ～를.
용법 : 자동사 앞에서는 조사 が를 사용한다.
의미 : 주로 이러한 형태는 가능의 의미를 갖고 있는 동사들이다.

1. かおりさんは料理ができます。
   가오리씨는 요리를 할 수 있습니다.

2. 忙しくて宿題ができませんでした。
   바빠서 숙제를 할 수 없었습니다.

3. コウさんは英語がわかります。
   고씨는 영어를 알고 있습니다.

4. 先生の話が わからなかったので、もう一度聞きました。
   선생님의 이야기가 이해가 되지 않았기 때문에, 다시 한 번 물어 보았습니다.

5. あした映画を見に行くから、お金が要ります。
   내일 영화를 보러가기 때문에, 돈이 필요합니다.

6. 外国へ行く時は、パスポートが要ります。

   외국에 갈 때는, 여권이 필요합니다.

7. 赤電話を使う時は、十円玉が要ります。

   공중전화를 사용할 때는 10엔짜리 동전이 필요합니다.

8. A: あした皆で公園へ行きます。

   내일 다 같이 공원에 갑니다.

   B: お金が要りますか。

   돈이 필요합니까.

   A: いいえ、お金は要りません。でも、暑いから、帽子が要ります。

   아니오, 돈은 필요 없습니다. 그러나, 덥기 때문에, 모자가 필요합니다.

9. お金が足りません。

   돈이 부족합니다.

10. 時間が足りなかったから、六番の問題が出来ませんでした。

    시간이 부족했기 때문에, 6번 문제를 풀지 못했습니다.

9.

二百円で足ります。	200엔으로 충분합니다.
百五十円では足りません。	150엔으로는 부족합니다.
たばこは体に悪いです。	담배는 몸에 나쁩니다.

▸ で　： ～로. ～만에.
　의미 : 기간·단위·범위·시간의 기준을 나타낸다.

▸ では ： ～으로는.
　의미 : 상대의 발언이나 행동·상태 등을 받아서, 그것을 조건으로 하는 의미를 나타낸다.

▸ に　： ～에.
　의미 : 주로 신체(身体)의 감각 부위를 나타내며, 비교의 기준으로서 대상을 나타낸다.

1. A: 上野まで二百円で足りるでしょうか。

　　　우에노까지 200엔으로 충분할까요.

　 B: はい、足ります。上野まで百八十円です。

　　　예, 충분합니다. 우에노까지 180엔입니다.

2. A: 上野まで百五十円で足りるでしょうか。

　　　우에노까지 150엔으로 충분합니까.

　 B: いいえ、足りません。

　　　아니오, 부족합니다.

3. お金が沢山要ります。奨学金では足りません。

　 많은 돈이 필요합니다. 장학금으로는 부족합니다.

4. この作文は 三十分で出来ます。

   이 작문은 30분 만에 가능합니다.

5. A: 十分で掃除をしてください。

   10분 만에 청소해주세요.

   B: 十分ではできません。二十分ぐらいかかります。

   10분 만에는 할 수 없습니다. 20분 정도 걸립니다.

6. 十五分ぐらいで帰って来ます。

   15분 정도 만에 돌아오겠습니다.

7. 野菜は体にいいです。

   채소는 몸에 좋습니다.

8. チョコレートは歯に悪いです。

   초콜릿은 이에 나쁩니다.

9. 暗い所で本を読むのは、目に悪いです。

   어두운 곳에서 책을 읽는 것은, 눈에 나쁩니다.

10. 無理をするのは、体に悪いです。

    무리하는 것은, 몸에 좋지 않습니다.

10.

私のアパートは駅から遠いです。	우리 아파트는 역에서 멉니다.
田中さんのアパートは駅に近いです。	다나까씨의 아파트는 역에서 가깝습니다.

▶ から : ～로부터. ～에서.
　의미 : 장소의 출발지점을 기준으로 나타낸다.
▶ に　 : ～에서.
　의미 : 장소의 도착지점을 기준으로 나타낸다.

1. コウさんのアパートは学校から遠いです。
   고씨의 아파트는 학교에서 멉니다.

2. 教務は日本語科から遠いので、ちょっと不便です。
   교무실은 일본어과로부터 멀기 때문에, 조금 불편합니다.

3. デパートは学校に近いので、時々行きます。
   백화점은 학교에서 가깝기 때문에, 가끔 갑니다.

4. A: どこに座りましょうか。
   　어디에 앉을까요.
   B: ドアに近い所に座りましょう。
   　문 가까운 곳에 앉읍시다.

11.

山本さんは英語が上手です。   야마모또씨는 영어를 잘합니다.

▸ は : ～는. ～은. (주어를 나타내며 근거가 확실한 경우에 사용한다)
▸ が : ～를. ～을.
의미 : 다음과 같은 な형용사 앞에서는 조사 が를 사용한다.

好き(좋아하다) · 嫌い(싫어하다) · 上手(잘하다) · 下手(서투르다)

1. 中島さんはテニスが上手です。

   나까지마씨는 테니스를 잘합니다.

2. かおりさんはケーキを作るのが上手です。

   가오리씨는 케이크 만드는 것을 잘합니다.

3. 私は日本語がまだあまり上手じゃありませんが、一生懸命勉強しています。

   저는 일본어를 아직 그다지 잘하지 못합니다만, 열심히 공부하고 있습니다.

4. 私は歌が下手だから、皆の前では歌いません。

   나는 노래를 못하기 때문에, 많은 사람 앞에서는 노래하지 않습니다.

5. 私はキムチが好きです。

   나는 김치를 좋아합니다.

1.

コウ : <ruby>先生<rt>せんせい</rt></ruby>、すみません。<ruby>欠席届<rt>けっせきとど</rt></ruby>けをください。

선생님, 미안합니다. 결석계를 주세요.

<ruby>木村先生<rt>きむらせんせい</rt></ruby>: はい。コウさん、<ruby>昨日<rt>きのう</rt></ruby>はどうしたんですか。

예. 고씨, 어제는 무슨 일 있었습니까.

コウ : <ruby>風邪<rt>かぜ</rt></ruby>を<ruby>引<rt>ひ</rt></ruby>いて<ruby>熱<rt>ねつ</rt></ruby>があったんです。

감기 걸려서 열이 있었습니다.

木村先生: それはいけませんね。もう<ruby>大丈夫<rt>だいじょうぶ</rt></ruby>ですか。

그것은 안됐군요. 이제는 괜찮습니까.

コウ : はい、<ruby>お陰様<rt>かげさま</rt></ruby>で。まだちょっとのどが<ruby>痛<rt>いた</rt></ruby>いんですが、<ruby>今日<rt>きょう</rt></ruby>はもう
<ruby>大丈夫<rt>だいじょうぶ</rt></ruby>です。

예, 덕분에. 아직 조금 목이 아픕니다만, 오늘은 이젠 괜찮습니다.

2.

<ruby>鈴木<rt>すずき</rt></ruby>: <ruby>昨日<rt>きのう</rt></ruby>どうして<ruby>来<rt>こ</rt></ruby>なかったんですか。

어제 왜 오지 않았습니까.

<ruby>中島<rt>なかじま</rt></ruby>: <ruby>国<rt>くに</rt></ruby>から<ruby>友<rt>とも</rt></ruby>だちが<ruby>訪<rt>たず</rt></ruby>ねて<ruby>来<rt>き</rt></ruby>たんです。

본국에서 친구가 방문했습니다.

鈴木: そうですか。一緒に どこかへ 行きましたか。

그렇습니까. 같이 어딘가에 갔었습니까.

中島: いいえ、一日中 私の部屋で お菓子を 食べながら 話をしました。

아니오, 하루 종일 내방에서 과자를 먹으면서 이야기를 했습니다.

3.

吉田: 失礼ですが、高橋さんは 大学生ですか。

실례입니다만, 다까하시씨는 대학생입니까.

高橋: いいえ、私はもう 学生じゃ ありません。二年前に 卒業して、今は 会社に
勤めています。

아니오, 나는 이미 학생이 아닙니다. 2년 전에 졸업해서, 지금은 회사에 근무하
고 있습니다.

吉田: まだ 独身ですか。

아직 독신입니까.

高橋: いいえ、もう 結婚しています。

아니오, 이미 결혼했습니다.

吉田: そうですか。

그렇습니까.

高橋: ええ、うちの 仕事を しながら 会社に 勤めるのは 大変ですよ。

예, 집안일을 하면서 회사에 근무하는 것은 힘듭니다.

吉田: 毎日 家へ 帰るのは 遅いんですか。

매일 집에 돌아가는 것은 늦습니까.

高橋: ええ。

예.

吉田: じゃ、ご主人も 掃除や 洗濯を するんですか。

그렇다면, 남편분도 청소나 빨래를 합니까.

高橋: いいえ、主人は掃除や洗濯をするのは嫌いなんです。

ア니오, 남편은 청소나 빨래하는 것을 싫어합니다.

吉田: じゃ、料理は?

그렇다면, 요리는?

高橋: 主人は料理が全然できないんです。全部私がするんです。

남편은 요리를 전혀 못합니다. 전부 내가 합니다.

吉田: それじゃ、大変ですね。

그렇다면, 힘들겠네요.

4.

鈴木: あっ。

아니.

中島: どうしたんですか。

왜 그렇습니까.

鈴木: 家を出る時、ガスを消すのを忘れたんです。

집을 나올 때, 가스 끄는 것을 잊어버렸습니다.

中島: 本当ですか。

정말입니까.

鈴木: 消したかもしれませんが、よく覚えていないんです。

껐을지도 모릅니다만, 잘 기억이 나지 않습니다.

中島: ちょっと帰って、見て来たほうがいいですよ。アパートはここから遠いんですか。

잠깐 돌아가서, 보고 오는 것이 좋습니다. 아파트는 여기서부터 멉니까.

鈴木: いいえ。

아니오.

中島: じゃ、早く行きましょう。私も一緒に行きますから。

그렇다면, 빨리 갑시다. 나도 같이 갈 테니까.

5.

鈴木: どうしたんですか。

왜 그렇습니까.

中島: ちょっと気分が悪いんです。

조금 기분이 안 좋습니다.

鈴木: 大丈夫ですか。

괜찮습니까.

中島: ええ、風邪かもしれません。のどと頭が痛いんです。

예, 감기일지도 모릅니다. 목과 머리가 아픕니다.

鈴木: それはいけませんね。早く帰ったほうがいいですよ。

그것은 안됐네요. 빨리 돌아가는 것이 좋습니다.

中島: でも…。

그러나….

鈴木: 無理をするのは体に悪いですよ。

무리하는 것은 몸에 나쁩니다.

中島: ええ。

예.

6.

山本: 今度、鈴木さんの家へ行くんですが、鈴木さんの家は駅に近いですか。

이번에, 스즈끼씨집에 갑니다만, 스즈끼씨집은 역에서 가깝습니까.

田中: いいえ、駅から遠いのでタクシーに乗ったほうがいいかもしれませんよ。

아니오, 역에서 멀기 때문에 택시를 타는 것이 좋을지도 모릅니다.

山本: タクシー代は千円で足りるでしょうか。

택시비는 천 엔으로 충분합니까.

田中: 千円では足りないでしょう。千五百円ぐらい掛かると思いますよ。

천 엔으로는 부족하겠지요. 1,500엔 정도 든다고 생각합니다.

山本: そうですか。

그렇습니까.

7.

林 : 山本さんは 英語が上手ですね。勉強しているんですか。

や마모또씨는 영어를 잘하는군요. 공부하고 있습니까.

山本: ええ、夜、英語の学校へ行っています。

예, 밤에, 영어 학교에 다니고 있습니다.

林 : そうですか。会社に 勤めながら勉強しているんですね。

그렇습니까. 회사에 근무하면서 공부하고 있군요.

山本: ええ、仕事が忙しいから、勉強の時間が足りなくてちょっと大変です。

예, 일이 바쁘기 때문에, 공부 시간이 부족해서 조금은 힘듭니다.

林 : どうして英語を勉強しているんですか。アメリカの大学へ行くんです。

お金が沢山要るので、仕事も一生懸命しています。

왜 영어를 공부하고 있습니까. 미국에 있는 대학에 갑니다.

돈이 많이 필요하기 때문에, 일도 열심히 하고 있습니다.

本文
<ruby>本<rt>ほん</rt></ruby><ruby>文<rt>ぶん</rt></ruby>

1. <ruby>学校<rt>がっこう</rt></ruby>で。(학교에서)

パク: コウさん。

　　　고씨.

コウ: ああ、パクさん、<ruby>今日<rt>こんにち</rt></ruby>は。

　　　아, 박씨, 안녕하세요.

パク: <ruby>二<rt>に</rt></ruby>、<ruby>三日休<rt>さんにちやす</rt></ruby>んでいましたね。どうしたんですか。

　　　2, 3일 결석하셨지요. 무슨 일 있었습니까.

コウ: <ruby>風邪<rt>かぜ</rt></ruby>を<ruby>引<rt>ひ</rt></ruby>いたんです。<ruby>学校<rt>がっこう</rt></ruby>を<ruby>休<rt>やす</rt></ruby>んで<ruby>寝<rt>ね</rt></ruby>ていました。

　　　감기에 걸렸습니다. 학교를 결석하고 누워 있었습니다.

パク: それはいけませんね。もう<ruby>大丈夫<rt>だいじょうぶ</rt></ruby>ですか。

　　　그것은 참 안되었군요. 이제는 괜찮습니까.

コウ: ええ、<ruby>お陰様<rt>かげさま</rt></ruby>で。

　　　もう<ruby>大分<rt>だいぶ</rt></ruby>よくなりました。でも、まだ<ruby>少<rt>すこ</rt></ruby>し<ruby>喉<rt>のど</rt></ruby>が<ruby>痛<rt>いた</rt></ruby>いんです。

　　　예, 덕분에. 이제는 꽤 좋아졌습니다. 그러나, 아직은 조금 목이 아픕니다.

パク: <ruby>大変<rt>たいへん</rt></ruby>でしたね。いつから<ruby>具合<rt>ぐあ</rt></ruby>いが<ruby>悪<rt>わる</rt></ruby>かったんですか。

　　　큰일이군요. 언제부터 몸 상태가 안 좋았습니까.

コウ: <ruby>月曜日<rt>げつようび</rt></ruby>から<ruby>少<rt>すこ</rt></ruby>し<ruby>頭<rt>あたま</rt></ruby>が<ruby>痛<rt>いた</rt></ruby>かったんです。

　　　<ruby>風邪<rt>かぜ</rt></ruby>かも<ruby>知<rt>し</rt></ruby>れないと<ruby>思<rt>おも</rt></ruby>いましたが、<ruby>学校<rt>がっこう</rt></ruby>へ<ruby>来<rt>き</rt></ruby>て<ruby>勉強<rt>べんきょう</rt></ruby>しました。

　　　월요일부터 조금 머리가 아팠습니다.

　　　감기일지도 모른다고 생각 했습니다만, 학교에 와서 공부했습니다.

パク : ああ、月曜日はテストがありましたね。

　　　예, 월요일은 테스트가 있었지요.

コウ : ええ、テストの日に休むのはよくないと思ったんです。

　　　でも、帰る時、電車の中でとても気分が悪くなりました。

　　　예, 시험 보는 날 결석하는 것은 좋지 않다고 생각했습니다.

　　　그러나, 집으로 돌아갈 때, 전차 안에서 매우 기분이 나빠졌습니다.

パク : まあ。

　　　예.

コウ : 私の降りる駅は新宿から遠いので、大変でした。

　　　내가 내리는 역은 신쥬꾸에서 멀기 때문에, 대단히 힘들었습니다.

パク : すぐ病院へ行きましたか。

　　　곧바로 병원에 갔었습니까.

コウ : いいえ、行きませんでした。

　　　아니오, 가지 않았습니다.

パク : どうして行かなかったんですか。

　　　왜 가지 않았습니까.

コウ : 私は日本語があまり上手じゃないから、日本の病院へ行くのが恐かっ

　　　たんです。

　　　나는 일본어를 그다지 잘하지 못하기 때문에, 일본 병원에 가는 것이 무서웠습

　　　니다.

パク : 食事はどうしましたか。何か買いに出掛けましたか。

　　　식사는 어떻게 했습니까. 뭔가 사러 갔었습니까.

コウ : いいえ、出掛けませんでしたが、大丈夫でした。友だちが訪ねて来まし

　　　たから。

　　　아니오, 외출하지 않았습니다만, 괜찮았습니다. 친구가 방문했기 때문에.

パク : それはよかったですね。

　　　그것은 참 잘됐군요.

2. コウさんのうちで。(고씨 집에서)

チン: コウさん、何か作りましょうか。

    고씨, 뭔가 만들까요.

コウ: ええ、でも…。

    예, 그러나….

チン: 食べないのは体に悪いですよ。

    それに、私は料理をするのが好きなんです。

    먹지 않는 것은, 몸에 나쁩니다.

    게다가, 나는 요리하는 것을 좋아합니다.

コウ: そうですか。じゃあ、お願いします。

    그렇습니까. 그렇다면, 부탁합니다.

チン: じゃ、スープを作りましょう。野菜を買って来ますから、ちょっと待っ

    ていてください。この辺にスーパーがありますか。

    그렇다면, 수프를 만듭시다. 야채를 사가지고 올 테니까. 잠깐만 기다리고 있어

    주세요. 이 근처에 슈퍼가 있습니까.

コウ: ええ、ここは駅に近いから、すぐ側に大きいスーパーも商店街もあり

    ます。

    예, 여기는 역에서 가깝기 때문에, 바로 옆에 큰 슈퍼도 상점가도 있습니다.

チン: 他に要る物はありませんか。

    그 외에 필요한 것은 없습니까.

コウ: じゃ、風邪薬をお願いします。千円で足りるでしょうか。

    그렇다면, 감기약을 부탁합니다. 천엔으로 충분할까요.

チン: そうですね。風邪薬は高いから、千円では足りないかもしれません。

    그렇군요. 감기약은 비싸기 때문에, 천엔으로는 부족할지도 모릅니다.

コウ: じゃ、二千円持って行ってください。

    그렇다면, 2,000엔 가지고 가주세요.

チン: はい。それじゃ、三十分ぐらいで帰って来ます。

　　예. 그러면, 30분 만에 돌아오겠습니다.

コウ: 私はラジオを聞きながら待っていますから、早く帰って来てください。

　　나는 라디오를 들으면서 기다리고 있을 테니까, 빨리 돌아오세요.

チン: はい、そうします。

　　예, 그렇게 하겠습니다.

第十三課
（だいじゅうさんか）

重(おも)そうです。
무거울 것 같습니다.

語句 (어구, 말)

단 어	한자 읽는 법	의 미
意志形	いしけい	의지형
機械	きかい	기계
けど		그렇지만 (역접)
けれど		그렇지만 (역접)
けれども		그렇지만 (역접)
せっかく		모처럼.
たまに		가끔.
是非 •	ぜひ	꼭.
ずっと		훨씬. 아득히. 아주. (수량이나 정도가 큰 차이)
実は	じつは	사실은. 실은.
この前	このまえ	요전에.
小学生	しょうがくせい	초등학생.
中学生	ちゅうがくせい	중학생.
高校生	こうこうせい	고교생. 고등학생.
~学期	~がっき	~학기.
国鉄	こくてつ	국철. 국유철도.
私鉄	してつ	사철. 민영철도.
~歳	~さい	~살. (나이)
最近	さいきん	최근.
心配	しんぱい	걱정.
進路	しんろ	진로.
引っ越し	ひっこし	이사.
泥棒 •	どろぼう	도둑.
僕	ぼく	나. (남성어)
姉	あね	누나

君	きみ	자네. 너
論文	ろんぶん	논문
歴史	れきし	역사
留守 　　　•	るす	외출하고 집에 없음
旅行	りょこう	여행
洋服	ようふく	양복
制服	せいふく	제복
夢	ゆめ	꿈. (夢を見る : 꿈을 꾸다)
文化	ぶんか	문화
~万	~まん	만 (숫자)
火	ひ	불
日記 　　　•	にっき	일기
入管	にゅうかん	입국관리국
鎌倉	かまくら	가마꾸라 (지명)
台北	タイペイ	타이뻬이 (지명)
アルバイト	Arbeit	아르바이트
オーブン	oven	오븐 (요리기구)
ソウル	Seoul	서울
ディスコ	disco	디스코
プール	pool	풀장

▶ ぜひ : 꼭. 틀림없이. (본인에게의 요망)

　의미 : 뒷문장은 명령·의지·희망을 나타내는 문장이 온다.

▶ せっかく : 모처럼. (기회를 만들어)

• 노력했는데도 되지 않아 안타깝다고 하는 기분을 나타낸다.

せっかく用意したのに使われなかった。
모처럼 준비했는데도 사용되지 않았다.

• 상대의 노력에 보답하려고 하는 일이 되지 않아 미안하다고 하는 기분을 나타낸다.

せっかくの好意を無にする。
모처럼의 호의를 헛되이 하다

• 좀처럼 얻을 수 없는 것의 의미를 나타낸다. (작지만은 귀중한)

せっかくの機会だから。
모처럼의 기회이기 때문에.

● 動詞。(동사)

기본형·사전형	한자 읽는 법	동사 구분	의 미
治る	なおる	動Ⅰ	회복하다. 낫다. (병)
磨く	みがく	動Ⅰ	닦다. (이빨. 구두) 연마하다. (기술, 칼)
落とす	おとす	動Ⅰ	떨어트리다.
決める	きめる	動Ⅱ	결정하다.
答える	こたえる	動Ⅱ	대답하다.
調べる	しらべる	動Ⅱ	조사하다.
遅れる	おくれる	動Ⅱ	늦다. 뒤쳐지다. 지각하다
運動をする		動Ⅲ	운동을 하다.
研究をする		動Ⅲ	연구를 하다.
ノックをする		動Ⅲ	노크하다.

● い形容詞。(い형용사)

단 어	한자 읽는 법	의 미
嬉しい	うれしい	기쁘다. (마음이)
多い	おおい	많다. (사람이)
親しい	したしい	친하다.
涼しい	すずしい	시원하다. (가을이)
冷たい	つめたい	차갑다. (콜라가)
眠い	ねむい	졸리다.
若い	わかい	젊다.
酷い	ひどい	심하다.

● フレーズ (문구, 관용구, phrase)

단 어	의 미
思ったより難しい。	생각했던 것보다 어렵다.
どうかしたんですか°	어떻게 되었습니까. 무슨 일 있었습니까.

例文・説明 (예문·설명)

1.

重そうです。	무거울 것 같습니다.
重そうじゃありません。	무거울 것 같지 않습니다.
重そうなかばんです。	무거울 것 같은 가방입니다.
雨が降りそうです。	비가 올 것 같습니다.
雨が降りそうじゃありません。	비가 올 것 같지 않습니다.
雨が降りそうな天気です。	비가 올 것 같은 날씨입니다.

▶ そうです : ~인 것 같습니다.

의미 : 외관상으로 판단해서, 실제로 확인한 것은 아니지만, 어떤 상태·모습의 징조가 인정되는 것을
나타낸다. 말하는 상대, 그 외의 사람의 기분을 추측할 때도 사용한다.
(そう 뒤에 명사가 오면 문장 연결은 な형용사와 같다)

용법 : 동사(ます를 빼고·ない형에서는 い를 빼고 な)+そうです。

긍 정 형	부 정 형
行きそうです。 갈 것 같습니다.	行きそうに(も)ないです。 갈 것 같지도 않습니다.
	行かなそうです。 갈 것 같지 않습니다. (문법적으로는 맞지만, 사용하지는 않음)

▶ い형용사(い만 빼고) そうです。

긍 정 형	부 정 형
大^{おお}きそうです。 클 것 같습니다.	大^{おお}きくなさそうです。 크지 않을 것 같습니다.

▶ <u>よい</u>와 <u>ない</u>는 주의할 것.

기 본 형	긍 정 형
よい	よさそうです。 좋을 것 같습니다.
ない	なさそうです。 없을 것 같습니다.

▶ な형용사(단어)＋そうです。

긍 정 형	부 정 형
親切^{しんせつ}そうです。 친절한 것 같습니다.	親切^{しんせつ}じゃなさそうです。 친절하지 않은 것 같습니다.
	親切^{しんせつ}そうではないです。 친절한 것 같지도 않습니다.

- 명사에는 そう 가 접속되지 않는다. 어떤 물건을 보고, 그것이(~인 것 같다)라고 말하고 싶을 때는(のようだ)를 사용한다.
- 단 부정형에는(명사＋ではなさそうだ) 가 있다.

명사
(×) あの人^{ひと}は会社員^{かいしゃいん}そうだ。　저 사람은 회사원인 것 같다.
(○) あの人^{ひと}は会社員^{かいしゃいん}のようだ。　저 사람은 회사원인 것 같다.
(○) あの人^{ひと}は会社員^{かいしゃいん}ではなさそうだ。　저 사람은 회사원이 아닌 것 같다.

▶ そうです : ～인 것 같습니다. (예상)

용법 : 동작동사(ます형)＋そうです。

의미 : 눈앞의 외관이나 주관적인 인상에 기초를 두고, 동작·작용이 가까운 장래에 실현하는 가능성이 있는 것을 언급한다.

早^{はや}く水^{みず}をやらないと、この花^{はな}は枯^かれそうです。

빨리 물을 주지 않으면, 이 꽃은 마를 것 같습니다.

あの人は泣き出しそうな顔をしている。

저 사람은 울 것 같은 얼굴을 하고 있다.

小学生が今朝プールで、溺れそうになりました。

초등학생이 오늘아침 풀장에서, 익사할 뻔했습니다.

▶ そうです : ~인 것 같습니다. (추측)

용법 : 동사(ます形)·い형용사·な형용사(어간)+そうです.

의미 : 강하고 주관적인 추측을 나타내는 일부터, 그 경우의 상황이나 과거의 경험·지식에 기초를
두고(당연히 ~이다) 라고 하는 기분이 있는 추측이다.

こんなことを言ったら、先生に叱られそうです。

이런 것을 말한다면, 선생님에게 혼날 것 같습니다.

どこにでもありそうな物なのに、見付からない。

어디에라도 있을 것 같은 물건인데도, 눈에 띄지 않는다.

表向きは華やかそうに見えて、中身はとても寂しがりやです。

겉모습(표면상)은 평온하게 보이지만, 속은 대단히 외로운(쓸쓸한)사람입니다.

これだけ詳しく説明したのだから、分かってくれてもよさそうなものだ。

그만큼 자세하게 설명했기 때문에, 이해해 주어도 좋을 것이다.

▶ い형용사(い만 빼고)+そうです.

부정형 ない에서 い만 빼고 +さそうです.

1. あの人は忙しそうです。

   저 사람은 바쁜 것 같습니다.

2. この本は難しくなさそうです。

   이 책은 어려울 것 같지 않습니다.

3. 涼しそうな洋服です。

   시원해 보이는 양복이군요.

4.　あれは小さくて軽そうなかばんです。

저것은 작고 가벼운 듯한 가방입니다.

5.　田中さんは プレゼントをもらって、嬉しそうです。

다나까씨는 선물을 받아서, 기쁜 것 같습니다.

7.　A: 眠そうですね。

졸린 것 같군요.

　　B: ええ、夕べ遅く寝たんです。

예, 어젯밤 늦게 잤습니다.

▸ な형용사(단어) + そうです。
　親切です → 親切そうです。친절한 것 같습니다.

8.　とても 元気そうです。

매우 건강해 보입니다.

9.　あの人は 親切そうじゃありません。

저 사람은 친절한 것 같지 않습니다.

10. あれは 大変そうな 仕事です。

저것은 힘들 것 같은 일입니다.

▸ 동사는 ます만 빼고 접속한다.
　降ります　→　降りそうです。
　내립니다　→　내릴 것 같습니다.

11. あの人は沢山食べそうです。

    저 사람은 많이 먹을 것 같습니다.

12. あの人は日本語が出来そうじゃありません。

    저 사람은 일본어를 할 것 같지도 않습니다.

13. これは若い人が読みそうな雑誌です。

    이것은 젊은 사람이 읽을 것 같은 잡지입니다.

14. このワンピースはよく売れそうですね。

    이 원피스는 잘 팔릴 것 같습니다.

15. 来年は、アースカラーが流行しそうです。

    내년에는 어스컬러(earth color)가 유행할 것 같습니다.
    (어스컬러 : 지면의 색, 칙칙한 베이지에서 갈색까지를 가리킴)

2.

意志形。 의지형

▶ 動詞Ⅰ。お단+う。~하자. (う의 발음은 장음이 된다)

기본형 · 사전형	의 지 형	의지형은 う단에서 お단으로
会 う (만나다)	あ おう (만나자)	あ い う え お
書 く (쓰다)	か こう (쓰자)	か き く け こ
急 ぐ (서두르다)	いそ ごう (서두르자)	が ぎ ぐ げ ご
話 す (이야기하다)	はな そう (이야기하자)	さ し す せ そ
待 つ (기다리다)	ま とう (기다리자)	た ち つ て と
死 ぬ (죽다)	し のう (죽자)	な に ぬ ね の
遊 ぶ (놀다)	あそ ぼう (놀자)	ば び ぶ べ ぼ
読 む (읽다)	よ もう (읽자)	ま み む め も
取 る (잡다)	と ろう (잡자)	ら り る れ ろ

▶ 動詞Ⅱ。기본형에서 る, ます形에서 ます만 빼고 よう。(~하자)

기본형 · 사전형	의 지 형
食べ る (먹다)	たべ よう (먹자)
見 る (보다)	み よう (보자)
降り る (내리다)	おり よう (내리자)
開け る (열다)	あけ よう (열자)

▶ 動詞Ⅲ。(~하자)

기본형 · 사전형	의 지 형
す る (하다)	し よう (하자)
来 る (오다)	来 よう (오자)

3.

今日 両親に電話を掛けようと思います。
오늘 부모님에게 전화를 걸려고 생각합니다.

▸ 의지형 + と思います : ~하려고 생각합니다.
▸ 용법 : 動詞Ⅰ : お段 + う。　　　　　動詞Ⅱ : ます만 빼고 よう。
　　　　 動詞Ⅲ : する → しよう。　　　動詞Ⅲ : くる → こよう。
• 의지형 뒤에는 언제나 ~と思う(~라고 생각하다)·とする(~하려고 하다)의 형이 온다.
　의미 : 어디까지나 생각뿐이고 동작은 행하지 않은 상태를 나타낸다.
　に　 : ~에게. (동작이 해하여지는 대상을 나타낸다)

1.　私は夏休みに国へ帰ろうと思います。

　　나는 여름방학에 귀국하려고 생각합니다.

2.　頭が痛いので、あした 学校を休もうと思います。

　　머리가 아프기 때문에, 내일 학교를 결석하려고 생각합니다.

3.　A: 休みに何をしますか。

　　　휴일에 무엇을 합니까.

　　B: 旅行をしようと思っています。

　　　여행을 하려고 생각하고 있습니다.

4.　日曜日に出掛けようと思っていました。

　　でも、月曜日にテストがあるので、止めようと思います。

　　일요일에 외출하려고 생각하고 있었습니다.

　　그러나, 월요일에 테스트가 있기 때문에, 그만두려고 생각합니다.

4.

デパートへ行った**けど、** / **けれど、**何も買いませんでした。
백화점에 갔었지만, 아무것도 사지 않았습니다.

デパートへ行きました。**けれど、** / **けれども、**何も買いませんでした。
백화점에 갔었습니다. 그렇지만, 아무것도 사지 않았습니다.

▶ けど・けれど・けども・けれども : ～입니다만. ～그렇지만. (역접)
　용법 : 동사・い형용사・な형용사・명사(기본체)＋けど。
　　　　동사(ます)・い형용사・な형용사・명사(です)＋けど。
　의미 : 앞 문장에서 예견되는 내용과 반대인 경우 사용한다.

1. 昨日はいい天気だったけど、どこへも行きませんでした。
   어제는 좋은 날씨였지만, 아무데도 가지 않았습니다.

2. 安くないけれど、あまりよくありません。
   싸지는 않지만, 그다지 좋지 않습니다.

3. 勉強しました。けれど、テストはよくありませんでした。
   공부했습니다. 그렇지만, 테스트는 좋지 않았습니다.

4. 友だちに会いに行きました。けれども、友だちはいませんでした。
   친구를 만나러 갔습니다. 그렇지만, 친구는 없었습니다.

5. おいしそうなケーキです。けれども、本当はあまりおいしくありません。
   맛있을 것 같은 케이크입니다. 그렇지만, 사실은 그다지 맛이 없습니다.

5.

薬を飲んだ<u>のに</u>、治りませんでした。　　약을 마셨는데도 낫지 않았습니다.

▸ のに : ~인데도. ~했는데도. (역접의 확정조건)
　용법 : 동사·い형용사·な형용사·명사(기본체) + のに.

・예외	기본체 (긍정·현재)	のに형
な형용사	賑やかだ。	賑やか + なのに。
명사	田中さんだ。	田中さん + なのに。

　의미 : 예상하지 않았던 결과가 발생해서 원래의 상태로 돌아갈 수 없을 때, 비난이나 불만, 안타까움의
　　　　 뜻을 나타낸다. 불만이나 불평을 나타낼 때는 くせ를 사용한다.
▸ くせ : ~인 주제에. ~이면서도.
　용법 : 동사·い형용사(기본체) + くせ。 な형용사(な) + くせ。 명사(の) + くせ。
▸ のに : ~하는데. ~하기 위해.
　의미 : の는 체언을 나타내고, に는 목적을 나타낸다.

1.　中学生なのに、たばこを吸っています。
　　중학생인데도, 담배를 피우고 있습니다.

2.　あの人は病気なのに、出掛けました。
　　저 사람은 병인데도, 외출했습니다.

・　あの人は病気だったのに、出掛けました。
　　저 사람은 병인데도, 외출했습니다.

3.　暑いのに、誰も窓を開けませんでした。
　　더운데도, 아무도 창문을 열지 않았습니다.

・　暑かったのに、だれも窓を開けませんでした。
　　더웠었는데도, 아무도 창문을 열지 않았습니다.

4. あそこのレストランは高いのに、美味しくありません。

　　저기의 레스토랑은 비싼데도, 맛이 없습니다.

5. この機械は便利なのに、だれも使いません。

　　이 기계는 편리한데도, 아무도 사용하지 않습니다.

6. アリさんは日本語が上手なのに、いつも上手じゃないと言っていました。

　　아리씨는 일본어를 잘하면서도, 언제나 잘하지 못한다고 말하고 있습니다.

7. あの人はいつも沢山食べるのに、太りません。

　　저 사람은 언제나 많이 먹는데도, 살이 찌지 않습니다.

8. せっかくケーキを作ったのに、誰も食べませんでした。

　　모처럼 케이크를 만들었는데, 아무도 먹지 않았습니다.

9. せっかく友だちの家へ行ったのに、留守でした。

　　모처럼 친구 집에 갔었는데, 외출하고 없었습니다.

10. あの人は知っているのに、答えません。

　　저 사람은 알고 있으면서도, 대답하지 않습니다.

▶ ~하는데. ~하기 위해. (목적을 나타낸나)

11. 薬は病気を治すのに使います。

　　약은 병을 치료하는 데 사용합니다.

12. 財布はお金を入れるのに使います。

　　지갑은 돈을 넣는 데 사용합니다.

13. 消しゴムは字を消すのに使います。

    지우개는 글씨를 지우는 데 사용합니다.

14. ナイフは紙を切るのに使います。

    칼은 종이를 자르는 데 사용합니다.

15. はしは御飯を食べるのに使います。

    젓가락은 밥을 먹는 데 사용합니다.

16. 鉛筆は字を書くのに使います。

    연필은 글씨를 쓰는 데 사용합니다.

17. この辞書は勉強するのに便利です。

    이 사전은 공부하는 데 편리합니다.

6.

お風呂に入ろうとした時、電話がありました。
목욕하려고 했을 때, 전화가 왔었습니다.

▶ 의지형＋とした時：〜하려고 할 때. 〜하려고 하는 참에.
  의지형 뒤에는 언제나 〜と思う・とする의 형이 온다.
  용법 : 動詞Ⅰ:お段＋う。   動詞Ⅱ:ます만 빼고 よう。
        動詞Ⅲ:する → しよう。   動詞Ⅲ:くる → こよう。
  의미 : 동작을 하려고 했을 뿐 하지는 않은 상태를 나타낸다.
        (의지형의 う는 장음이 된다)

1. 出掛けようとした時、友だちが来ました。

   외출하려고 했을 때, 친구가 왔습니다.

2. 電話を掛けようとした時、電話がありました。

   전화를 걸려고 했을 때, 전화가 왔습니다.

3. しようとしましたが、出来ませんでした。

   하려고 했습니다만, 할 수가 없었습니다.

4. 写真を撮ろうとしたけど、暗かったので、止めました。

   사진을 찍으려고 했지만, 어두웠기 때문에, 그만 두었습니다.

7.

日本にいる間に、ディズニーランドへ行こうと思っています。
일본에 있을 동안에, 디즈니랜드에 가려고 생각하고 있습니다.

日本にいる間、ずっと東京に住んでいました。
일본에 있을 동안, 쭉 도꾜에 살고 있었습니다.

▸ 間に : ~동안에. ~사이에. (동시 진행)
　용법 : 동사(기본형·사전형)·명사(の)＋あいだに.
　의미 : 두 개가 계속하고 있는 시간의 범위를 나타내지만, 그 시간 내에 다른 동작이 일어나는 것을
　　　　나타낸다. (뒷문장에는 동작의 결과로서 상태의 변화가 일어나는 것 같은 동사가 온다)
▸ 間　 : ~동안. ~사이. (계속하고 있는 시간의 범위)
　용법 : 동사(기본형·사전형)·명사(の)＋あいだ.
　의미 : 계속하고 있는 시간의 범위를 나타내며, 주문의 상태가 그 기간 중 계속하는 것을 나타낸다.

1. 旅行している間に、泥棒が家に入りました。
   여행을 하고 있는 동안에, 도둑이 집에 들어왔습니다.

2. 夏休みの間に、ディズニーランドへ行きました。
   여름방학 동안에, 디즈니랜드에 갔었습니다.

3. 旅行している間、毎日日記を書きました。
   여행하고 있는 동안, 매일 일기를 썼습니다.

4. 夏休みの間、ずっとアルバイトをしていました。
   여름방학 동안, 계속 아르바이트를 했습니다.

8.

お風呂に入った後で、勉強します。　　目욕한 후에 공부합니다.

寝る前に、歯を磨きます。　　잠자기 전에 이를 닦습니다.

▸ 後で : ～한 후에.
　용법 : 동사(과거형) + 後で。 명사(단어) + の 後で。
　의미 : 어떤 동작이 끝난 후에 ～합니다.
▸ 前に : ～하기 전에.
　용법 : 동사(기본형) + 前に。 명사(단어) + の 前に。
　의미 : 어떤 동작이 일어나기 전에 ～합니다.

1. お風呂に入った後で、冷たい水を飲みます。
　목욕한 후에, 시원한 물을 마십니다.

2. ひらがなを勉強した後で、カタカナを勉強します。
　히라가나를 공부한 후에, 가따까나를 공부합니다.

3. 食事の後で、お茶を飲みます。
　식사 후에, 차를 마십니다.

4. すみませんが、勉強の後でもう一度電話してください。
　미안합니다만, 공부한 후에 다시 한번 전화해주세요.

5. ドアを開ける前に、ノックしてください。
　문을 열기 전에, 노크해 주세요.

6. ご飯を食べる前に、この薬を飲んでください。
　밥을 먹기 전에, 이 약을 드세요.

7. 食事の前に、手を洗います。

  식사하기 전에, 손을 씻습니다.

8. 夏休みの前に試験があります。

  여름방학 전에 시험이 있습니다.

9.

| 元気になりました。 | 건강하게 되었습니다. 건강해졌습니다. |

▶ に : 변화한 뒤의 상태·결과, 또는 선택·결정을 나타낸다.

▶ になる : ~하게 되다. ~해지다.

용법 : な형용사·명사가 동사를 수식할 때는 단어＋に＋동사가 되고, い형용사가 동사를 수식할 때는 기본형에서 い를 빼고 く＋동사가 된다.

의미 : なる는 앞에 오는 말에 따라 사물이 변화하기도 하고, 자연외의 성질·상태로 변하는 것을 의미한다. する와 마찬가지로 이용범위가 넓다. する는 주어의 의지로 동작을 하기도 하고, 그러한 상태로 하는 것에 대해서, なる는 자연적인 것 같은 결과가 되는 것을 나타낸다.

• い형용사(い만 빼고)＋くなりました。 暖かいです　→　暖かくなりました。	~하게 되었습니다. ~따뜻하게 되었습니다.
• な형용사(단어)＋になりました。 元気です　→　元気になりました。	~하게 되었습니다. ~건강하게 되었습니다.
• 명사(단어)＋になりました。 雨です　→　雨になりました。	~하게 되었습니다. ~비가 왔습니다.

1. 勉強が大変になりました。

   공부가 힘들어졌습니다.

2. 掃除をしたので、部屋がきれいになりました。

   청소를 했기 때문에, 방이 깨끗해졌습니다.

3. 前は嫌いでしたが、今は好きになりました。

   전에는 싫어했습니다만, 지금은 좋아졌습니다.

   (病み付き : 나쁜 버릇이 들어서 고칠 수 없게 됨, 고질이 됨. 병이 듦, 중독될 정도로 좋아하다)

4. 来月 私は二十歳になります。

　다음달 나는 20살이 됩니다.

5. お酒を沢山飲んだので、病気になりました。

　술을 많이 마셨기 때문에, 병에 걸렸습니다.

6. 原さんは先生になりました。

　하라씨는 선생님이 되었습니다.

7. いつの間にか春になりました。

　어느새 (자신도 모르게) 봄이 되었습니다.

10.

東京は大阪より大きいです。　도꾜는 오오사까보다 큽니다.

▸ より : ~보다.
　의미 : 비교의 기준이나 대상을 나타낸다.

1. 西瓜はりんごより大きいです。
   수박(水瓜)은 사과보다 큽니다.

2. エー定食は定食より安いです。
   A정식은 정식보다 쌉니다.

3. 日本の車はドイツの車より小さくて安いです。
   일본의 차는 독일 차보다 작고 쌉니다.

4. 宿題は前より多くなりました。
   숙제는 전보다 많아졌습니다.

5. 中島さんは学生の時よりきれいになりました。
   나까지마씨는 학생 때보다 예뻐졌습니다.

6. 日本語は思ったより難しいです。
   일본어는 생각보다 어렵습니다.

7. インドは日本より暑いです。
   인도는 일본보다 덥습니다.

11.

友<small>とも</small>だちと一緒<small>いっしょ</small>に映画<small>えいが</small>を見<small>み</small>に行<small>い</small>きました。　　친구와 같이 영화를 보러 갔었습니다.

▸ いっしょに : ~같이. ~함께.
　의미 : 행동을 같이하는 대상을 나타낸다.

1. あした先生<small>せんせい</small>と一緒<small>いっしょ</small>に鎌倉<small>かまくら</small>へ行<small>い</small>きます。
   내일 선생님과 같이 가마꾸라에 갑니다.

2. きのう田中<small>たなか</small>さんと一緒<small>いっしょ</small>に食事<small>しょくじ</small>をしました。
   어제 다나까씨하고 같이 식사를 했습니다.

3. 日曜日<small>にちようび</small>によく友達<small>ともだち</small>と一緒<small>いっしょ</small>に勉強<small>べんきょう</small>します。
   일요일에 자주 친구하고 같이 공부합니다.

4. きのう友<small>とも</small>だちと一緒<small>いっしょ</small>にディズニーランドへ行<small>い</small>きました。
   어제 친구하고 같이 디즈니랜드에 갔었습니다.

12.

私は今 一人で住んでいます。　　나는 지금 혼자서 살고 있습니다.

▸ ひとりで : 혼자서. (사물의 기준)
▸ で　　 : 기한·단위·시간을 나타낸다.

　용법 : 数詞(숫자·수사) + で。

1. 大抵一人で食べますが、たまに友だちと一緒に食事します。

　　대개 혼자서 먹습니다만, 가끔은 친구하고 같이 식사합니다.

2. A: 昨日一人で映画を見に行ったんですか。

　　어제 혼자서 영화를 보러 갔었습니까.

　　B: いいえ、友だちと三人で行きました。

　　아니오, 친구하고 3명이 갔었습니다.

13.

について話しました。 일본 문화에 대해서 이야기했습니다.

▶ について : ~에 대해서. ~에 관해서.(に関して)
  용법 : 명사＋について。
  의미 : 어떤 주제나 토론에 대해 이야기할 때.

1. 昨日 自分の国について作文を書きました。

   어제 자기 나라에 대해서 작문을 썼습니다.

2. 日本の経済について研究しようと思います。

   일본 경제에 대해서 연구하려고 생각합니다.

3. 昨日見た映画について作文を書きました。

   어제 본 영화에 대해서 작문을 썼습니다.

4. 日本について論文を書きました。

   일본에 대해서 논문을 썼습니다.

• 명사를 수식할 때는 についての를 사용한다.

5. 日本についての論文を書いてください。

   일본에 대해서의 논문을 써 주세요.

14.

親しい人との会話。　　　친한 사람과의 회화

▶ 친구나 손아랫사람에게 사용하는 말. (반말)

		親しい人との会話 친한 사람과의 회화	
		女の人 여자	男の人 남자
名詞 な 形容詞	本です。 本ですか。 本ですよ。 本ですね。	本 (だわ)。 本? 本よ。 本ね。	本 (だ)。 本? 本だよ。 本だね。
い 形容詞	高いです。 高いですか。 高いですよ。 高いですね。	高い (わ)。 高い? 高いわよ。 高いわね。	高い。 高い? 高いよ。 高いね。
動詞	分かります。 分かりますか。 分かりますよ。 分かりますね。	分かる (わ)。 分かる? 分かるわよ。 分かるわね。	分かる。 分かる? 分かるよ。 分かるね。
	行ってください。 行きましょう。	行って。 行きましょう / (行こう)。	行って。 行こう。
	雨でしょう。 雨でしょうか。 行ったんです。 行ったんですか。	雨でしょう。 雨かしら。 行ったの。 行ったの?	雨だろう。 雨かな。 行ったんだ。 行ったの (か)?
	私(저)	私 / (私)	僕 /(俺) (자신을 지칭하는 남성어)
	あなた(당신)	あなた	君(너. 자네)
	はい(예)	ええ / (うん)	うん

1. A: かおりさん どこ?

   가오리씨 어디 있어?

   B: 隣の部屋よ。

   옆방에.

   A: ちょっと呼んで。

   잠깐 불러줄래.

   B: どうして?

   왜?

   A: 電話なのよ。

   전화 왔어.

1. A: かおりさん どこ?

   가오리씨 어디 있어?

   B: 隣の部屋だよ。

   옆방에.

   A: ちょっと呼んで。

   잠깐 불러줄래.

   B: どうして?

   왜?

   A: 電話なんだ。

   전화 왔어.

2. A: いい天気ね。

　　　좋은 날씬데.

　　B: そうね。

　　　그렇구나.

　　A: どこかへ行きましょうよ。

　　　어딘가에 가자.

　　B: 公園へ行きましょうか。

　　　공원에 갈까.

　　A: ええ、そうしましょう。

　　　그래, 그렇게 하자.

2. A: いい天気だね。

　　　좋은 날씬데.

　　B: そうだね。

　　　그렇구나.

　　A: どこかへ行こう。

　　　어딘가에 가자.

　　B: 公園へ行こうか。

　　　공원에 갈까.

　　A: うん、そうしよう。

　　　그래, 그렇게 하자.

3. A: きのうディスコへ行ったの。

　　　어제 디스코 장에 갔었어.

　　B: そう。面白かった?

　　　그래. 재미있었니?

　　A: ええ、面白かったわよ。

　　　응, 재미있었어.

　　B: 混んでいた?

　　　혼잡했었니?

　　A: ううん、あんまり混んでいなかったわよ。今度一緒に行きましょう。

　　　아니, 그다지 혼잡하지 않았어. 다음에 같이 가자.

　　B: ええ、いいわよ。

　　　그래, 좋아.

3. A: きのうディスコへ行ったんだ。

　　　어제 디스코 장에 갔었어.

　　B: そう。面白かった?

　　　그래. 재미있었니?

　　A: うん、面白かったよ。

　　　응. 재미있었어.

B: 混んでいた?

혼잡했니?

A: いや、あんまり混んでいなかったよ。今度 一緒に行こう。

아니, 그다지 혼잡하지 않았어. 다음에 같이 가자.

B: うん、いいよ。

그래, 좋아.

会話
<ruby>会<rt>かい</rt></ruby><ruby>話<rt>わ</rt></ruby>

1.

山本: その<ruby>辞書<rt>じしょ</rt></ruby>は <ruby>便利<rt>べんり</rt></ruby>そうですね。

　　　그 사전은 편리해 보이는군요.

中島: ええ、<ruby>便利<rt>べんり</rt></ruby>そうですが、<ruby>実<rt>じつ</rt></ruby>は<ruby>便利<rt>べんり</rt></ruby>じゃないんです。

　　　예, 편리해 보입니다만, 사실은 편리하지 않습니다.

山本: どうしてですか。

　　　왜 그렇습니까.

中島: <ruby>漢字<rt>かんじ</rt></ruby>が<ruby>古<rt>ふる</rt></ruby>いんです。

　　　한자가 옛날 한자입니다.

2.

キム: あしたは<ruby>何<rt>なに</rt></ruby>をしますか。

　　　내일은 무엇을 합니까.

ユン: <ruby>買<rt>か</rt></ruby>い<ruby>物<rt>もの</rt></ruby>をしようと<ruby>思<rt>おも</rt></ruby>っています。

　　　쇼핑을 하려고 생각하고 있습니다.

キム: それはいいですね。

　　　그것은 부럽네요.

ユン: キムさんは。

　　　김씨는.

キム: <ruby>私<rt>わたし</rt></ruby>は<ruby>掃除<rt>そうじ</rt></ruby>をしようと<ruby>思<rt>おも</rt></ruby>っています。

　　　나는 청소하려고 생각하고 있습니다.

3.

鈴木: 昨日 どこかへ 行きましたか。

　　　어제 어딘가에 갔었습니까.

中島: いいえ。昨日は テニスをしに 行こうと 思っていたけど、止めました。

　　　아니오. 어제는 테니스를 하러 가려고 생각했지만, 그만 두었습니다.

鈴木: どうしてですか。

　　　왜 그랬습니까.

中島: 月曜日に テストが あるからです。

　　　월요일에 테스트가 있기 때문입니다.

4.

鈴木: あの男の子は 中学生じゃ ないですか。

　　　저 남자아이는 중학생이 아닙니까.

中島: そうですね。制服を 着ているから、中学生か 高校生でしょう。

　　　그렇군요. 교복을 입고 있기 때문에, 중학생 아니면 고등학생이겠지요.

鈴木: 中学生なのに たばこを 吸うんですか。

　　　중학생인데도 담배를 핍니까.

中島: ええ、よくありませんね。

　　　예, 좋지 않군요.

5.

鈴木: 今日は 遅かったんですね。

　　　오늘은 늦었군요.

中島: はい、帰ろうとした 時、事故が あって、電車が 遅れたんです。

　　　예, 돌아가려고 했을 때, 사고가 나서, 전차가 늦게 왔습니다.

鈴木: それは 大変でしたね。

　　　그것은 큰일이었겠군요.

6.

アリ: 夏休みに何をするつもりですか。

여름방학에 무엇을 할 생각입니까.

コウ: 私は 夏休みの間、アルバイトをしようと思っています。アリさんは?

저는 여름방학 동안, 아르바이트를 하려고 생각하고 있습니다. 아리씨는?

アリ: 私は、京都へ行こうと思っています。

나는 교또에 가려고 생각하고 있습니다.

コウ: いいですね。私も日本にいる間に、是非京都と奈良へ行こうと思っています。

부럽네요. 나도 일본에 있을 동안에, 꼭 교또와 나라에 가려고 생각하고 있습니다.

7.

鈴木: どこに住んでいるんですか。

어디에 살고 있습니까.

中島: 中野に住んでいます。

나까노에 살고 있습니다.

鈴木: 一人で住んでいるんですか。

혼자서 살고 있습니까.

中島: いいえ、友だちと一緒に住んでいます。

아니오, 친구하고 같이 살고 있습니다.

8.

鈴木: 昨日は 遅かったんですか。

어제는 늦었습니까.

中島: はい、授業の後で、先生と話していたんです。

예, 수업이 끝난 후에, 선생님과 이야기했습니다.

鈴木: 何について話したんですか。

무엇에 대해서 이야기했습니까.

中島: 進路について話しました。

진로에 대해서 이야기했습니다.

鈴木: ああ、そうですか。もう決めましたか。

아예, 그렇습니까. 이미 결정했습니까.

中島: いいえ、まだです。先生は 二学期が 始まる 間に、決めたほうがいいと

言っていました。

아니오, 아직 못했습니다. 선생님은 2학기가 시작되기 전에, 결정하는 것이 좋
다고 말했습니다.

鈴木: そうですね。早い方がいいでしょうね。

그렇군요. 빠른 것이 좋겠네요.

9.

キム: 最近、勉強が大変になりました。

최근, 공부가 어려워졌습니다.

コウ: そうですね。日本語は英語より難しいですね。

그러네요. 일본어는 영어보다 어렵습니다.

キム: この前、日本人の友だちと 日本語について話しましたが、その友だち

も日本語は難しいと言っていましたよ。

요전에, 일본인 친구하고 일본어에 대해서 이야기했습니다만, 그 친구도 일본
어는 어렵다고 말했습니다.

本<ruby>文<rt>ほん ぶん</rt></ruby>

1.

　　リン: <ruby>雨<rt>あめ</rt></ruby>が<ruby>降<rt>ふ</rt></ruby>りそうですね。どこか<ruby>喫茶店<rt>きっ さ てん</rt></ruby>に<ruby>入<rt>はい</rt></ruby>りましょう。

　　　　　비가 내릴 것 같습니다. 어딘가 찻집에 들어갑시다.

　　パク: あの<ruby>喫茶店<rt>きっ さ てん</rt></ruby>はどうですか。

　　　　　저 찻집은 어떻습니까.

　　リン: ちょっとうるさそうですよ。あそこの<ruby>喫茶店<rt>きっ さ てん</rt></ruby>は?

　　　　　좀 시끄러울 것 같습니다. 저 찻집은?

　　パク: ああ、よさそうですね。<ruby>入<rt>はい</rt></ruby>りましょう。

　　　　　아예, 좋을 것 같습니다. 들어갑시다.

　　リン: はい。

　　　　　예.

2. <ruby>喫茶店<rt>きっ さ てん</rt></ruby>で。(찻집에서)

　　リン: パクさん、<ruby>日本語<rt>に ほん ご</rt></ruby>はどうですか。

　　　　　박씨, 일본어는 어떻습니까.

　　パク: <ruby>思<rt>おも</rt></ruby>ったより<ruby>難<rt>むずか</rt></ruby>しくて、<ruby>時々<rt>とき どき</rt></ruby>いやになります。でも、<ruby>私<rt>わたし</rt></ruby>は<ruby>日本<rt>に ほん</rt></ruby>にいる<ruby>間<rt>あいだ</rt></ruby>に
　　　　　<ruby>日本文化<rt>に ほん ぶん か</rt></ruby>について<ruby>論文<rt>ろん ぶん</rt></ruby>を<ruby>書<rt>か</rt></ruby>こうと<ruby>思<rt>おも</rt></ruby>っているので……。

　　　　　생각했던 것보다 어려워서, 가끔은 싫어집니다. 그러나, 나는 일본에 있을 동안
　　　　　에 일본문화에 대해서 논문을 쓰려고 생각하고 있기 때문에…….

リン: そうですか。私も日本語は難しいと思いますよ。ところで、パクさん、
昨日のパーティーはどうでしたか。私もリュウさんと一緒に行こうと
思っていたんだけど、急に用が出来て……。

그렇습니까. 나도 일본어는 어렵다고 생각합니다.
그런데, 박씨, 어제 파티는 어떠했습니까. 나도 류씨하고 같이 가려고 생각했지
만, 갑자기 용무가 생겼기 때문에…….

パク: そうだったんですか。
とても楽しいパーティーでしたが、ケーキが……。

그랬었습니까. 대단히 즐거운 파티였습니다만, 케이크가…….

リン: ケーキがどうかしたんですか。

케이크가 어떻게 되었습니까.

パク: 私がケーキを作ったんですが、オーブンの火を消そうとした時、電話
があったんです。話している間、ずっとオーブンの中のケーキが
心配で…。

내가 케이크를 만들었습니다만, 오븐의 불을 끄려고 했을 때, 전화가 왔습니다.
이야기하고 있는 동안, 계속 오븐 안의 케이크가 걱정이 되어서….

リン: ケーキは大丈夫でしたか。

케이크는 괜찮았습니까.

パク: いいえ、酷いケーキになりました。

아니오, 심한 케이크가 되었습니다.

リン: せっかく作ったのに、残念でしたね。

모처럼 만들었는데, 안타깝군요.

パク: ええ。あまり美味しそうじゃなかったから、誰も食べませんでした。

예. 그다지 맛있을 것 같지 않았기 때문에, 아무도 먹지 않았습니다.

リン: そうですか。

그렇습니까.

パク: ええ。誰も食べなかったから、皆が帰った後で、一人で食べました。

예. 아무도 먹지 않았기 때문에, 모두가 돌아간 후에, 혼자서 먹었습니다.

第十四課
だいじゅうよんか

お刺身が食べられます。
생선회를 먹을 수 있습니다.

語句 (어구, 말)

단 어	한자 읽는 법	의 미	
こんなに		이렇게	
そんなに		그렇게	(물건을 가리키지 않을 때는 주로 부정문에 사용한다)
あんなに		저렇게	
とても		매우. 대단히. 도저히	
なかなか		꽤. 상당히	
家 (うち)	home, family	집. (심리적인 의미로 사용)	
家 (いえ)	house	집. (물리적인 의미로 사용, 건물)	
馬	うま	말	
牛	うし	소	
映画館	えいがかん	영화관	
お風呂 ・	おふろ	욕실. 목욕. 목욕탕. (銭湯 (せんとう))	
可能形	かのうけい	가능형	
規則 ・	きそく	규칙	
欠席	けっせき	결석	
単語	たんご	단어	
~中	~ちゅう	~중	
~字	~じ	~자. 글자. (漢字 (かんじ))	
特に	とくに	특히	
都心	としん	시내. 도심	
廊下 ・	ろうか	복도	
文	ぶん	문. 문장.	

ウォークマン	walkman	워크맨.(휴대용 카세트 리코더)
シャワーを浴びる	shower	샤워하다. (する는 사용하지 않음)
スイッチ	switch	스위치
ドル •	dollar	달러
マンション	mansion	맨션아파트
バーゲン	bargain sale	바겐세일
キログラム	kilogram	킬로그램

家: 심리적인 의미로 사용한다.

　　나의 가족, 나의 가정, 나의 집 등의 의미를 가지며, 영어의 home이나 family에 해당된다.
　　반드시「나의」의미가 포함되므로, 타인에 대해서「うち」는 사용할 수 없다.

家: 집. house(물리적인 의미로 사용, 건물)

　　家는「うち」와「いえ」로 2가지 읽는 방법이 있다.
　　「うち」는 히라가나로 쓰이는 경우가 많고, 통상 한자로「家」를 쓰면 대부분의 경우는
　　「いえ」라고 읽는다.
　　읽는 방법에 따라 의미가 달라지므로 주의해야만 한다.
　　いえ는 주로 건물로서 집을 가리키며 물리적인 의미로 사용한다.
　　이것은 영어의 house에 해당된다.
　　○ 私のうちには大きな庭があるよ。　　　우리 집에는 큰 정원이 있어.
　　✕ 君のうちには大きな庭があるの？　　　너희 집에는 큰 정원이 있니?

　　예문은 나라는 의미가 없기 때문에 내 집이든 남의 집이든 사용할 수 있다.
　　○ 私のいえには大きな池があるよ。　　　우리 집에는 큰 연못이 있어.
　　○ 君のいえには大きな池があるの。　　　너네 집에는 큰 연못이 있니?

　　「いえ」는 모두「うち」로 바꾸어 말할 수 있습니다만,「うち」는 모두「いえ」로 바꾸어 말
　　할 수 있는 것은 아니다.
　　건물 자체를 가리키는 경우는「うち」를 사용 못할 수도 있다.
　　○ うちをリフォームした。　　　　　　집을 리폼(수리) 했다.
　　○ いえをリフォームした。　　　　　　집을 리폼(수리) 했다.

× 父はうちをリフォームする仕事をしている。

아버지는 집을 수리하는 일을 하고 있다.

○ 父はいえをリフォームする仕事をしている。

아버지는 집수리 하는 일을 하고 있다.

- 결론

うち로 사용하는 것이 가장 좋다.

친근감을 표시하고 싶을 때는 적극적으로「うち」를 사용하는 것이 좋고, 다만 중립으로 말하고 싶을 때는「いえ」를 사용하는 것이 좋다.

いえ는 용법에 조금 제한이 있고 건물 자체를 가리키거나 타인에게 쓰는 것이라면 いえ를 사용하는 것이 좋다.

- 動詞。(동사)

기본형·사전형	한자 읽는 법	동사 구분	의 미
働く	はたらく	動Ⅰ	일하다.
詐欺を働く •		動Ⅰ	사기 치다.
強盗を働く •		動Ⅰ	강도짓을 하다.
辞書を引く •	じしょをひく	動Ⅰ	사전을 찾다.
起こす	おこす	動Ⅰ	일으키다. 깨우다. (잠을)
返す	かえす	動Ⅰ	돌려주다. (빌린 것을)
眠る	ねむる	動Ⅰ	졸리다.
戻る	もどる	動Ⅰ	돌아오다. (원위치로)
止む	やむ	動Ⅰ	그치다. (비가·전쟁이). 일시적으로 멈추다.
病む	やむ	動Ⅰ	병에 걸리다. 걱정하다. 괴로워하다.
スイッチを切る		動Ⅰ	스위치를 끄다.

• い形容詞。(い형용사)

단 어	한자 읽는 법	의 미
辛い	からい	맵다. 짜다. 평가가 엄하다.
辛い	つらい	괴롭다. 고통스럽다. 상대의 태도나 처사가 심하다.
甘い	あまい	달다. 싱겁다. (맛이)
長い	ながい	길다. (연필이)
短い	みじかい	짧다. (연필이)

• な形容詞。(な형용사)

단 어	한자 읽는 법	의 미
簡単	かんたん	간단하다.

• フレーズ (문구, 관용구, phrase)

단 어	의 미
気を付ける。	조심하다.
静かにする。	조용히 하다.
頑張る。	힘껏 노력하다. 고집 부리다.
頑張ってください。	노력해 주세요. 힘내 주세요.
帰りに。	집에 돌아가는 길에.

例文 ・ 説明 (예문 · 설명)

1. 可能形。가능형. ～할 수 있다. (예문 2번 참조)

모든 가능형은 動詞Ⅱ의 활용이 되고 가능형 앞에서의 조사는 が를 사용한다. 일반적인 문장(기본형)에서는, 조사 を를 사용하지만 가능형 앞에서는 が로 바뀐다. (주로 동작동사에 한정된다)

▸ 단 방향의へ 목적의で 장소의に 항상 변하지 않는 조사는 그대로 사용한다.
 ● 예문

バスに乗る。 버스를 타다.	風邪を引く。 감기가 걸리다.	部屋でビールを飲む。 방에서 맥주를 마시다.
バスを降りる。 버스에서 내리다.	機械に触る。 기계를 만지다.	部屋に入る。 방에 들어가다.
友だちに会う。 친구를 만나다.	父に似ている。 아버지를 닮았다.	東京に住んでいる。 도꾜에 살고 있다.
日本語が分かる。 일본어를 압니다.	東京へ行く。 도꾜에 가다.	日本語が出来る。 일본어를 할 수 있다.

▸ 肯定形。(긍정형)
 ● 動詞Ⅰ。(え段＋る) ～할 수 있다. (동사Ⅰ은 あ단＋れる도 사용한다)

기본형 · 사전형	가 능 형	기본형에서 え단＋ る로 바꾼다
会う (만나다)	あ える	わ い <u>う え</u> お
書く (쓰다)	か ける	か き <u>く け</u> こ
急ぐ (서두르다)	いそ げる	が ぎ <u>ぐ げ</u> ご
話す (이야기하다)	はな せる	さ し <u>す せ</u> そ

待<ruby>つ<rt>ま</rt></ruby> (기다리다)	ま <u>てる</u>	た　ち　<u>つ</u>　<u>て</u>　と
死<ruby>ぬ<rt>し</rt></ruby> (죽다)	し <u>ねる</u>	な　に　ぬ　<u>ね</u>　の
遊<ruby>ぶ<rt>あそ</rt></ruby> (놀다)	あそ <u>べる</u>	ば　び　<u>ぶ</u>　<u>べ</u>　ぼ
読<ruby>む<rt>よ</rt></ruby> (읽다)	よ <u>める</u>	ま　み　<u>む</u>　<u>め</u>　も
取<ruby>る<rt>と</rt></ruby> (잡다)	と <u>れる</u>	ら　り　<u>る</u>　<u>れ</u>　ろ

• 動詞Ⅱ。(기본형에서 る만 빼고 られる) ~할 수 있다.

기본형·사전형	가능형 (기본형에서 る만 빼고 られる)
食<ruby>べる<rt>た</rt></ruby> (먹다)	たべ<u>られる</u> (먹을 수 있다)
見<ruby>る<rt>み</rt></ruby> (보다)	み <u>られる</u> (볼 수 있다)
降<ruby>りる<rt>お</rt></ruby> (내리다)	おり<u>られる</u> (내릴 수 있다)
開<ruby>ける<rt>あ</rt></ruby> (열다)	あけ<u>られる</u> (열 수 있다)

• 動詞Ⅲ。(~할 수 있다)

기본형·사전형	가능형
する (하다)	出来<ruby><rt>で</rt><rt>き</rt></ruby>る (할 수 있다)
来<ruby>る<rt>く</rt></ruby> (오다)	来<ruby>られる<rt>こ</rt></ruby> (올 수 있다)

▶ 否定形<ruby><rt>ひ ていけい</rt></ruby>。(부정형)

• 動詞Ⅰ。(기본형에서 る만 빼고 ない) ~할 수 없다. (모든 가능형은 動詞Ⅱ의 활용이 된다)

가능형	가능형 부정 (기본형에서 る만 빼고 ない)
会<ruby>え<rt>あ</rt></ruby>る (만날 수 있다)	あえ <u>ない</u> (만날 수 없다)
書<ruby>け<rt>か</rt></ruby>る (쓸 수 있다)	かけ <u>ない</u> (쓸 수 없다)
急<ruby>げ<rt>いそ</rt></ruby>る (서두를 수 있다)	いそげ <u>ない</u> (서두를 수 없다)
話<ruby>せ<rt>はな</rt></ruby>る (이야기할 수 있다)	はなせ <u>ない</u> (이야기할 수 없다)
待<ruby>て<rt>ま</rt></ruby>る (기다릴 수 있다)	まて <u>ない</u> (기다릴 수 없다)
死<ruby>ね<rt>し</rt></ruby>る (죽을 수 있다)	しね <u>ない</u> (죽을 수 없다)

遊べ る (놀 수 있다)	あそべ ない (놀 수 없다)
読め る (읽을 수 있다)	よめ ない (읽을 수 없다)
取れ る (잡을 수 있다)	とれ ない (잡을 수 없다)

• 動詞 II 。 る or ます만 빼고 ない。(～할 수 없다)

가능형	가능형 부정. (기본형에서 る만 빼고 ない)
食べられ る (먹을 수 있다)	たべられ ない (먹을 수 없다)
見られ る (볼 수 있다)	みられ ない (볼 수 없다)
降りられ る (내릴 수 있다)	おりられ ない (내릴 수 없다)
開けられ る (열 수 있다)	あけられ ない (열 수 없다)

• 動詞 III 。(～할 수 없다)

가능형	가능형 부정
出来 る (할 수 있다)	でき ない (할 수 없다)
来られ る (올 수 있다)	これ ない (올 수 없다)

2.

お刺身が食べられます。　생선회(사시미) 를 먹을 수 있습니다.

▸ 가능형 : ～할 수 있습니다.
　　　　　 (모든 가능형은 동사 II 가 된다. 따라서 활용도 동사 II 와 같다)

　용법　 : 동사 I (え단) ＋ る。(あ단 ＋ れる)
　　　　　 동사 II (기본형에서 る만 빼고) ＋ られる。
　　　　　 동사 III : する → できる。
　　　　　 동사 III : くる → こられる。

▸ が　　 : ～을. ～를.
　　　　　 가능형 앞에서의 조사는 が를 사용한다.
　　　　　 단, 방향의 へ 목적의 で 장소의 に 항상 변하지 않는 조사는 그대로 사용한다.

▸ 注意　 : 단 を를 が로 바꾸는 것이 가능한 것은 주로 동작을 나타내는 동사에 거의 한정되며 일반문장(기본
　　　　　 형)에서 を를 사용했던 것을 が로 바꾸는 것이 가능하다.

일반 문장	가능 형
コーヒーを飲む。	コーヒーが飲める。
커피를 마시다.	커피를 마실 수 있다.
かばんを買う。	かばんが買える。
가방을 사다.	가방을 살 수 있다.
御飯を食べる。	御飯が食べられる。
밥을 먹다.	밥을 먹을 수 있다.

1. 平仮名が書けます。

   히라가나를 쓸 수 있습니다.
   • ひらがなを書きます。
   　히라가나를 씁니다.

2. 漢字が読めません。

   한자를 읽을 수 없습니다.
   • 漢字を読みません。
   　한자를 읽지 못합니다.

3. 試験が受けられません。

   시험을 볼 수 없습니다.

   試験に受かります。

   시험에 붙습니다. (합격되다)

4. テニスが出来ます。

   테니스를 할 수 있습니다.
   • テニスをします。

   테니스를 합니다.

5. あしたは学校へ来られません。

   내일은 학교에 올 수 없습니다.
   • あしたは学校へ来ません。

   내일은 학교에 오지 않습니다.

6. 昨日チンさんに会えましたか。

   어제 진씨를 만날 수 있었습니까.
   • 昨日チンさんに会いましたか。

   어제 진씨를 만났습니까.

7. 馬に乗れますか。

   말을 탈 수 있습니까.
   • 馬に乗りますか。

   말을 탑니까.

8. 毎日よく眠れますか。

   매일 잘 잠들 수 있습니까.

· 毎日よく眠りますか。

   매일 잘 잠듭니까.

9. 今月はお金がないので、ガス代が払えません。

   이번 달은 돈이 없기 때문에, 가스요금을 낼 수가 없습니다.

3.

<u>なかなか</u> 覚えられません。	좀처럼 외울 수 없습니다.
<u>とても</u> 覚えられません。	도저히 외울 수 없습니다.

▶ 좀처럼 · 도저히 ~할 수 없습니다.
▶ なかなか : ~좀처럼. ~간단하게는. ~손쉽게.
　의미　: 뒷문장은 부정의 말을 동반하여 쉽게는 실현할 수 없는 것을 나타낸다. (긍정문을 동반할
　　　　때는 생각보다는 조금 · 꽤 ~좋다)
▶ とても : ~도저히(到底) · 아무리 ~해도 결국은. (どんなにしても)
　의미　: 뒷문장은 부정의 말을 동반하여 어떠한 방법을 동원해도 할 수 없는 것을 나타낸다. (긍정문을
　　　　동반할 때는 매우 · 대단히 ~좋다)

1. 単語がなかなか覚えられません。
　 단어를 좀처럼 외울 수 없습니다.

2. 毎日練習しているんですが、なかなか上手になりません。
　 매일 연습하고 있습니다만, 좀처럼 능숙하게 되지 않습니다.

3. 行こうと思っているんですが、なかなか行けません。
　 가려고 생각하고 있습니다만, 좀처럼 갈수가 없습니다.

4. こんなに難しい試験はとても出来ません。
　 이렇게 어려운 시험은 도저히 할 수 없습니다.

5. A: この靴は履けますか。
　　 이 구두는 신을 수 있습니까.
　 B: 私の足は大きいので、こんなに小さい靴はとても履けません。
　　 내 발은 크기 때문에, 이렇게 작은 구두는 도저히 신을 수 없습니다.

6. タイ料理は辛くて、とても食べられません。
　 태국 요리는 매워서, 도저히 먹을 수 없습니다.

4.

たばこを吸<u>ってもいいです</u>。	/	<u>てもかまいません</u>。
담배를 피워도 좋습니다.	/	상관없습니다.
高<u>くてもいいです</u>。	/	<u>てもかまいません</u>。
비싸도 좋습니다.	/	상관없습니다.
大変<u>でもいいです</u>。	/	<u>でもかまいません</u>。
힘들어도 좋습니다.	/	상관없습니다.
あした<u>でもいいです</u>。	/	<u>でもかまいません</u>。
내일이어도 좋습니다.	/	상관없습니다.

▸ て形＋もいいです。　　～해도 좋습니다.
▸ て形＋もかまいません。　～해도 상관없습니다.

　용법 : 동사(て形)＋も。い형용사(い만 빼고)＋くても。な형용사·명사(단어)＋でも。

　의미 : 상대에게 허락(許容:허락하여 용서함)의 의미를 나타낸다.

1. A: たばこを吸ってもいいですか。

   담배를 피워도 괜찮겠습니까.

   B: はい、いいです。

   예, 좋습니다.

   B: はい、どうぞ。

   예, 어서.

2. A: 鉛筆で書いてもいいですか。

   연필로써도 좋겠습니까.

   B: はい、かまいません。

   예, 상관없습니다.

3. A: アパートを探してください。

　아파트를 구해 주세요.

　B: 高くてもいいですか。

　비싸도 괜찮겠습니까.

　A: はい、高くてもいいです。

　예, 비싸도 괜찮습니다.

4. A: 仕事が大変でもいいですか。

　일이 힘들어도 좋습니까.

　B: はい、大変でもいいです。

　예, 힘들어도 좋습니다.

5. A: 電話をするのは夜でもいいですか。

　전화를 밤에 해도 좋습니까.

　B: はい、かまいません。

　예, 상관없습니다.

6. A: 高いのでもいいですか。

　비싸도 좋습니까.

　B: ええ、高いのでもいいです。

　예, 비싸도 좋습니다.

• A: 高くてもいいですか。

　비싸도 좋습니까.

　B: ええ、高くてもいいです。

　예, 비싸도 좋습니다.

7. 短くても いいから、作文を書いてください。

　짧아도 좋으니까, 작문을 써 주세요.

5.

たばこを吸ってはいけません。　담배를 피면은 안 됩니다.

▸ いけません : ～해서는 안 됩니다.
　용법 : 동사·い형용사·な형용사·명사(て形)＋はいけません。
　의미 : 금지의 의미를 나타낸다.
▸ いいです : ～해도 좋습니다.
　용법 : 동사·い형용사·な형용사·명사(て形)＋もいいです。(かまいません)
　의미 : 상대에게의 허락·허가의 의미를 나타낸다.

1.　テストの時、話をしてはいけません。
　　시험 볼 때, 이야기를 해서는 안 됩니다.

2.　ボールペンで書いてはいけません。
　　볼펜으로 쓰면은 안됩니다.

3.　教室でお菓子を食べてはいけません。
　　교실에서 과자를 먹어서는 안 됩니다.

4.　教室でお酒を飲んではいけません。
　　교실에서 술을 마시면은 안됩니다.

5.　A: 映画館で たばこを吸ってもいいですか。
　　　영화관에서 담배를 피워도 됩니까.
　　B: いいえ、いけません。
　　　아니오, 안됩니다.

6. A: 鉛筆で書いてもいいですか。

    연필로써도 좋습니까.

    B: いいえ、鉛筆ではいけません。

    아니오, 연필은 안 됩니다.

7. A: 試験中に話をしてもいいですか。

    시험 중에 이야기를 해도 좋습니까.

    B: はい、話をしてもいいです。

    예, 이야기를 해도 좋습니다.

    B: いいえ、話をしてはいけません。

    아니오, 이야기를 해서는 안 됩니다.

• たばこを吸うのは困ります。

   담배를 피우는 것은 곤란합니다.

   たばこは困ります。

   담배는 곤란합니다.

6.

調べてみます。 조사해 보겠습니다.

▶ てみます : ~해 보겠습니다.
용법 : 동사(て形)＋みます。
의미 : 의지적으로 시험하는 동작을 나타낸다.

漢字で書いてみます。	한자로 써보겠습니다.
漢字で書いてみてください。	한자로 써 봐주세요.
漢字で書いてみましょう。	한자로 써봅시다.

1. わからないので、辞書で調べてみます。
   모르기 때문에, 사전에서 찾아보겠습니다.

2. 値段を聞いてみましょう。
   가격을 물어봅시다.

3. A: この靴、履いてみてもいいですか。
      이 구두, 신어 봐도 됩니까.
   B: ええ、どうぞ履いてみてください。
      예, 자 어서 신어 보세요.

4. A: 今日 バーゲンがありますよ。
      오늘 바겐 세일이 있어요.
   B: じゃ、行ってみましょう。
      그러면, 가봅시다.

5. A: この問題が出来ますか。
     <ruby>問題<rt>もんだい</rt></ruby> <ruby>出来<rt>でき</rt></ruby>

   이 문제를 풀수 있습니까.

   B: 出来ないかもしれませんが、やってみます。
     <ruby>出来<rt>でき</rt></ruby>

   풀 수 없을지도 모르겠습니다만, 해보겠습니다.

6. 口に合うかどうか分かりませんが、食べてみます。
   <ruby>口<rt>くち</rt></ruby> <ruby>合<rt>あ</rt></ruby> <ruby>分<rt>わ</rt></ruby> <ruby>食<rt>た</rt></ruby>

   입에 맞을지 어떨지 모르겠습니다만, 먹어보겠습니다.

   口に合うかどうか分かりませんが、食べてみてください。
   <ruby>口<rt>くち</rt></ruby> <ruby>合<rt>あ</rt></ruby> <ruby>分<rt>わ</rt></ruby> <ruby>食<rt>た</rt></ruby>

   입에 맞을지 안 맞을지 모르겠습니다만, 먹어봐 주세요.

   口に合うかどうか分かりませんが、食べてみましょう。
   <ruby>口<rt>くち</rt></ruby> <ruby>合<rt>あ</rt></ruby> <ruby>分<rt>わ</rt></ruby> <ruby>食<rt>た</rt></ruby>

   입에 맞을지 안 맞을지 모르겠습니다만, 먹어봅시다.

7.

ここでたばこを吸わないでください.   여기에서 담배를 피지 말아 주세요.

▸ ないでください : 〜하지 말아 주세요. 〜하지 마세요.(동사의 부정명령형)
  용법 : 동사 I (あ단)＋ないでください. (기본형이 う로 끝나는 동사는 あ가 아닌 わ로 바뀐다)
         동사 II (ます만 빼고)＋ないでください.
         동사 III (する) → しないでください.
         동사 III (くる) → こないでください.
  의미 : 완곡한 금지 또는 부정의 희망을 나타내는 명령형이다.

동사 구분	부 정 형 (ない形)	
動詞 I （行く）	京都へ行かないでください.	교또에 가지 마세요.
動詞 II （食べる）	御飯を食べないでください.	밥을 먹지 마세요.
動詞 III （する）	仕事をしないでください.	일을 하지 마세요.
動詞 III （来る）	ここへ来ないでください.	여기에 오지 마세요.

1. 宿題を忘れないでください。

   숙제를 잊지 말아 주세요.

2. 寒いから、窓を開けないでください。

   춥기 때문에, 창문을 열지 말아 주세요.

3. 夜、電話を掛けないでください。

   밤에, 전화를 걸지 말아 주세요.

4. あまり早く起こさないでください。

   너무 일찍 깨우지 말아 주세요.

8.

静かに寝ていました。　　조용히 자고 있었습니다.

▸ に　：～하게. ～히.
　용법 : な형용사(단어) + に.
　의미 : 용언(동사·동사구)을 수식한다. な형용사·명사가 동사를 수식할 때는(단어 + に + 동사)로 바뀐다.
▸ にしてください。의 형태로도 많이 사용한다.
　의미 : ～해 주세요.
　　　きれいにしてください。　　깨끗하게 해주세요.
　　　簡単にしてください。　　간단하게 해주세요.
▸ 명사의 명령형은 단어 + をください。
　의미 : ～을·～를 주세요.
　　　本をください。　　　　책을 주세요.

1.　急に雨が降りました。

　　갑자기 비가 내렸습니다. (にわか雨 · 夕立 : 소나기)

2.　きれいに掃除しましょう。

　　깨끗하게 청소합시다.

3.　上手に日本語を話します。

　　능숙하게 일본어를 이야기합니다.

4.　試験中は静かにしてください。

　　시험 중에는 조용히 해주세요.

9.

> この服は二千円しました。　　이 옷은 2,000엔이었습니다.

▸ する : ～이었습니다. ～했습니다.
　의미 : 수량·가치·가격을 나타낸다.
　　　(시간의 경우는 ～すれば · ～したら · ～すると · ～して등의 조건구를 이룬다.

1. このかばんは二万円しました。

　　이 가방은 2만 엔입니다. (이었습니다)

2. A: この人形はいくらしましたか。

　　　이 인형은 얼마였습니까.

　B: 三万円しました。

　　3만 엔이었습니다.

3. A: これは、いくらぐらいするんですか。

　　　이것은, 얼마 정도 합니까.

　B: 百万円です。

　　100만 엔 입니다.

　A: そんなにするんですか。

　　　그렇게 비쌉니까. (그렇게까지 합니까)

4. あの人は三百万円する車を買いました。

　　저 사람은 300만 엔이나 하는 차를 샀습니다.

10.

五時^じまでいてください。	5시까지 있어 주세요.
五時^じまでに来^きてください。	5시까지는 와 주세요.

▶ まで　　：〜까지.
　의미　　：동작·작용이 계속 행하여지는 범위를 나타낸다.
▶ までに　：〜까지는.
　의미　　：행위·작용의 성립 시점 범위의 한계를 나타낸다.

1. 今日^{きょう}は四時^{よじ}まで学校^{がっこう}にいます。
   오늘은 4시까지 학교에 있습니다.

2. 来年^{らいねん}の三月^{さんがつ}まで日本語^{にほんご}を勉強^{べんきょう}します。
   내년 3월까지 일본어를 공부합니다.

3. 雨^{あめ}が止^やむまで喫茶店^{きっさてん}にいました。
   비가 그칠 때까지 찻집에 있었습니다.

4. 私^{わたし}が戻^{もど}るまで待^まっていてください。
   내가 돌아올 때까지 기다리고 있어 주세요.

5. あしたまでに宿題^{しゅくだい}を出^だします。
   내일까지는 숙제를 제출합니다.

6. 八時^{はちじ}までに寮^{りょう}へ帰^{かえ}ります。
   8시까지는 기숙사에 돌아갑니다.

7. 映画が始まるまでに行きます。

   영화가 시작되기 전까지는 갑니다.

8. 明日までに返してください。

   내일까지는 돌려주세요.

11. 可能形。(~할 수 있습니다)

> 田中さんはコンピューターを使うことができます。
> 다나까씨는 컴퓨터를 사용할 수 있습니다.

▸ ことができます : ~하는 것을 할 수 있습니다. (가능합니다)
▸ 용법 : 동사(기본형) + ことができます。
　　　　動詞Ⅰ (え단)+る。(동사Ⅰ은 あ단+れる도 사용한다)
　　　　動詞Ⅱ (기본형에서 る만 빼고) + られる。
　　　　動詞Ⅲ (する) → できる。
　　　　動詞Ⅲ (くる) → こられる。
　　의미 : 잘하지는 못하지만 하는 것이 가능합니다.

1. リさんはラジオを作ることができます。
   이씨는 라디오를 만들 수 있습니다.

• リさんはラジオが作れます。
   이씨는 라디오를 만들 수 있습니다.

2. 韓国まで二時間半で行くことができます。
   한국까지 2시간 반에 갈수 있습니다.

• 韓国まで二時間半で行けます。
   한국까지 2시간 반에 갈수 있습니다.

3. ここは狭いので、テニスをすることは出来ません。
   여기는 좁기 때문에, 테니스를 할 수 없습니다.

• ここは狭いので、テニスが出来ません。
   여기는 좁기 때문에, 테니스를 할 수 없습니다.

4. 日本のデパートでドルを使うことが出来ます。

   일본의 백화점에서 달러를 사용하는 것이 가능합니다.

• 日本のデパートでドルが使えます。

   일본의 백화점에서 달러를 사용할 수 있습니다.

5. 外国人は日本で働くことが出来ますか。

   외국인은 일본에서 일하는 것이 가능합니까.

• 外国人は日本で働けますか。

   외국인은 일본에서 일할 수 있습니까.

6. あしたは学校へ来ることが出来ません。

   내일은 학교에 오는 것이 불가능합니다.

• あしたは学校へ来られません。

   내일은 학교에 올 수 없습니다.

7. 昨日チンさんに会うことが出来ましたか。

   어제 진씨를 만나는 것이 가능했습니까.

• 昨日チンさんに会えましたか。

   어제 진씨를 만날 수 있었습니까.

12.

田中<ruby>た<rt></rt></ruby>さんは 来<ruby>こ<rt></rt></ruby>ないって。　다나까씨는 못 온다고 한다.

▶ って : ~라고 한다. (伝聞<ruby>でんぶん<rt></rt></ruby> : 남에게 전달해 주는 말)

　의미 : 직접 보고들은 지식이나 정보를 남에게 전달할 때 사용한다. (と言<ruby>い<rt></rt></ruby>う의 회화체)

田中さんは来ない<u>と</u>言っていました。	다나까씨는 못 온다고 말했습니다.
田中さんは来ない<u>って</u>言っていました。	다나까씨는 못 온다고 말했습니다.
田中さんは来ない<u>って</u>。	다나까씨는 못 온다고 한다.

1. 先生<ruby>せんせい<rt></rt></ruby>があしたテストがあるって言<ruby>い<rt></rt></ruby>っていたよ。

   선생님이 내일 테스트가 있다고 말했어.

2. A: 山本<ruby>やまもと<rt></rt></ruby>さん何<ruby>なん<rt></rt></ruby>て言<ruby>い<rt></rt></ruby>っていた。

   야마모또씨는 뭐라고 말했어.

   B: あしたもう一度<ruby>いちど<rt></rt></ruby>電話<ruby>でんわ<rt></rt></ruby>するって。

   내일 다시 한 번 전화한다고 했어.

3. A: 山本さんの古里<ruby>ふるさと<rt></rt></ruby>はどこですって。

   야마모또씨의 고향은 어디래요.

   B: 東京<ruby>とうきょう<rt></rt></ruby>ですって。

   도꾜래요.

会 話

1.

山本: チンさんは 日本の 食べ物が 食べられますか。

　　　진씨는 일본 음식을 먹을 수 있습니까.

チン: ええ。大抵の物は食べられますが、納豆は食べられません。

　　　예. 대개의 음식은 먹을 수 있습니다만, 낫또는 먹지 못합니다.

山本: お刺身はどうですか。

　　　생선회는 어떻습니까.

チン: お刺身は大好きで、よく食べます。

　　　생선회는 매우 좋아해서, 자주 먹습니다.

2.

チン: 日本では簡単に自分のうちが持てますか。

　　　일본에서는 간단하게 자신의 집을 가질 수 있습니까.

田中: いいえ、簡単には持てません。

　　　아니오, 쉽게는 가질 수 없습니다.

　　　特に東京では高くて、若い人は とても 持てないでしょう。

　　　특히 도꾜에서는 비싸서, 젊은 사람은 도저히 가질 수 없습니다.

チン: それじゃ、皆アパートに住むんですか。

　　　그렇다면, 모두 아파트에 삽니까.

田中: ええ、アパートやマンションに住^すむ人^{ひと}が多^{おお}いです。

　　　예, 아파트나 맨션에 사는 사람이 많습니다.

チン: マンションは安^{やす}く買^かえますか。

　　　맨션은 싸게 살 수 있습니까.

田中: そうですね。

　　　그렇군요.

　　　都心^{としん}のマンションはなかなか買^かえないと思^{おも}いますよ。

　　　도심의 맨션은 좀처럼 살 수 없다고 생각합니다.

3.

チン: アパートを探^{さが}しているんですが、いい所^{ところ}はありませんか。

　　　아파트를 구하고(찾고) 있습니다만, 좋은 곳은 있습니까.

山本: 新宿^{しんじゅく}がいいんですか。

　　　신쥬꾸가 좋겠습니까.

チン: ええ、狭^{せま}くてもいいんですが、学校^{がっこう}に近^{ちか}いほうがいいんです。

　　　예, 좁아도 좋습니다만, 학교에서 가까운 곳이 좋습니다.

山本: 高^{たか}くてもいいんですか。

　　　비싸도 괜찮습니까.

チン: 安^{やす}いほうがいいんですが、いくらぐらいでしょう。

　　　싼 것이 좋습니다만, 얼마정도 합니까.

山本: 新宿^{しんじゅく}のアパートは高^{たか}いと思^{おも}いますよ。

　　　신쥬꾸에 있는 아파트는 비싸다고 생각합니다.

4.

学生 : 先生、寮の規則について、今、ちょっと聞いてもいいですか。

　　　　선생님, 기숙사 규칙에 대해서, 지금, 잠깐 물어봐도 됩니까.

寮の先生: はい、どうぞ。

　　　　예, 어서

学生 : 朝お風呂に入ってもいいですか。

　　　　아침에 목욕탕에 들어가도 됩니까. (목욕해도 됩니까)

寮の先生: いいえ、シャワーは浴びてもいいですが、お風呂は困ります。夜、
入ってください。それから部屋でたばこを吸ってはいけないのを
知っていましたか。

　　　　아니오, 샤워는 해도 좋습니다만, 목욕은 곤란합니다.

　　　　밤에, 들어가 주세요. 그리고 방에서 담배를 피우면 안되는 것을 알고 있습니까.

学生 : 知りませんでした。気を付けます。

　　　　몰랐습니다. 조심하겠습니다.

5.

チン: 先生、この文の意味が分からないんですが。

　　　선생님, 이 문장의 의미를 모르겠습니다만. (이해가 되지 않습니다만)

先生: 単語の意味を調べてみましたか。

　　　단어 의미를 찾아보았습니까.

チン: ええ、辞書を引いてみたんですが、意味が沢山あってなかなか分かりま
せん。

　　　예, 사전을 찾아보았습니다만, 의미가 많이 있어서 좀처럼 이해가 되지 않습니다.

先生: そうですか。じゃ、後で研究室へ来てください。
一緒に考えてみましょう。

　　　그렇습니까. 그렇다면, 후에 연구실로 와 주세요. 같이 생각해봅시다.

6.

先生: パクさんは今日も欠席ですね。どうしたんでしょう。

　　　박씨는 오늘도 결석이군요. 무슨 일일까요. (왜 그럴까요)

チン: 昨日電話をしてみたんですが、留守でした。

　　　어제 전화를 해보았습니다만, 외출 중이었습니다.

先生: 病気でしょうか。

　　　병일까요.

チン: さあ、分かりません。

　　　今日帰りにパクさんのうちへ行ってみます。

　　　글쎄, 잘 모르겠습니다.

　　　오늘 귀갓길에 박씨 집에 가보겠습니다.

先生: じゃ、そうしてみてください。お願いします。

　　　그러면, 그렇게 해봐 주세요. 부탁합니다.

7.

先生: チンさん、テスト中は隣の人と話をしないでください。

　　　진씨, 테스트 중에는 옆 사람과 이야기를 하지 말아 주세요.

チン: はい、すみません。

　　　예, 미안합니다.

先生: もう全部終わりましたか。

　　　이제 전부 끝났습니까.

チン: はい、終わりました。外へ出てもいいですか。

　　　예, 끝났습니다. 밖에 나가도 좋습니까.

先生: ええ、終わった人はテストを出して外へ出てもいいです。

　　　でも、廊下で話をしてはいけません。まだテストをしている人もい

ますから、静かにしてください。

예, 끝난 사람은 답안지를 제출하고 밖에 나가도 좋습니다.

그러나, 복도에서 이야기를 해서는 안 됩니다. 아직 테스트를 하고 있는 사람도
있기 때문에, 조용히 해주세요.

チン: はい、分かりました。

예, 알겠습니다.

8.

チン: すみませんが、エルエル 教室は何時まで 使うことが出来ますか。

미안합니다만, LL교실은 몇 시까지 사용하는 것이 가능합니까.

原 : 先生が帰るまでです。

선생님이 귀가할 때 까지 입니다.

チン: それは何時ごろですか。

그것은 몇 시경입니까.

原 : そうですね。大抵五時ごろですが。

그렇군요. 대개는 5시경입니다만.

チン: 五時までに終わりますか。

5시까지는 끝납니까.

原 : ええ、五時までに終わると思います。

예, 5시까지는 끝날 거라고 생각합니다.

チン: じゃ、大丈夫でしょう。

그렇다면, 괜찮겠네요.

9.

コウ: テープレコーダーを買おうと思うんですが、いくらぐらいするでしょう。

카세트를 사려고 생각합니다만, 얼마 정도합니까.

キム: そうですねえ。いいのは五万円ぐらいすると思いますよ。

그렇군요(글쎄요), 좋은 것은 5만엔 정도 한다고 생각합니다.

コウ: あまり高いのは買えないんです。

　　　너무 비싼 것은 살 수 없습니다.

キム: もっと安いのもあると思いますから、電気屋さんに聞いてみてください。

　　　좀 더 싼 것도 있다고 생각하기 때문에, 전자대리점 주인에게 물어 보아주세요.

コウ: ええ、そうしてみます。

　　　예, 그렇게 하겠습니다.

サイ: テープレコーダーの値段、わかった?

　　　카세트 가격, 알았니?

キム: 五万円ぐらいするって。でも、もっと安いのもあるって言ってたから、

　　　電気屋さんに行ってみるわ。

　　　5만엔 정도 한대. 그러나, 좀 더 싼 것도 있다고 말했기 때문에, 전자 대리점에
가볼게.

10.

原　: あした誰が来るの。

　　　내일 누가오니.

サイ: チンさんとパクさん。

　　　진씨하고 박씨.

原　: コウさんは?

　　　고씨는?

サイ: 忙しいから来ないって。

　　　바쁘기 때문에 못 온대.

原　: そう、残念ね。

　　　그래, 유감이네.

本文

<ruby>本<rt>ほん</rt></ruby><ruby>文<rt>ぶん</rt></ruby>

1.

サイ: <ruby>先生<rt>せんせい</rt></ruby>、すみませんが、<ruby>今日<rt>きょう</rt></ruby>は<ruby>何時<rt>なんじ</rt></ruby>まで<ruby>教室<rt>きょうしつ</rt></ruby>を<ruby>使<rt>つか</rt></ruby>うことが<ruby>出来<rt>でき</rt></ruby>ますか。

선생님, 미안합니다만, 오늘은 몇 시까지 교실을 사용하는 것이 가능합니까.

<ruby>先生<rt>せんせい</rt></ruby>: <ruby>何<rt>なに</rt></ruby>をするんですか。

무엇을 합니까.

サイ: <ruby>今日<rt>きょう</rt></ruby>の<ruby>復習<rt>ふくしゅう</rt></ruby>をしようと<ruby>思<rt>おも</rt></ruby>っているんですが……。

오늘 복습을 하려고 생각하고 있습니다만…….

<ruby>先生<rt>せんせい</rt></ruby>: <ruby>先生<rt>せんせい</rt></ruby>が<ruby>帰<rt>かえ</rt></ruby>るまでに<ruby>終<rt>お</rt></ruby>わります。

선생님이 집에 돌아갈 때까지는 끝납니다.

サイ: <ruby>先生<rt>せんせい</rt></ruby>は<ruby>何時<rt>なんじ</rt></ruby>まで<ruby>学校<rt>がっこう</rt></ruby>にいますか。

선생님은 몇 시까지 학교에 있습니까.

<ruby>先生<rt>せんせい</rt></ruby>: <ruby>大抵<rt>たいてい</rt></ruby>5<ruby>時<rt>じ</rt></ruby>か6時ごろまでです。それまでに<ruby>終<rt>お</rt></ruby>わると<ruby>思<rt>おも</rt></ruby>います。

대개는 5시 아니면 6시경까지입니다. 그때까지는 끝날 거라고 생각합니다.

サイ: それから、<ruby>時々<rt>ときどき</rt></ruby><ruby>授業<rt>じゅぎょう</rt></ruby>の<ruby>後<rt>あと</rt></ruby>、エルエル<ruby>教室<rt>きょうしつ</rt></ruby>でテープを<ruby>聞<rt>き</rt></ruby>いてもいいですか。

그리고, 가끔 수업이 끝난 후, LL교실에서 테이프를 들어도 괜찮겠습니까.

<ruby>先生<rt>せんせい</rt></ruby>: ええ、かまいません。でも、エルエル<ruby>教室<rt>きょうしつ</rt></ruby>で<ruby>食<rt>た</rt></ruby>べ<ruby>物<rt>もの</rt></ruby>を<ruby>食<rt>た</rt></ruby>べてはいけませんよ。たばこも<ruby>困<rt>こま</rt></ruby>ります。それから、エルエル<ruby>教室<rt>きょうしつ</rt></ruby>を<ruby>使<rt>つか</rt></ruby>った<ruby>後<rt>あと</rt></ruby>、スイッチを<ruby>切<rt>き</rt></ruby>るのを<ruby>忘<rt>わす</rt></ruby>れないでください。

예, 상관없습니다. 그러나, LL교실에서 음식을 먹으면 안 됩니다. 담배도 곤란합니다. 그리고, LL교실을 사용한 후, 스위치 끄는 것을 잊지 말아 주세요.

サイ: はい、<ruby>分<rt>わ</rt></ruby>かりました。

예, 알겠습니다.

先生: ところで、サイさんは学校で習った言葉を よく覚えていて、上手に使

いますね。いつもテープを聞いて覚えるんですか。

참 그런데, 사이씨는 학교에서 배운 말을 잘 기억하고, 잘 사용하는군요. 언제나
테이프를 듣고 기억합니까.

サイ: ええ。毎日練習しているんです。

예, 매일 연습하고 있습니다.

先生: 学校で勉強した会話が 全部覚えられますか。

학교에서 공부한 회화를 전부 기억할 수 있습니까.

サイ: いいえ。全部 覚えようと思うんですが、なかなか覚えられません。

아니오. 전부 기억하려고 생각합니다만, 좀처럼 외워지지 않습니다.

先生: 全部 覚えるのは大変かもしれませんが、頑張ってください。

전부 기억하는 것은 어려울지도 모르겠습니다만, 힘내 주세요.

サイ: はい。あのう、先生、今持っているテープレコーダーが古くなったので、

新しいのを買おうと思うんです。 ウォークマンが便利だって聞いたん

ですが、幾らぐらいするでしょうか。

예, 저, 선생님, 지금 갖고 있는 카세트가 오래되었기 때문에, 새 것을 사려고
생각합니다. 워크맨이 편리하다고 들었습니다만, 얼마 정도 합니까.

先生: そうですねえ。三万円ぐらいだと思います。

그렇군요. 3만엔 정도라고 생각합니다.

サイ: 学校の購買でも買えるでしょうか。

학교 구매점(매점)에서도 살 수 있을까요.

先生: ええ。売っていますよ。

예. 팔고 있습니다.

サイ: じゃ、暇な時、行って見てみます。

그렇다면, 한가할 때, 가보겠습니다.

第十五課

だいじゅうごか

私はカメラが欲しいです。
나는 카메라를 갖고 싶습니다.

語句 (어구, 말)

단 어	한자 읽는 법	의 미
こと		것
積り	つもり	생각
予定	よてい	예정
もう直ぐ	もうすぐ	곧바로
二十歳　　　•	はたち	20세
暇	ひま	한가하다
味	あじ	맛
医者	いしゃ	의사
患者　　　•	かんじゃ	환자
お父さん	おとうさん	아버님
父	ちち	아버지
母	はは	어머니
妹	いもうと	여동생
弟	おとうと	남동생
家内　　　•	かない	본인아내. 처
妻	つま	본인아내
お子さん	おこさん	남의 자식을 높임말
～間	～かん	~간. (3일간, 일주일간)
京料理	きょうりょうり	교또지방 요리
空港	くうこう	공항
経営学	けいえいがく	경영학
結婚式	けっこんしき	결혼식
今度	こんど	이번에. 다음에
前に	まえに	전에
用事　　　•	ようじ	용건. 볼일
銀閣寺	ぎんかくじ	은각사

北海道	ほっかいどう	홋까이도. (지명)
秋葉原	あきはばら	아끼하바라 (전자상가)
先日	せんじつ	지난번에
尊敬語	そんけいご	존경어
キャンプ	camp	캠프
パンダ	panda	판다곰
ホームシック	homesick	향수(郷愁). (고향이나 집이 그리워 견딜 수 없는 것)
ヨドバシカメラ		요도바시 카메라. (상점이름)

• 動詞。(동사)

기본형·사전형	한자 읽는 법	동사 구분	의 미
出す	だす	動Ⅰ	내다. 제출하다.
欲しがる	ほしがる	動Ⅰ	갖고 싶어 하다.
いらっしゃる		動Ⅰ	가다. 오다. 있다의 존경어.
諦める	あきらめる	動Ⅱ	단념하다. 체념하다.
借りる	かりる	動Ⅱ	빌리다.
迎える	むかえる	動Ⅱ	맞이하다. 마중하다.
完成する	かんせいする	動Ⅲ	완성하다.
心配する	しんぱいする	動Ⅲ	걱정하다.

• い形容詞。(い형용사)

단 어	한자 읽는 법	의 미
可愛い	かわいい	귀엽다.
欲しい	ほしい	원하다. 갖고 싶다.

• な形容詞。(な형용사)

단 어	한자 읽는 법	의 미
可哀想	かわいそう	불쌍하다.

• フレーズ (문구, 관용구, phrase)

단 어	한자 읽는 법	의 미
あれ。		놀라거나 의심스럽다고 생각했을 때의 말.
いえ。		아니오. (いいえ)
まあ。		그럭저럭. (그저 그렇다)
元気を出す。	げんきをだす	힘을 내다.
その積りです。	そのつもりです	그렇게 할 생각입니다.
丁度いい。	ちょうどいい	딱좋다. 적당하다.
連れて行く。	つれていく	데리고 가다.
連れて来る。	つれてくる	데리고 오다.
持って行く。	もっていく	가지고가다.
持って来る。	もってくる	가지고 오다.
もういいです。		사양할 때. 이제 됐습니다.

れいぶん せつめい

1.

私は御飯を食べたいです。　　　나는 밥을 먹고 싶습니다.

チンさんはご飯を食べたがっています。　진씨는 밥을 먹고 싶어 합니다.

▶ たいです : ~하고 싶습니다.
　용법 : 동사(ます形)＋たいです。
　의미 : 희망을 나타내며 주어가 그 행위의 실현을 희망하는 의미를 나타낸다. 주어는 항상 행위자가
　　　　되고, 형용사가 된다. 따라서 활용은 형용사와 같다. 조사는 が또는 を를 사용할 수 있다.

▶ が　: 대상격 情意(기분・마음・감정과 의지), 상태의 중심이 되는 사물・내용・대상의 관계를 나타낸다.
　　　　주로 가능동사・가능형, 희망을 나타내는 たい形에 많이 사용된다.

・注意 : 단 を를 が로 바꾸는 것이 가능한 것은 주로 동작을 나타내는 동사에 한정된다.

일반 문장	희망형(たい)
コーヒーを飲む。	コーヒーが(を)飲みたい。
커피를 마시다.	커피를 마시고 싶다.
かばんを買う。	かばんが(を)買いたい。
가방을 사다.	가방을 사고 싶다.
ご飯を食べる。	御飯が(を)食べたい。
밥을 먹다.	밥을 먹고 싶다.

단, 방향의 へ 목적의で 항상 사용되는 조사는 변하지 않는다.
東京へ行く。　　도쿄에 가다.　　友だちに会う。 친구를 만나다.
部屋に入る。　　방에 들어가다.　日本語で話す。 일본어로 이야기하다.

▶ がっています : ～하고 싶어 합니다.
용법 : 동사(たい形에서 い를 빼고) · い형용사(기본형에서 い를 빼고) · な형용사(단어) + がっている.
의미 : 주어는 항상 남이 되며 조사는 반드시 を를 사용한다.

　　　남의 말을 듣고 남에게 전해 주는 일종의 전문(伝聞)이며 상대의 희망을 나타낸다.

　　　단 방향의 へ 목적의 で 항상 변하지 않는 조사는 그대로 사용한다.

　　　東京へ行く。　도꾜에 가다.　　　友だちに会う。친구를 만나다.

　　　部屋に入る。　방에 들어가다.　　　日本語で話す。일본어로 이야기하다.

1. 映画を見たいです。

　　영화를 보고 싶습니다.

• 映画が見たいです。

　　영화가 보고 싶습니다.

2. 金 : 何を食べたいですか。

　　　무엇을 먹고 싶습니까.

　　朴 : ケーキを食べたいです。

　　　케이크를 먹고 싶습니다.

3. 私は国へ帰りたくありません。

　　나는 본국으로 돌아가고 싶지 않습니다.

4. 母の手紙を読んで、うちへ帰りたくなりました。

　　어머니의 편지를 읽고, 집에 돌아가고 싶어졌습니다.

5. 私も行きたかったんですが、行きませんでした。

　나도 가고 싶었습니다만, 가지 않았습니다.

6. 弟は大学へ行きたがっています。

　남동생은 대학에 가고 싶어 합니다.

7. 田中さんは映画を見たがっています。

　다나까씨는 영화를 보고 싶어 합니다.

2.

私はカメラが欲しいです。	나는 카메라를 갖고 싶습니다. (원합니다)
田中さんはカメラを欲しがっています。	다나까씨는 카메라를 갖고 싶어 합니다.

▶ がほしいです : ~을(를)갖고 싶습니다. ~을 원합니다.

　의미 : 희망을 나타내며 주어는 항상 자신이 된다. ほしい 앞에서의 조사는 항상 が를 사용한다.

▶ をほしがっています : ~을 갖고 싶어 합니다.

　용법 : い형용사(기본형에서 い를 빼고)＋がっている。

　　　　な형용사(단어)＋がっている。

　의미 : 남의 말을 듣고 남에게 전해 주는 일종의 전문(伝聞)이며 상대의 희망을 나타낸다.

　　　　주어는 항상 남이 되며 조사는 반드시 を를 사용한다.

　　　　단, 방향의 へ, 목적의 で, 항상 변하지 않는 조사는 그대로 사용한다.

1.　日本人の友だちが欲しいです。

　　일본인 친구를 원합니다.

2.　ア: 今何が一番欲しいですか。

　　　지금 무엇을 제일 갖고 싶습니까.

　　イ: 車が欲しいです。

　　　차를 갖고 싶습니다.

3.　お金は欲しくありません。暇が欲しいです。

　　돈은 원하지 않습니다. 여유를 원합니다.

4.　デパートで可愛い人形を見て、欲しくなりました。

　　백화점에서 귀여운 인형을 보고, 갖고 싶어졌습니다.

5. 弟はギターを欲しがっています。

   남동생은 기타를 갖고 싶어 합니다.

6. 広いうちを欲しがっている人は沢山います。

   넓은 집을 갖고 싶어 하는 사람은 많이 있습니다.

7. キムさんは今残念がっています。

   김씨는 지금 유감스러워하고(안타까워하고) 있습니다.

8. キムさんは何でもいやがっています。

   김씨는 뭐든지 싫어합니다.

3.

買いたい物はカメラです。
사고 싶은 물건은 카메라입니다.

行きたい所は京都です。
가고 싶은 곳은 교또입니다.

チンさんが読んだところをもう一度読んでください。
진씨가 읽었던 곳을 다시 한 번 읽어주세요.

あなたがしたいことはどんなことですか。
당신이 하고 싶은 것은 어떤 일(것)입니까.

▸ 物　　: ~것.
　의미　: 사물·물건을 나타낸다.
▸ 所　　: ~곳.
　의미　: 장소·지역을 나타낸다.
▸ ところ: ~곳.
　의미　: 부분·점, 어떤 전체 중에서 한정되어진 부분을 말한다.
▸ こと　: ~것. ~일.
　의미　: 어떤 일이나 대상, 추상적인 개념을 나타낸다.

1. A: 今一番欲しい物は何ですか。
　　　지금 제일 갖고 싶은 것은 무엇입니까.
　 B: ギターです。
　　　기타입니다.

2. A: どんな物を食べたいですか。
　　　어떤 것을 먹고 싶습니까.
　 B: 辛い物を食べたいです。
　　　매운 것을 먹고 싶습니다.

• A: どんな物が食べたいですか。

어떤 것을 먹고 싶습니까.

B: 辛い物が食べたいです。

매운 것을 먹고 싶습니다.

3. A: 京都はどんな所ですか。

교또는 어떤 곳입니까.

B: 静かできれいな所です。

조용하고 깨끗한 곳입니다.

4. 日本にいる間に、行きたい所が沢山あります。

일본에 있을 동안에, 가고 싶은 곳이 많이 있습니다.

5. 昨日勉強したところをもう一度復習しましょう。

어제 공부했던 곳을 다시 한번 복습합시다.

6. A: あのう、ちょっと聞きたいことがあるんですが。

저, 좀 물어볼 것이 있습니다만.

B: はい。どんなことですか。

예. 어떤 일(것)입니까.

7. 日本へ来て、いろいろ楽しいことがありました。

일본에 와서, 여러 가지 기쁜 일이 있었습니다.

4.

友だちを学校へ連れて来ました。　　友だちを学校へ連れて来ました。　　친구를 학교에 데리고 왔습니다.

▸ 連れて来る : 데리고 오다.　　連れて行く : 데리고 가다.
용법 : 동사(て形)＋来る · 行く。
의미 : ～해 오다. ～해 가다.

1. 友だちを上野へ連れて行きました。
   친구를 우에노에 데리고 갔습니다.

2. パスポートを学校へ持って来ました。
   여권을 학교에 가지고 왔습니다.

3. 遅刻届けを教務へ持って行きました。
   지각계를 교무실에 가지고 갔습니다.

4. 今度あなたがディスコへ行く時、私も一緒に連れて行ってください。
   다음에 당신이 디스코장에 갈 때, 나도 같이 데리고 가주세요.

5.

先週（せんしゅう）キャンプに行（い）きました。　　　**지난주 캠프 하러 갔었습니다.**

▸ に　：〜에. 〜하러 가다. 〜하러 외출하다. (に出掛（でか）ける)
　용법：동사(ます形)ㆍ명사(단어)＋に。
　의미：목적을 나타낸다.
　　　　 방향에서의 に와 へ는 구분 없이 사용한다.
　　　　 단 へ는 방향에 한정되고 に는 목적과 방향에 사용한다.

1. 日曜日（にちようび）にチンさんの誕生日（たんじょうび）のパーティーに行（い）きました。

   일요일에 진씨 생일파티에 갔었습니다.

2. 今年（ことし）の冬（ふゆ）、北海道（ほっかいどう）へスキーに行（い）こうと思（おも）っています。

   올 겨울, 홋까이도로 스키 타러 가려고 생각하고 있습니다.

3. どこかへ旅行（りょこう）に行（い）きたいです。

   어딘가에 여행하러 가고 싶습니다.

6.

私は八月に国へ帰るつもりです。	나는 8월에 본국으로 돌아갈 생각입니다.
来月、郊外学習に行く予定です。	다음달, 교외학습에 갈 예정입니다.

▶ つもり : ～할 생각입니다.
　용법 　 : 동사(기본형)＋つもり。
　의미 　 : 자기의 추측이나 생각에서 그렇다고 생각할 때 사용한다.
▶ 予定 　 : ～할 예정입니다.
　용법 　 : 동사(기본형)＋よてい。
　의미 　 : 미리 결정된 것, 또는 어떠한 스케줄에 의해서 일이 진행될 때 사용한다.

1. 私は大学でコンピューターの勉強をするつもりです。

   나는 대학에서 컴퓨터 공부를 할 생각입니다.

2. A: 明日どこかへ行くつもりですか。

   　내일 어딘가에 갈 생각입니까.

   B: いいえ、どこへも行きません。

   　아니오, 어디에도 가지 않습니다.

3. ア: 宿題をしましたか。

   　숙제를 했습니까.

   イ: いいえ、まだです。後でするつもりです。

   　아니오, 아직 못했습니다. 다음에 할 생각입니다.

4. 一学期は七月二十日ごろ終わる予定です。

   1학기는 7월 20일경 끝날 예정입니다.

5. この建物は来年の五月に完成する予定です。

   이 건물은 내년 5월에 완성할 예정입니다.

6. 中島さんは来年の九月に結婚する予定です。

   나까지마씨는 내년 9월에 결혼할 예정입니다.

7. 私は来週仕事で大阪へ行く予定です。

   나는 다음 주 업무로 오오사까에 갈 예정입니다.

7.

京都へ行ったことがあります。　　교또에 간적이 있습니다.

▸ ことがある : 〜했던 적이 있다. 〜한 적이 있다.
　　용법 : 동사(과거형)＋ことがあります。
　　의미 : 과거의 경험이나 체험을 나타낸다.

1.　A: 納豆を食べたことがありますか。
　　　낫또를 먹어 본 적이 있습니까.
　　B: はい、あります。
　　　예, 있습니다.

2.　A: この小説を読んだことがありますか。
　　　이 소설을 읽어 본 적이 있습니까.
　　B: いいえ、ありません。
　　　아니오, 없습니다.

3.　私はまだ北海道へ行ったことがありません。
　　나는 아직 홋까이도에 가본 적이 없습니다.

4.　この映画は前に一度見たことがあります。
　　이 영화는 전에 한 번 본 적이 있습니다.

5.　あなたのことが大好きです。
　　당신을 너무 좋아합니다.

8.

友だちに家族のことを話しました。　　친구에게 가족에 대해서 이야기했습니다.

▶ こと : ～일. ～에 대해서. ～대한 것을.
용법 : 명사＋こと。
의미 : 문과 구를 체언화해서 추상적인 내용이나 사정을 설명한다.

1.　いつも学校のことを手紙に書きます。
　　언제나 학교에 대한 것을 편지에 씁니다.

2.　教務の先生にパスポートのことを聞きました。
　　교무 선생님에게 여권에 관한 것을 물어보았습니다.

3.　まだ日本のことがよく分かりません。
　　아직 일본에 대해서 잘 모르겠습니다.

4.　あの人のことが忘れられません。
　　저 사람 일을 잊을 수가 없습니다.

9.

先生は研究室<ruby>研究室<rt>けんきゅうしつ</rt></ruby>に<u>いらっしゃいます</u>。　　선생님은 연구실에 계십니다.

▶ いらっしゃる : 계십니다(いる).　가셨습니다(行く).　오셨습니다(来る)

　　　　　　　　(いる · 行く · 来る의 존경어)

• 기본형은 いらっしゃ<u>る</u>이지만 ます形은 いらっしゃ<u>い</u>ます가 된다.

• 일본어는 자기 가족이나 자기가 속한 집단을 남에게 소개할 때는 존경어를 사용하지 않는다.
　단 자기가 자기 가족을 부를 때는 존경어를 사용할 수 있다.

1.　先生<ruby>先生<rt>せんせい</rt></ruby>は来月<ruby>来月<rt>らいげつ</rt></ruby>アメリカへいらっしゃいます。

　　선생님은 다음 달 미국에 가십니다.

2.　A: チンさんのお父<ruby>父<rt>とう</rt></ruby>さんはよく日本<ruby>日本<rt>にほん</rt></ruby>へいらっしゃるんですか。

　　　진씨의 아버님은 자주 일본에 오십니까.

　　B : はい、よく来<ruby>来<rt>き</rt></ruby>ます。

　　　예, 자주 옵니다.

3.　あしたの三時<ruby>三時<rt>さんじ</rt></ruby>にいらっしゃってください。

　　내일 3시에 와 주십시오. (가주십시오)

4.　先生<ruby>先生<rt>せんせい</rt></ruby>は今<ruby>今<rt>いま</rt></ruby>、研究室<ruby>研究室<rt>けんきゅうしつ</rt></ruby>で仕事<ruby>仕事<rt>しごと</rt></ruby>をしていらっしゃいます。

　　선생님은 지금, 연구실에서 일을 하고 계십니다.

10.

友だちが中華料理を食べたい**というので**、一緒にレストランへ行きました。
친구가 중화요리를 먹고 싶다고 말했기 때문에, 같이 레스토랑에 갔습니다.

▶ という : ～라고 말하다.
　의미　 : 말이나 구를 받아 특별히 내세워 말하는 의미를 나타낸다. (일종의 설명문이다)
▶ ので　 : ～이기 때문에.(이유나 원인이 객관적으로 명백한 경우에 사용한다)
▶ というので : ～라고 말했기 때문에.

1.　姉が旅行に行くというので、私も行きたくなりました。
　　누나가 여행하러 간다고 말했기 때문에, 나도 가고 싶어졌습니다.

2.　あした母が日本へ来るというので、空港へ迎えに行こうと思います。
　　내일 어머니가 일본에 온다고 말했기 때문에, 공항에 마중 나가려고 생각합니다.

3.　友だちが急に用事が出来たというので、旅行を止めました。
　　친구가 급한 용무가 생겼다고 말했기 때문에, 여행을 그만두었습니다.

11.

お賣い物ですか。　쇼핑입니까.

▸ 御 : 보통 일반적으로 사용되어지는 생활용품 (주로 인간생활에 유용한 것)이나 음식 같은 口語에 사용한다.

▸ 御 : 상대측의 물건이나, 내용을 나타내는 한자어에 붙여서 존경의 의미를 나타낸다.

- 상대에게 경의를 표하는 말.
  先生のお話。선생님 이야기.　お手紙。편지.　お帽子。모자.　お値段。가격.

- 상대에게 존경을 표하는 말. (겸양어)
  お返しします。　　　돌려 드리겠습니다.
  お礼申し上げます。　감사드립니다. 감사의 말씀 드립니다.

- 체언에 붙어서 정중의 의미를 나타내는 말.
  お菓子。과자.　　お味噌。된장

- 여성의 이름에 붙어서 존경, 친애의 기분을 나타내는 말.
  お知子さん。도모꼬님.　　お富さん。도미님.

- 동사 ます형에 붙어서 になる·なさる등을 동반해서 동작자에 대한 경의를 표하는 말. (존경어)
  お帰りになる。돌아오(가)시다.　　お歌いなさる。노래하시다.

- お ~なさい。또는 なさい를 생략해서 가벼운 명령을 나타내는 말.
  早くお帰り。빨리 돌아와라.

- い형용사·な형용사에 붙여서, 그것이 상대에 관한 경우는 존경, 자신에 관한 경우는 겸양, 일반적인 상태에 관한 경우는 정중의 의미를 나타낸다.
  お寂しいことでしょう。적적하시지요.　　お暑いですね。덥네요.
  お粗末なものですが。　변변치 못합니다만. (つまらないものですが)

- 인사의 말을 만드는 말.
  お疲れさまでした。　수고하셨습니다.　(윗사람에게)
  ご苦労さまでした。　수고하셨습니다.　(아랫사람에게)
  ありがとうございます。고맙습니다.　　(배움의 장소에서)

▸ 자연현상·공공물에는 붙지 않는다. (<ruby>雨<rt>あめ</rt></ruby> · <ruby>雪<rt>ゆき</rt></ruby> · <ruby>学校<rt>がっこう</rt></ruby> · <ruby>駅<rt>えき</rt></ruby> · <ruby>会社<rt>かいしゃ</rt></ruby>)

御 : 주어로서 한자어의 명사 등에 붙어서 존경의 의미를 나타낸다. 상대의 물건이나 사물·내용을
　　 나타내는 한자어에 붙어서, 상대에의 존경을 나타낸다.

ご<ruby>住所<rt>じゅうしょ</rt></ruby>	주소	ご<ruby>健康<rt>けんこう</rt></ruby>	건강	ご<ruby>紹介<rt>しょうかい</rt></ruby>	소개
ご<ruby>出発<rt>しゅっぱつ</rt></ruby>	출발	ご<ruby>研究<rt>けんきゅう</rt></ruby>	연구	ご<ruby>立派<rt>りっぱ</rt></ruby>なお<ruby>仕事<rt>しごと</rt></ruby>	훌륭한 직업
ご<ruby>意見<rt>いけん</rt></ruby>	의견	ご<ruby>家庭<rt>かてい</rt></ruby>	가정	ご<ruby>案内<rt>あんない</rt></ruby>	안내
ご<ruby>成人<rt>せいじん</rt></ruby>	성인	ご<ruby>説明<rt>せつめい</rt></ruby>	설명	ご<ruby>家族<rt>かぞく</rt></ruby>	가족
ご<ruby>帰国<rt>きこく</rt></ruby>	귀국	ご<ruby>招待<rt>しょうたい</rt></ruby>	초대	ご<ruby>病気<rt>びょうき</rt></ruby>	병
ご<ruby>配慮<rt>はいりょ</rt></ruby>	배려	ご<ruby>通知<rt>つうち</rt></ruby>	통지	ご<ruby>希望<rt>きぼう</rt></ruby>	희망

- 상대에 대한 자신의 행위를 나타내는 한자어에 붙어서, 상대에의 존경을 나타내는 말.
  ご<ruby>報告<rt>ほうこく</rt></ruby><ruby>申<rt>もう</rt></ruby>し<ruby>上<rt>あ</rt></ruby>げます.　보고 드리겠습니다.
  ご<ruby>連絡<rt>れんらく</rt></ruby>いたします.　　연락하겠습니다. 연락드리겠습니다.

- 한자어의 체언에 붙어서 정중한 의미를 나타낸다.
  ご<ruby>馳走<rt>ちそう</rt></ruby> (맛있는 음식).　　ご<ruby>飯<rt>はん</rt></ruby> (밥).　　ご<ruby>膳<rt>ぜん</rt></ruby> (진지. 진짓상)

- お · ご 둘 다 사용할 수 있는 것.
  ご<ruby>返事<rt>へんじ</rt></ruby> · お返事. (답장. 답변. 대답)

- 일본어이면서도 ご를 사용하는 것.
  ごひいき　　(편애함. 후원함. 특히 좋아함. 후원자. 단골)
  ごゆっくり　　(천천히. 충분히 여유가 있는 것)

- おん · ぎょ로 사용할 수 있는 것. (お · ご보다 더욱더 정중한 표현)
  おん<ruby>礼<rt>れい</rt></ruby> (사례) · おん<ruby>社<rt>しゃ</rt></ruby> (귀사)　　 · おん<ruby>身大切<rt>みたいせつ</rt></ruby>に (몸조심 하시기를)
  ぎょ<ruby>意<rt>い</rt></ruby> (존의) · <ruby>御製<rt>ぎょせい</rt></ruby> (임금이 만듦) · ぎょ<ruby>物<rt>もの</rt></ruby> (임금이 쓰는 물건)

1. A: 今お暇ですか。

   한가하십니까. (시간 있습니까)

   B: はい、暇です。

   예, 한가합니다. (시간 있습니다)

2. A: お子さんは今おいくつですか。

   자제분은 지금 몇 살입니까.

   B: 二十歳です。

   20세입니다.

3. A: お子さんは今おいくつですか。

   자제분은 지금 몇 살입니까.

   B: 二つです。

   두 살입니다.

4. A: お父さんのお仕事は何ですか。

   아버님의 직업은 무엇입니까.

   B: 父は医者です。

   아버지는 의사입니다.

5. A: 毎日お忙しいですか。

   매일 바쁘십니까.

   B: いいえ、今週はあまり忙しくありません。

   아니오, 이번 주는 그다지 바쁘지 않습니다.

会話

1.

リ　：ミンさん、今 何が一番欲しいですか。

　　　민씨, 지금 무엇을 제일 갖고 싶습니까.

ミン：私は暇が欲しいです。

　　　나는 시간(여유)을 원합니다.

リ　：ああ、ミンさんは 働きながら勉強しているから、大変なんですね。

　　　아, 민씨는 일하면서 공부하고 있기 때문에, 힘들겠군요.

ミン：はい。リさんは何が欲しいですか。

　　　예. 이씨는 무엇을 원합니까.

リ　：私も休みが欲しいです。

　　　나도 휴식을 원합니다.

ミン：忙しいんですか。

　　　바쁩니까.

リ　：いいえ。国へ帰りたいんです。

　　　아니오. 본국으로 돌아가고 싶습니다.

ミン：ホームシックですか。

　　　향수입니까.

リ　：はい、そうなんです。

　　　예, 그렇습니다.

ミン：もうすぐ夏休みですよ。元気を出してください。

　　　이제 곧 여름방학입니다. 힘내 주세요.

제15과 ‖ 491

2.

キム: 休（やす）みにどこかへ行きましたか。

휴일 날에 어딘가에 갔었습니까.

山本（やまもと）: いいえ。うちで寝（ね）ていました。キムさんは。

아니오. 집에서 누워 있었습니다. 김씨는?

キム: 銀座（ぎんざ）へ行きました。私もうちで寝（ね）ていたかったんですが、家内（かない）と子供（こども）が出掛（でか）けたがったので。

긴자에 갔었습니다. 나도 집에서 잠자고 싶었습니다만, 처와 아이가 외출하고 싶어 했기 때문에.

山本: そうですか。買（か）い物（もの）ですか。

그렇습니까. 쇼핑입니까.

キム: はい。家内（かない）が新（あたら）しいテーブルを欲（ほ）しがっているんです。

でも、丁度（ちょうど）いいのがなかったので買（か）いませんでした。

예. 아내가 새 테이블을 갖고 싶어 했습니다.

그러나, 마침 좋은 것이 없었기 때문에 사지 않았습니다.

3.

ハン: ラオさん、安（やす）いカメラを売（う）っている所（ところ）を知（し）りませんか。

라오씨, 싼 카메라를 팔고 있는 곳을 알고 있습니까.

ラオ: また新（あたら）しいのを買（か）うんですか。

또 새것을 삽니까.

ハン: いいえ。弟（おとうと）が欲（ほ）しがっているんです。

아니오. 남동생이 갖고 싶어 합니다.

ラオ: ああ。じゃ、ヨドバシカメラはどうですか。知（し）っていますか。

예. 그러면, 요도바시카메라는 어떻습니까. 알고 있습니까.

ハン: いいえ。どこにあるんですか。

　　　아니오. 어디에 있습니까.

ラオ: 新宿駅の側ですよ。
　　　しんじゅくえき　そば

　　　신쥬꾸역 근처입니다.

ハン: すぐ分かりますか。
　　　　　わ

　　　곧 알 수 있습니까.

ラオ: はい。今、簡単な地図を書きますから、それを持って行ってください。
　　　　　いま　かんたん　ちず　か　　　　　　　　　　　も　　い

　　　예. 지금, 간단한 지도를 그려 줄 테니까, 그것을 가지고 가주세요.

ハン: どうもすみません。

　　　대단히 고맙습니다. (미안합니다)

4.

コウ: チンさん、夏休みに一緒に旅行に行きませんか。
　　　　　　なつやす　いっしょ　りょこう

　　　진씨, 여름방학에 같이 여행하지 않겠습니까.

チン: ええ。残念ですが、私は国へ帰る予定なんです。
　　　　　ざんねん　　　　くに　かえ　よてい

　　　예. 아쉽지만, 저는 본국(고향)으로 돌아갈 예정입니다.

コウ: あれ。夏休みには帰らないつもりだと言っていませんでしたか。
　　　　　なつやす　　かえ　　　　　　　い

　　　아니. 여름방학에는 돌아가지 않을 생각이라고 말하지 않았습니까.

チン: はい。帰らないつもりだったんですが、母の手紙を読んで、急に家族に
　　　　　かえ　　　　　　　　　　はは　てがみ　よ　　きゅう　かぞく

　　　会いたくなったんです。
　　　あ

　　　예. 귀국하지 않을 생각이었습니다만, 어머니의 편지를 읽고, 갑자기 가족이
　　　보고 싶어졌습니다.

5.

山本: お刺身を食べたことがありますか。
やまもと　さしみ　た

　　　생선회를 먹어 본 적이 있습니까.

ユン: はい、あります。

　　　예, 있습니다.

山本: どうでしたか。

어땠습니까.

ユン: 美味しかったですよ。

맛있었습니다.

山本: また食べたいですか。

또 먹고 싶습니까.

ユン: はい、食べたいです。

예, 먹고 싶습니다.

山本: 納豆も食べたことがありますか。

낫또도 먹어 본적이 있습니까.

ユン: はい、あります。面白い味でした。

예, 있습니다. 이상한 맛이었습니다.

山本: また食べたいですか。

또 먹고 싶습니까.

ユン: いいえ、もういいです。

아니오, 먹고 싶지 않습니다. (이젠 됐습니다).

6.

中島: 忙しそうですね。

바쁜 것 같군요.

マリ: ええ、今、国から妹が来ていて、毎日一緒に買い物に行っているんですよ。

예, 지금, 본국에서 여동생이 와 있어서, 매일 같이 쇼핑하러 다니고 있습니다.

中島: 今日はどこへ行ったんですか。

오늘은 어디에 갔었습니까.

マリ: 妹がスマートフォンを買いたいというので、秋葉原へ連れて行きました。

여동생이 스마트폰을 사고 싶다고 말했기 때문에, 아끼하바라에 데리고 갔습니다.

中島: あしたも買い物に行くんですか。

내일도 쇼핑하러 갑니까.

マリ: ええ。妹が、まだ買いたい物が沢山あるというので。

예. 여동생이, 아직 사고 싶은 물건이 많다고 말했기 때문에.

中島: 今度はどこへ行くんですか。

다음에는 어디에 갑니까.

マリ: 妹が欲しがっている物は洋服や靴ですから、新宿のデパートへ連れて
行くつもりです。

여동생이 갖고 싶어 하는 것은 양복이랑 구두이기 때문에, 신쥬꾸에 있는 백화
점에 데리고 갈 생각입니다.

中島: 大変ですね。

힘들겠네요.

マリ: ええ、まあ。

예, 그럭저럭. (좀 힘드네요)

7.

山本: パクさん、どこへ行くんですか。

박씨, 어디에 갑니까.

パク: 父が今日日本に着くというので、空港へ迎えに行くんです。

아버지가 오늘 일본에 도착한다고 말했기 때문에, 공항으로 마중 나갈 겁니다.

山本: お父さんはお仕事でいらっしゃるんですか。

아버님은 일 때문에 오십니까.

パク: いいえ。私に会いに来るんです。

아니오. 저를 만나러 옵니다.

山本: そうですか。
お父さんはパクさんのことをとても心配していらっしゃるんですねえ。

그렇습니까. 아버님은 박씨에 대해서 대단히 걱정하시고 계시는군요.

パク: ええ。

예.

山本: お父さんは、どのぐらい日本にいらっしゃる予定ですか。

　　　아버님은, 어느 정도 일본에 계실 예정입니까.

パク: 一週間ぐらいいる予定です。

　　　일주일 정도 있을 예정입니다.

山本: そうですか。

　　　그렇습니까.

8.

学生: 先生、今お忙しいですか。

　　　선생님, 지금 바쁘십니까.

先生: いいえ。

　　　아니오.

学生: ちょっと聞きたいことがあるんですが……。

　　　잠깐 물어 볼 것이 있습니다만…….

先生: はい。どんなことですか。

　　　예. 어떤 것입니까.

学生: 大学のことなんですが……。

　　　대학에 대해서입니다만…….

先生: はい。

　　　예.

学生: 私は経営学を勉強したいと思っているんですが、どんな大学がいいでしょうか。

　　　저는 경영학을 공부하고 싶습니다만, 어떤 대학이 좋겠습니까.

先生: はい。じゃあ、ちょっと待ってください。大学案内の本を持って来ますから。

　　　예. 그렇다면, 잠깐만 기다려 주세요.

　　　대학 안내 책자를 가져올 테니까.

学生: すみません。

　　　미안합니다.

1.

コウ: パクさん。今度の休みは何をする予定ですか。
こん ど やす なに よ てい

박씨. 이번 휴일에는 무엇을 할 예정입니까.

パク: まだ決めていないんです。コウさんは?
き

아직 결정하지 못했습니다. 고씨는?

コウ: 私は旅行に行きたいと思っているんです。
りょこう い おも

나는 여행을 하고 싶다고 생각하고 있습니다.

パク: 旅行ですか。どこへ行くんですか。
りょこう い

여행입니까. 어디로 갑니까.

コウ: 京都です。パクさんは京都へ行ったことがありますか。
きょう と きょう と い

교토입니다. 박씨는 교토에 가본 적이 있습니까.

パク: いいえ、ありません。

아니오, 없습니다.

コウ: それじゃ、パクさんも行きませんか。
い

誰かと一緒に行きたいと思っていたんです。
だれ いっしょ い おも

그렇다면, 박씨도 가지 않겠습니까.

누군가하고 같이 가고 싶다고 생각하고 있었습니다.

パク: 何日間ぐらい行くつもりですか。
なんにちかん い

몇 일정도 갈 생각입니까.

コウ: 五日間ぐらい行くつもりです。
いっ か かん い

5일간 정도 갈 생각입니다.

パク: そうですか。じゃあ、私も連れて行ってください。

あのう、かおりさんも京都へ行きたがっていましたからこのことを話してもいいですか。

그렇습니까. 그러면, 저도 데리고 가 주세요.

저, 가오리씨도 교또에 가고 싶어 했기 때문에 여행가는 것을 이야기해도 좋겠습니까.

コウ: ええ。いいですよ。すぐに電話しましょう。

예. 좋습니다. 바로 전화해 봅시다.

2.

かおりの姉: はい、鈴木です。

예, 스즈끼입니다.

パク　　　: あ、こんにちは。私、パクです。

저, 안녕하세요. 저는, 박입니다.

かおりの姉: ああ、パクさん。私、かおりの姉です。

아, 박씨. 저는, 가오리언니입니다.

パク　　　: あ、お姉さんですか。

先日はどうもありがとうございました。

아, 누님입니까.

지난번에는 신세 많이 졌습니다. (고마웠습니다)

かおりの姉: いいえ、またお暇な時、遊びにいらっしゃってください。

아니오. 또 한가하실 때, 놀러 와 주십시오.

パク　　　: ありがとうございます。

あのう、かおりさん、いらっしゃいますか。

고맙습니다.

저, 가오리씨, 계십니까.

かおりの姉: いえ、ちょっと今、出掛けています。

買い物に行くと言っていました。

아니오, 지금 잠깐, 외출했습니다.

쇼핑하러 간다고 말했습니다.

パク　　　: ああ、お買い物ですか。じゃ、また後で電話します。

どうも失礼しました。

예, 쇼핑입니까. 그러면, 또 나중에 전화하겠습니다.

대단히 실례했습니다. (안녕히 계세요)

3.

コウ　　: かおりさん、カメラを持って行きますか。

가오리씨, 카메라를 가지고 갑니까.

かおり: 持って行きたいんですが、駄目なんです。

가지고 가고 싶습니다만, 안됩니다.

コウ　　: どうしてですか。

어째서입니까.

かおり: いつも姉のを借りるんですが、姉も同じ時に、旅行に行く予定な

んです。

언제나 언니 것을 빌립니다만, 언니도 같은 때에, 여행갈 예정입니다.

コウ　　: ああ、そうですか。

예, 그렇습니까.

かおり: 姉もカメラを持って行きたいというので、私は諦めました。

自分のが欲しいんですが、お金がありません。

언니도 카메라를 가지고 가고 싶다고 말했기 때문에, 나는 단념했습니다.

내 것을 갖고 싶습니다만, 돈이 없습니다.

コウ　：それは残念ですね。

　　　　그것은 유감이군요. (안타깝네요)

パク　：コウさんは持って行くつもりですか。

　　　　고씨는 가지고 갈 생각입니까.

コウ　：ええ、そのつもりです。パクさんは?

　　　　예, 그럴 생각입니다. 박씨는?

パク　：ええ、私も持って行きます。沢山写真を撮りたいと思っているんです。

　　　　예, 나도 가지고 갑니다. 많은 사진을 찍고 싶다고 생각하기 때문입니다.

コウ　：一番見たい所はどこですか。

　　　　제일보고 싶은 곳은 어디입니까.

パク　：銀閣寺です。それと、美味しい京料理が食べたいです。

　　　　긴까꾸지입니다. 그리고, 맛있는 교또요리를 먹고 싶습니다.

かおり：私は東京の店で一度食べたことがありますよ。

　　　　나는 도꾜에 있는 가게에서 한번 먹어 본 적이 있습니다.

パク　：どうでした。

　　　　어떠했습니까.

かおり：とてもきれいでしたけど……。

　　　　대단히(너무) 예뻤지만…….

パク　：美味しくなかったんですか。

　　　　맛이 없었습니까.

かおり：いえ、少なくて足りなかったんです。

　　　　아니오, 양이 적고 부족했습니다.

저자 약력

서강대학교
日本 拓植대학 유학생별과
日本 立敎대학
전 한빛변리사학원 전임교수
전 태학관법정연구회 전임교수
전 사법연수원 일본어 교수
현 토피아 아카데미 강사

저서
기초일본어 Workshop 1 (박영사)
기초일본어 Workshop 2 (박영사)
고시일본어 Workshop 上 (박영사)
고시일본어 Workshop 下 (박영사)
고시일본어 Workshop-최종점검 일개월 완성 (태학관)
고시일본어 Workshop-사법시험, 변리사시험 기출문제집 (태학관)

기초 일본어 基礎 日本語

Workshop 1

초판발행	2021년 6월 10일
지은이	최철규
펴낸이	안종만·안상준
기획/마케팅	조성호
표지디자인	BEN STORY
제 작	고철민·조영환
펴낸곳	(주) **박영사**
	서울특별시 금천구 가산디지털2로 53, 210호(가산동, 한라시그마밸리)
	등록 1959. 3. 11. 제300-1959-1호(倫)
전 화	02)733-6771
f a x	02)736-4818
e-mail	pys@pybook.co.kr
homepage	www.pybook.co.kr
ISBN	979-11-303-1258-3 14730

정 가   28,000원